"十三五"普通高等教育规划教材

国际结算

GUOJI JIESUAN

蒋继涛 编著

中国铁道出版社
CHINA RAILWAY PUBLISHING HOUSE

内容简介

本书主要阐述国际结算的基本理论、基本规律以及国际结算体系、国际结算中使用的票据、国际结算方式、国际结算中的单据、国际贸易融资等内容。全书内容丰富，编排新颖，结构独特，适用性强。通过本书的学习，读者可以掌握国际结算的基本知识、基本理论和各结算方式的操作程序和有关的国际惯例，熟悉国际结算的发展趋势，培养从事国际结算的基本技能和业务操作能力，为成为合格的国际贸易从业者和银行从业者打下坚实的基础。

本书适合作为高等院校本科层次金融学、对外经济与贸易专业学生学习使用，也可作为金融、对外贸易行业从业人员的培训用书。

图书在版编目（CIP）数据

国际结算/蒋继涛编著．—北京：中国铁道出版社，2018.2（2019.1重印）
“十三五”普通高等教育规划教材
ISBN 978-7-113-24231-2

Ⅰ.①国… Ⅱ.①蒋… Ⅲ.①国际结算-高等学校-教材 Ⅳ.①F830.73

中国版本图书馆CIP数据核字（2018）第010734号

书　　名：“十三五”普通高等教育规划教材
国际结算
作　　者：蒋继涛　编著

策　　划：张文静　　**读者热线：**（010）63550836
责任编辑：张文静　贾淑媛
封面设计：刘　颖
责任校对：张玉华
责任印制：郭向伟

出版发行：中国铁道出版社（100054，北京市西城区右安门西街8号）
网　　址：http://www.tdpress.com/51eds/
印　　刷：北京铭成印刷有限公司
版　　次：2018年2月第1版　2019年1月第2次印刷
开　　本：787 mm×1 092 mm　1/16　**印张：**15　**字数：**358千
书　　号：ISBN 978-7-113-24231-2
定　　价：45.00元

前言

国际结算

Preface

国际结算是不同国家当事人之间债权债务的清偿行为或资金转移行为，对国际间各项经济活动与交往正常进行起着十分重要的作用。

国际结算是一门应用性、技术性、操作性、交叉性强的课程，涉及的知识领域极其广泛。本课程的任务是帮助学生了解和掌握国际结算的基本原理、基本知识及基本技能，为深化专业的学习和解决实际问题打下理论基础和技能基础。

为适应国际结算领域的新发展，反映国际结算规则和惯例的最新变化，满足高等院校金融学专业和国际经济与贸易专业等其他专业的教学需求以及从事国际结算实际工作者学习国际结算知识的需要，在总结以往教学中积累的教学资料的基础上，根据国际结算有关规则和惯例以及技术的新变化，借鉴国内同行教材的研究成果和编写经验，编写了本书。

全书由绪论和其他 4 篇组成。绪论主要讲述国际结算的基本理论及相关准备知识。第 1 篇主要讲述国际结算中的票据，包括第 1 ~ 3 章，第 1 章为票据概述，第 2 章为汇票，第 3 章为本票和支票。第 2 篇讲述国际结算的基本方式，包括第 4 ~ 6 章，第 4 章为汇款，第 5 章为托收，第 6 章为信用证。第 3 篇讲述国际结算中的单据，包括第 7 ~ 9 章，第 7 章为单据概述，第 8 章为主要出口结汇单据，第 9 章为其他出口结汇单据。第 4 篇讲述其他的国际结算方式，包括第 10 ~ 12 章，第 10 章为银行保函与备用信用证，第 11 章为国际保理，第 12 章为福费廷。每章均由教学先导、开篇案例、章节正文、本章小结、复习思考题组成。

本书内容丰富，编排新颖，结构独特，适用性强。适合高等院校本科层次金融学、对外经济与贸易专业及相关人员学习国际结算知识之用。

国际结算业务创新的步伐从未停止，高校教材的主要任务是阐述基本原理。实践永远走在理论的前面。因此，学生们一定要在学习基本原理、基本知识的基础上，深入实践，探索实践，创新实践，做到理论与实践的结合，提高解决实际问题的能力，适应实践不断发展的需要。

本书在编写过程中，借鉴了许多学者的论著和文章，得到了相关老师和领导的帮助和支持，在此一并表示衷心的感谢！

在本书编写过程中，得到了西北师范大学经济学院院长杨立勋教授以及财政金融系主任何红霞副教授的大力支持，在此表示衷心感谢！

由于编者水平有限，疏漏和不足之处在所难免，真诚希望并欢迎各位同仁和广大读者批评指正。

蒋继涛

2017 年 10 月

教学建议

课程简介

国际结算是以金融学、国际金融学、国际贸易学、国际贸易实务、国际金融实务等课程为先修课的一门应用性、技术性、交叉性强的课程。它属于国际金融、国际贸易的分支学科，是一门科学性强、知识丰富、国际惯例众多、发展较快的学科。它涉及的知识领域极为广泛，例如它涉及国际金融中的货币与汇率问题、国际收支与资本流动问题、国际金融市场与外汇风险防范问题等，还涉及国际保险、国际运输、电信传输、进出口贸易、会计、海关、票据、国际邮政、法律等诸多相关知识。它是以金融、贸易为基础的多边交叉学科。国际结算是国际经济与贸易专业的核心课程，也是金融学专业的骨干课程。本课程的任务是帮助学生了解和掌握国际结算的基本原理、基本知识与各种结算方式的操作程序，为深化专业的学习和解决实际问题打下理论基础和技能基础。

教学目的

通过本课程的学习，使学生详细地掌握国际结算的基本理论、基本规律以及国际结算体系、国际结算使用的票据、国际结算方式、国际清算等知识。熟悉国际结算的发展趋势。培养学生从事国际结算的基本技能和业务操作能力。

教学要求

课堂讲授与课后习题、模拟练习、案例分析相结合。可按课时分布建议安排课时，也可根据具体情况灵活决定。

课时分布建议

教学内容	学习要点	课时安排
第 0 章 绪论	（1）国际结算的概念、分类、研究对象 （2）国际结算和国际结算制度的历史发展 （3）开展国际结算业务银行国外网络的构建 （4）账户行关系的原理 （5）主要货币的支付清算系统	4
第 1 章 票据概述	（1）票据的概念与特性 （2）票据的功能 （3）票据的法律系统 （4）票据的当事人与票据权利	4

续表

教学内容	学习要点	课时安排
第 2 章 汇票	(1) 汇票的定义及当事人 (2) 汇票的绝对应记载事项与相对应记载事项 (3) 汇票的种类 (4) 汇票的票据行为	4
第 3 章 本票和支票	(1) 本票的定义、本票的必要记载事项 (2) 本票与汇票的区别 (3) 本票的票据行为 (4) 本票的用途及种类 (5) 支票的定义、支票的必要记载事项 (6) 支票的相关票据行为与种类	2
第 4 章 汇款	(1) 国际汇兑的含义、“顺汇” 与 “逆汇” (2) 汇款方式及汇款的当事人 (3) 电汇、信汇、票汇的业务流程 (4) 中心汇票的含义 (5) 汇款头寸偿付与退汇 (6) 汇款在国际贸易中的应用	2
第 5 章 托收	(1) 托收的含义、当事人 (2) 托收业务中各当事人之间的关系及各当事人的权利与责任 (3)《托收统一规则》的历史发展及适用情况 (4) 托收的种类与业务流程 (5) 跟单托收业务中的融资 (6) 托收业务中各当事人的风险及防范	2
第 6 章 信用证	(1) 信用证的含义、形式及内容 (2) 信用证的当事人及其相互关系 (3) 信用证的业务流程 (4) 信用证的种类 (5) 信用证项下的融资安排 (6) 信用证的审核 (7) 信用证结算的风险防范	10
第 7 章 单据概述	(1) 单据的含义及作用 (2) 单据的分类 (3) 合格单据的要求 (4) 单据的制作与无纸化单据	2
第 8 章 主要出口结汇单据	(1) 商业发票的含义、作用、种类及内容 (2) 保险单据的含义、种类及内容 (3) 货运单据的含义、种类及内容	6
第 9 章 其他出口结汇单据	(1) 产地证明书的含义、作用、种类、内容 (2) 商品检验证明的含义、作用、种类、内容 (3) 包装单据的含义、性质、内容 (4) 装箱单的含义、作用及内容 (5) 重量单的含义、作用及内容	2

续表

教学内容	学习要点	课时安排
第10章 银行保函与备用信用证	(1) 银行保函的含义及作用 (2) 银行保函的当事人 (3) 银行保函的业务流程 (4) 银行保函的种类 (5) 备用信用证 (6) 银行保函与备用信用证的比较	6
第11章 国际保理	(1) 国际保理的含义、产生和发展 (2) 国际保理的当事人及服务项目 (3) 国际保理业务的类型 (4) 国际保理业务操作程序	2
第12章 福费廷	(1) 福费廷的含义、产生和发展 (2) 福费廷业务的当事人及对各当事人的益处 (3) 福费廷的操作程序 (4) 福费廷与其他融资方式的比较	2
合计课时		48

目录 Contents

国际结算

第2篇　国际结算的基本方式

第4章 汇款

第5章 托收

第6章 信 用 证

第 3 篇 国际结算中的单据

第 7 章 单据概述

第 8 章 主要出口结汇单据

第 9 章 其他出口结汇单据

第 4 篇 国际结算的其他方式

第 10 章 银行保函与备用信用证

第11章 国际保理

第12章 福费廷

第0章 绪 论

0.1 国际结算概述

0.1.1 国际结算的含义

国际结算(International Settlement)是指不同国家当事人之间各种经济交易往来而发生的以货币形式表示的债权债务的清偿行为或资金转移行为。

国际商品贸易、服务贸易、非贸易融资、国际投资、黄金和外汇买卖、私人和团体汇款以及其他经济、文化、科技、外交、军事的交往,必然要产生国与国之间的货币收付行为,相应地也就产生了国际债权债务关系。为了清偿这些债权债务,就必须进行国际结算。国际结算是促进国际间各项经济活动与交往正常进行的重要保障,是一项重要的跨国经济行为。

0.1.2 国际结算的学科性质

国际结算作为一门学科,是以国际贸易学和国际金融学为指导,着重研究国际债权债务的清偿方式和方法,以及有关信用、资金融通理论和方法的一般规律的学科。国际结算属于国际贸易实务、国际金融实务的一个分支,是科学性强、知识丰富、国际惯例众多、发展较快的学科。它涉及的知识领域极为广泛,例如它涉及国际金融中的货币与汇率问题、国际收支与资本流动问题、国际金融市场与外汇风险防范等问题;还涉及国际保险、国际运输、电信传输、进出口贸易、会计、海关、票据、法律诸多相关知识,它是以金融、贸易为基础的多边交叉学科,具有实用性、技术性强的特点。将理论和实践相结合,运用理论知识指导国际结算的实务操作,是研究和学习本学科的目的。

由于国际货物贸易在国际经济交往中占有重要地位,因此,国际结算又经常被称为国际贸易结算。

国际结算与国际贸易始终存在着相互依存、相互促进、不可分割的统一关系。可以说,贸易走到哪里,结算就跟到哪里。国际结算是伴随国际贸易的产生而出现的,并随着国际贸易的发展而发展变化。办理国际结算是银行的一项重要业务。国际贸易发生后,贸易商是通过银行办理货款结算的,而银行办理结算不可能是钞票大搬家,现代银行主要通过结算票据的传递在国际代理行不同账户之间划转款项,结算的结果表现为有关方在代理行存款额度的增减变化。银行在办理国际结算的过程中,涉及为进口商开立信用证、外汇兑换、买入外币票据、外贸单据的审核、贸易融资等外贸业务。所以,银行从事国际结算业务的人员不但要熟悉银行业务，还要通晓国际贸易操作流程及相关知识。同时，国际结算也是国际贸易业务的一个重要环节，而且是最后一个环节。每一笔国际结算业务都是与发生对外贸易和对外交往的单位如外贸公司相关联。贸易公司的业务人员更应通晓国际结算的一般规则、业务流程及相关知识。因此，国际结算不仅是一项重要的银行业务，而且是国际贸易实务的一个环节。将国际结算的金融性和贸易性相结合，从银行和贸易商两个视角去观察，去研究，才能对国际结算的一般原理、业务流程及相关知识有一个全面、深刻的理解和把握。

0.1.3 国际结算的分类

引起货币跨国收付的原因很多，所以国际结算的范围很广。国家之间的经济交易可分为贸易与非贸易两大类，相应国际结算可以分为国际贸易结算和国际非贸易结算两大类。

1. 国际贸易结算

国际贸易结算又称有形贸易结算，是指商品的进出口贸易引起的货币收付活动，是国际结算的主要组成部分。

2. 国际非贸易结算

国际非贸易结算又称无形贸易结算，是指非商品交易引起的货币收付活动，主体是服务贸易。其主要是由国际贸易以外的其他经济活动以及政治、经济、文化等活动所引起的债权债务的收付，如国际租赁、劳务输出、国际旅游、金融交易、国际捐赠等。

国际结算是随着国际贸易的出现产生的，并且国际贸易结算一直在国际结算中占据着主导地位。20 世纪 90 年代以来，随着金融交易量的增加，国际非贸易结算额已经超过了国际贸易结算额。由于国际货物贸易引起的货物跨境交易金额巨大，而且业务流程复杂，在国际收支中仍占主体地位，因此，本书将重点介绍国际贸易结算。

0.1.4 国际结算的基本原理

国际结算与国内结算的原理基本相似，只不过国内结算发生在国内，而国际结算发生在国与国之间而已。

与国内结算相同，国际结算也有两种方式：现金结算与非现金结算。

现金结算就是以交付现金的方式结清债权债务的结算方式。俗称“一手交钱，一手交货”。这种方式在现在各国的国内结算中大量存在，而且是最基本的结算方式，银行卡、各种票据也不过是现金的替代物而已。

现金结算的优点是：币随人走，机动灵活，适应性极强。这种结算方式在银行服务欠缺的不发达国家或地区大量存在。

现金结算的缺点是：携带和运送现金运费较高，可能遭受种种风险，增加社会流通费用，特别是大宗结算不便。过去人们运送黄金、白银、金币以至现在使用的现金，都存在这种不方便的问题。

国际结算使用现金，必须是可以自由兑换的货币，如美元、日元、欧元等，主要适用于国际旅客随身携带，大宗交易则不方便。而且，一些国家对进出境旅客携带现金有数额上的限制。

随着社会经济的进步，特别是银行业的发展，出现了转账结算。

转账结算，又称非现金结算，是指通过商业银行划转款项或通过银行结算票据的给付来完成结算过程的结算方式。

现代社会，国内各经济单位之间的结算大部分是通过银行转账结算，现代国际结算也主要是银行的非现金结算。银行成为国际结算的中心。进出口商委托银行代理其款项收付，银行处于居间的地位，贸易商与银行的关系是委托代理关系。

银行要办理国际结算业务需要具备以下条件：

(1)具备办理国际结算业务的条件。国际结算专业技术性极强，一家银行要开展国际结算业务需要具备一定的条件，特别是要有一支熟悉国际结算业务的专业人员队伍。

(2)服务于国际支付的国外分支机构和代理行。银行要为客户办理支付结算服务，必须在收款或付款地有自己的分支机构或代办业务的机构，即所谓的通汇点。银行的通汇点多、覆盖面大，才能实现“汇通天下”。

银行的通汇点或银行网络，可以通过两条途径建立：一是在国外设立自己的分支机构，通称联行；二是寻找异地银行代理业务，或在异地设立办事机构。建立联行或代理行关系后，还要在代理行开立结算账户。

(3)结算票据。银行办理转账结算不是钞票大搬家，现代银行主要通过结算票据的传递在国外分行或代理行的不同账户之间划转款项，结算的结果表现为有关方在代理行存款额度的增减变化。所以，票据是非现金结算的工具，这些结算工具主要包括汇票、本票和支票。

(4)传输手段。票据和有关结算单据在国际间传递要具备一定的传输手段。主要的传输手段有个人携带、邮政传输、电信传输等。

下面以一个简单的例子说明银行办理国际结算的基本原理。

假如中国A公司与美国B公司发生一笔交易，由B公司向A公司提供一批产品，价值100万美元，使用美元结算，B公司发货后，A公司采用电汇方式支付货款。

又假如A公司在中国银行开户并通过中国银行办理该笔国际结算业务，而中国银行在美国纽约设有分行，并在纽约分行开有美元结算账户(根据国际惯例，一家银行在国外的分支行要视同相对独立的银行对待)。当天的外汇牌价是$1 = ¥6.8。

这笔结算业务的过程如下：

第一步：A公司向中国银行申请汇款，填写电汇申请书，按当天外汇牌价交款付费。

第二步：中国银行向纽约分行发电，指示其解付100万美元给B公司，并在电文中注明“该笔汇款请借记我行在你行的账户”。

第三步：中国银行纽约分行接到电文后立即借记中国银行在其行的美元存款账户100万美元，并通过美国的美元支付清算系统支付给B公司100万美元。

结算的结果表现为中国银行在其纽约分行的美元存款账户上的美元存款减少100万美元。这一过程如图0.1所示。

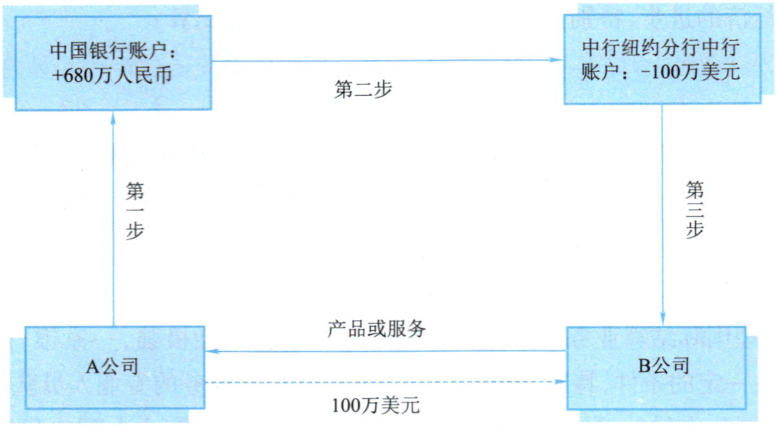

图 0.1　银行办理国际结算流程图

上面的例子说明了银行通过转账方式办理国际结算的基本原理。转账结算的实质是把贸易商之间的债权债务转化为银行之间的债权债务关系。而银行之间的债权债务最后通过有关账户的互相轧差进行清算。

0.1.5　国际结算的研究对象

1. 办理国际结算业务的银行网络体系及国际银行间的支付清算体系

前已述及，一家银行要办理国际结算，首先要在收付款所在地建立联行或与当地银行建立代理行关系，然后才能通过结算票据的传递进行转账结算。同时，结算银行之间还要进行最后清算，因此，一个高效运行的国际银行间的支付清算体系，才能保证国际结算的及时与可靠。

2. 国际结算工具

现代银行办理国际结算的主要工具是票据。票据在结算中起着流通手段和支付手段的作用，远期票据还能发挥信用工具的作用。这些结算工具主要包括汇票、本票和支票，它们被称为国际结算的基石。正是依赖这些票据的使用和传递，资金才会在全球范围内最大限度地完成转账结算。因此票据的要式及种类、票据行为、流通规律等是国际结算的主要研究对象之一。

3. 国际结算方式

以一定的条件实现国际货币收付的方式称为国际结算方式。在国际贸易中，进出口商要将商定的结算方式列入合同的条款并予以执行。经办银行应客户的要求，在某种结算方式下，以票据和各种单据作为结算的重要凭证，最终实现客户委办的国际债权债务的清偿。

适应不同的商业模式，产生了多种类型的结算方式。这些国际结算方式主要包括汇款、托收、信用证、保付代理、银行保函、包买票据等。进出口商可以根据不同的交易需要选择不同的结算方式。研究国际结算方式的产生、演变、应用、发展趋势及创新是这一学科的重要研究对象。

4. 国际结算中的单据

单据的传递和使用是实现国际结算的必备条件之一。银行在办理国际结算中只处理单据而不管货物。交单等于交货。一笔贸易是商品的买卖，而对银行来说却是货运单据的买卖。

这就是所谓的货物单据化。

货物单据化是银行作为国际贸易结算中介的前提，否则，银行势必耗费相当的人力、物力及财力参与监管交易的各个环节。只有在凭单付款的条件下，银行才有可能通过控制单据进而控制货物，在结算货款、贸易融资、咨询服务等方面发挥巨大的作用。

单据对于国际贸易债务的清偿具有至关重要的作用，特别是以跟单信用证方式结算货款时，出口商提交的单据合格与否，成为其能否收回销售货款的决定性因素。因此，出口商应严格按照信用证的惯例，提交正确的单据。

进口国有关当局基于管制进口、征收关税、抵制商品倾销、保障环境与卫生等需要，要求进口商提交各种文件。进口商通常要求出口商提供有关证明，并在合同条款及信用证条款中列明。

国际结算中的单据主要有发票、货运提单、货物原产地证明、保险单据、商品检验检疫证明等。这些单据各有各的用途，而且经过多年的发展逐步的标准化、规范化，是国际结算这一学科重要的研究对象。

5. 国际结算中的融资

商业银行在为进出口商办理国际结算过程中，可以为进出口双方提供融资便利，这不仅有利于银行，同时也方便了贸易商，促进了国际贸易。一些融资方式还在不断创新，并且在结算中越来越重要。无论是进出口商还是银行都需要认真研究国际结算各环节可能的融资安排，更好地利用融资便利，服务于对外贸易。

0.2 国际结算的产生和发展

0.2.1 国际结算的历史演进

国际结算起源于国家间的商品交易和经济往来，并随着国际贸易、金融业、国际航运业、保险业以及国际通信技术的发展而逐步发展和完善。同时，国际结算的发展反过来又促进了国际贸易进一步的扩大和深化。

可以想象，早期的国际贸易是易货贸易。比如古丝绸之路的贸易，中国内地的商人用中国产的丝绸、茶叶、瓷器等物品换回中亚地区的马匹等物品，然后在国内出售，换成国内的钱币。但易货贸易不仅在国内交易效率低，在国际贸易中也是很不方便的。后来，随着各国国内货币的产生及演变，特别是白银、黄金作货币后，由于银币、金币本身具有价值，而且各国银币、金币都有标准的重量、成色的规定，使得各国银币、金币的价值可以相互比较，这样，在当时的国际贸易中，就产生了用黄金、白银等作为国家间结算货币的现金结算。但采用现金结算，携带和运输极不方便，而且很不安全。特别是远洋大宗商品的贸易，交易效率极低。公元11世纪，地中海沿岸的商品贸易初具规模，开始使用“字据”代替现金。在中国明朝时期，国内商人们已普遍采用汇票进行结算。16~17世纪，在欧洲大陆，“字据”逐步发展为“票据”，采用票据进行非现金结算已成为各国的普遍做法。到了19世纪末20世纪初，随着金融资本与产业资本日益融合，出现了跨国银行，银行不仅从事国内的存放汇业务，还通过国外分支机构和国际银行代理网络，从事国际借贷和国际结算业务，一个高效的资金转移网络在世界范围内形成。由于银行信用迅速加入到国际结算中来，凭单付款的方式逐步完善，国际商品买卖变为单据买卖，商人之间的直接结算也变为银行间的转账结算。

第二次世界大战之后，特别20世纪60年代以后，银行掀起了金融创新的高潮，先后开发出了许多新的结算业务和融资项目，传统的结算方式也得到了改造。更好地适应了国际贸易和国际经济的发展，随着电子技术特别是计算机技术和通信技术在银行业务处理中的应用，使得国际结算更加快捷、经济、安全、高效。

综观国际结算的演变过程，可以将国际结算的历史演变过程大致归纳为四个发展阶段。

1. 从现金结算发展到票据结算

在国际贸易发展的初期，国与国之间的贸易大部分以贩运方式进行，交易规模有限。商人们之间要么进行易货贸易，要么在国际间运送黄金、白银或者贵金属铸币以结清债权债务关系。采用现金结算，携带和运送不方便、不安全，而且要承担潜在的利息损失，交易效率极低。于是出现了采用票据及其他信用手段来结清债权债务的方法。特别是随着银行信用的发展，以银行为中心的转账结算体系发展起来。这种方式既节约了结算的费用，又节省了时间，适应了国际贸易大发展的需要。

2. 从货物买卖到单据买卖

18世纪末19世纪初，商人从事海上贸易时要自备船只，而且采用船边交货，FOB条件成交。商人本人或其代理人自始至终监督这一冒险行动。商人当场看货，如认为合适，当即买下，并指示卖主将货物装到他的船上，而且即时偿付现金或其他等价物。这是一种典型的买卖双方直接结算的方式，根本无须通过银行。

随着海运事业的发展，商人们不再自己运送货物，而是委托船东运送货物，船东们为了减少海运风险，又向保险公司投保。这样，商业、航运、保险分化为三个独立运行的行业。商业发票、海运提单、保险单据等相继问世。海运提单从一般性的货物收据发展成为可以背书转让的物权凭证，保险单也发展成为可以转让的单据，卖方交单、买方付款的单据原则确定。银行也乐于以外汇购买者的身份买进单据，为卖方进行融资，这样，国际间的商品买卖逐渐发展成为单据买卖。买卖双方以CIF成交，货物委托海运公司运往进口方指定的港口，卖方凭货运提单交货，买方凭单付款，银行凭单办理结算，从而使国际结算从以货物为依据发展到以单据为依据。

3. 从买卖双方直接结算发展到通过银行进行间接结算

伴随着国际贸易方式和运输方式的多样化，银行信用逐步参与到国际结算业务中，并最终成为国际结算的中枢。以银行为中心的国际结算体系，一方面克服了直接结算的不便，提高了结算的效率，另一方面，银行还能为贸易商提供融资便利，银行提供的结算融资便利进一步促进了国际贸易的发展。

4. 从人工结算发展到电子结算

随着计算机网络和通信技术的迅猛发展，传统的手工结算方式逐渐向电子化、网络化、无纸化的方向发展，将为国际贸易结算提供更快捷、更便利、更安全的服务。

在国际结算电子化方面最引人注目的是SWIFT（Society for Worldwide Interbank Financial Telecommunications，环球同业银行金融电信协会）的建立，以及EDI（Electronic Date Interchange）即“电子数据交换系统”的建立，EDI目前各国正在尝试建立，效果尚不理想。而

SWIFT后面详细介绍。

综上所述，从国际结算演变过程可以看出，现代国际结算是以票据为基础、单据为条件、银行为中介、结算和融资相结合的，电子化的非现金结算体系。

0.2.2 国际结算制度的历史演进过程

国际结算制度（System of International Settlement）又称国际结算体系，它是指各国之间结算债权债务关系的基本方法和总的原则。实行何种国际结算制度，取决于世界各国经济发展水平、货币制度的演变以及国际政治现状。从历史角度看，国际结算制度曾出现以下五种类型。

1. 自由的多边国际结算制度

在19世纪，西方国家正处于资本主义的鼎盛期，许多国家先后实行了银本位制和金本位制的货币制度，而古老的东方国家白银普遍在流通中发挥着流通手段和支付手段的职能。由于黄金、白银可以自由输出输入，这样，在国际间就自发地形成了用黄金、白银作为国际结算货币，国际间正常的支付和结算以黄金作为最后的支付手段。由于各国货币单位均有含金量的规定，汇率也基本保持稳定。在这种条件下，推行自由的多边国际结算制度，有利于国际贸易的发展。

实行自由的多边国际结算制度必须以外汇自由买卖为前提，而外汇自由买卖又必须以货币稳定为条件。这种制度必须包括以下内容：①外汇自由买卖；②资本自由输出输入；③黄金自由输出输入；④黄金外汇自由买卖市场的存在；⑤多边国际结算制度的存在。

2. 管制的双边国际结算制度

第一次世界大战爆发后，自由的多边国际结算制度遭到了冲击。为了筹措战争所需的大量外汇，防止本国资本外逃，西方各国都对黄金、外汇支付采取限制性的措施，金本位制度宣告崩溃。而战后各国先后部分或全部恢复金本位货币制度，随后又在1929—1933年爆发的世界经济危机的打击下土崩瓦解。各国为了各自的经济利益，纷纷恢复和加强了外汇管制。第二次世界大战期间，除了远离战争而未受破坏的美国、瑞士之外，欧洲各国为了支付巨额的战争开支，都实行严格的外汇管制。整个西方的金融、外汇市场都陷于停滞状态，管制的双边国际结算制度应运而生。

管制的双边国际结算制度是指两国政府签订支付协定，开立清算账户，集中抵消和清算两国之间由于贸易和非贸易往来所发生的债权债务收支，而不必动用黄金或外汇逐笔进行支付。在这种制度下，一国对另一国的债权不能用来抵偿对第三国的债务，只能用来清偿对方国家的债务，双边清算由两国的中央银行负责具体组织实施。

3. 管制的多边国际结算制度

管制的多边国际结算制度，典型的如1950年7月成立的欧洲支付同盟（European Payment Union，EPU）和1963年10月以苏东国家为主体的经济互助委员会在其前期双边结算基础上签订的多边清算协定。这些以多边清算制度为基础的管制的多边国际结算制度与之前的双边国际结算制度相比是一种进步，也一度在西欧和苏东国家的国际结算中占据主导地位，管制的多边国际结算制度已退出历史舞台。

4. 有限自由的多边国际结算制度

随着经济全球化和区域经济一体化的发展，一些区域性经济集团相继成立，自由的、多边的国际结算制度逐步恢复。虽然发达国家逐步放松外汇管制，但由于许多发展中国家因外汇短缺而不能完全开放其国内市场，因此产生了区域性有限自由的多边国际结算制度（如北美自由贸易区内部的区域性结算制度）和全球性有限自由的多边国际结算制度（如世界贸易组织成员国之间的全球性结算制度）。

5. 当前的多元化混合型的国际结算制度

20 世纪 50 年代以后，世界经济恢复，西方一些发达国家的经济实力增强，逐渐放松了对外汇的管制；而许多发展中国家为了发展民族经济，防止黄金外汇储备的流失，一直实行比较严格的外汇管制。因此，单纯的管制的双边国际结算制度已经不能满足经济发展的需要，多元化混合型的国际结算制度取代了单一的国际结算制度。在多元化混合型的国际结算制度下，既有发达国家间全球性的多边国际结算制度，也有区域性的和集团性的多边国际结算制度，此外还存在着发展中国家之间的双边国际结算制度。由于管制的国际结算制度不利于全球性贸易的开展，因此当前推行的主要是全球性、区域性的多边国际结算制度。

多元化混合型国际结算制度的主要特点是：①有限的外汇兑换与程度不同的外汇管制并存，以外汇自由兑换为主；②全球性的自由多边国际结算制度、区域性的多边国际结算制度和管制的双边国际结算制度并存，以全球性和区域性的多边国际结算制度为主。

随着生产、资本和市场国际化的迅速发展，跨国公司蓬勃兴起，国际结算制度将进一步向着全球一体化、多元化和自由化的多边国际结算制度方向发展。

0.2.3 现代国际结算的特点

1. 按照国际惯例进行国际结算

国际结算涉及多边关系，由于各国的传统文化、商业习惯等都不相同，为了规范国际结算业务，使国际结算有规则可循，一些国际性商业团体、国际组织总结国际结算实践，制定和修订了各种相关的公约与规则，成为各国银行和贸易商处理国际结算业务时必须共同遵守的准则，通称为“国际惯例”。现代国际结算，必须按照国际惯例办理。

2. 使用可兑换货币进行结算

可兑换货币是指可不受限制地与其他货币自由兑换的货币。可兑换货币又称自由外汇，可以通过银行账户划转，便于资金调拨和运用，也有助于及时转移汇率变动的风险（即外汇风险）。现在主要的国际通用结算货币主要有美元、欧元和日元。

3. 实行“推定交货”的原则

所谓推定交货，又称象征性交货，实质上是货物单据化。银行根据出口商提交的单据办理结算，而不管单据背后所交易的货物。出口商发货后，从海运公司手中获取货运提单，并办妥其他有关单据，就可以凭单向银行办理货款结算。商业银行在国际结算业务中，只处理货运单据而不管货物。在一定的条件下，货运单据就是货物，就是物权凭证，可以买卖、抵押、抵债、转让、流通。

4. 国际结算与融资密不可分

现代国际结算采用非现金结算的办法，非现金结算就是通过国际间的商业银行网络的相关账户之间账上余额的增减抵消完成的。银行成为国际结算的中心,进出口商委托银行办理货款的收付。银行在办理结算过程中,根据不同的结算方式,在不同的业务环节,为商人提供多样的融资便利。如信用证项下的“打包放款”“出口押汇”“进口押汇”等。结算与融资相结合,既开拓了银行业务,又方便了贸易商。

0.2.4 国际结算的发展趋势

经济全球化和互联网技术在国际贸易以及国际结算业务中的应用,使国际结算正朝着电子化、无纸化、标准化和一体化的趋势发展,将为国际贸易提供更快捷、更便利、更安全的服务。国际结算的发展趋势有以下几点:

1. 国际结算业务标准化

随着国际结算领域中一些统一规则和管理的广泛采用,各国的国际结算更加规范,并极大地提高了国际结算业务的标准化程度。业务的标准化为电子化奠定了基础。

2. 国际结算方式多元化

传统的国际贸易结算方式主要是汇款、托收和信用证。特别是信用证方式,长期居于主导地位。20 世纪 90 年代以后,国际结算领域出现了一种非信用证化趋势,信用证支付方式的使用率迅速下降。而非信用证支付方式成为主流支付方式。除了传统的汇款、托收外,近年来国际保理、福费廷及银行保函在国际贸易结算中所占的比重越来越大。

3. 国际结算技术电子化

科学技术的日新月异,通信技术的革新以及电子商务、网上贸易的出现,都对国际结算业务产生了巨大的影响。国际结算正趋于电子化和网络化。网络化成为国际结算新的载体,电子货币、票据和电子资金转账成为一种重要的支付工具。这些都大大降低了国际贸易和结算的交易成本,提高了交易速度和交易效率。

4. 国际结算中贸易融资的作用越来越大

随着国际贸易逐渐从卖方市场转向买方市场,赊账交易和商业信用结算方式在贸易中所占比重日益扩大,国际贸易商迫切要求银行在办理结算服务的同时提供融资的服务。为此,出口押汇、进口押汇、打包放款、票据贴现、买方信贷、国际保理、福费廷等手段不断出现,它们在为贸易商资金融通提供便利的同时,也促使国际结算步入一个新的发展阶段。

5. 国际结算中的风险越来越大

由于国际市场竞争激烈,国际政治、经济形势变幻莫测,加上其他各种不确定因素的存在,使得国际结算中的风险,如政治风险、价格风险、汇率风险、信用风险、履约风险等不断增大和增多。而日益增多的国际结算中的欺诈行为以及国际保理、福费廷及银行保函这些新结算方式的发展,又进一步加剧了国际结算中的风险,从而迫使银行和贸易商完善自身的风险管理能力。

0.2.5 国际结算中使用的国际惯例

目前约束国际结算的相关国际惯例主要有以下几种:

(1)2007 年修订的《跟单信用证统一惯例》,即国际商会第 600 号出版物,简称 UCP600。这是对 1993 年修订的 UCP500 的进一步修订。从 2007 年 7 月 1 日起在全世界实行。

(2)2007 年修订的《审核跟单信用证项下单据的国际标准银行实务》,即国际商会第 681 号出版物,2007 年 7 月 1 日起实施。

(3)1995 年修订的《托收统一规则》,即国际商会第 522 号出版物。

(4)2009 年的《见索即付保函统一规则》,即国际商会第 758 号出版物。

(5)1996 年的《跟单信用证项下银行间偿付统一规则》,即国际商会第 525 号出版物。

(6)1998 年修订的《国际备用信用证惯例》(ISP98),即国际商会第 590 号出版物。

(7)2000 年国际保理商联合会制定的《国际保理业务惯例规则》。

(8)2007 年修订的《跟单信用证统一惯例》(UCP600)关于电子交单附则(eUCP1. 1 版本)(2007 年 7 月 1 日起实施)。

0. 3 银行国外分支机构网络的构建、账户行关系的建立及原理

0. 3. 1 银行国外分支机构网络的构建

前已述及,现代国际结算是通过银行进行转账结算,银行成为结算中心,而银行办理转账结算,必须在收款或付款地有自己的分支机构或代办机构,即所谓的通汇点。一家银行要开办国际结算业务,首先要构建自身的国外机构网络,根据国际银行界的实践,银行的国外机构网络可以通过两种途径建立:一是建立银行自己可控制的国外分支机构;二是在东道国寻找代理行,建立业务代理关系。下面分别进行介绍。

1. 国外分支机构

银行的国外分支机构通常有如下 6 种形式。

(1)子银行。子银行又称附属银行,是指一家商业银行为了扩大其在海外的业务网络,但由于受东道国法律的限制,不能直接在东道国设置分支机构,而是收购东道国某一家银行全部股份或大部分股份,设置国外附属机构。该银行在东道国仍然是一个完全独立的经营实体,按东道国法律登记注册,仍采用自己的名称、营业许可证经营。母银行控制子银行全部或大部分股份,可以通过子银行办理国际结算业务。

(2)联营银行。联营银行与子银行在法律地位、性质和经营特点相类似,主要区别是母银行对该联营银行的控股比例不超过 50%,无法完全控制银行的业务。母银行可以通过联营银行办理与联营银行所在国的国际结算业务。

(3)银团银行。银团银行是由两个以上不同国籍的跨国银行共同投资注册组成具有公司性质的合营银行,其任一投资者所持股份都不超过 50%,这类银行通过专门从事成本高、风险大、技术性强、规模大的业务,如辛迪加贷款、提供项目融资等。

(4)海外分、支行。海外分、支行又称海外联行,是商业银行在东道国设立的营业性机构。它本身不具备独立的法人地位,不但受其总行所在地的金融惯例、法令的约束,也受东道国金

融管理法令的约束。海外分支行的资本金由总行提供,其业务范围和经营政策与总行保持一致,在营运上受总行控制。总行需承担分行的盈亏风险和其他责任风险,对分行的活动负有完全的责任,海外分行可以方便进行两国间的国际结算。

(5)代表处。代表处是银行总行在东道国开设的代表该银行的非营利性办事机构。它不能经营银行业务,其职能主要是代表总行与东道国的客户、银行和政府部门保持联系,收集当地的经济信息,以探询新的业务前景和开辟新的营利渠道。

(6)代理处。代理处是银行在东道国设立的能够办理资金转移和发放贷款,但不能在东道国吸收存款的机构。代理处是国内总行的一个组成部分,不具备法人资格。它是介于分行与代表处之间的机构,可以从事贸易融资、开证、承兑、票据买卖和交换等非存款业务。

2. 代理银行

代理银行简称代理行,是指本国银行在开展国际业务的过程中寻找外国银行,并与之建立起一种在业务上彼此合作与支持的相互委托关系,即代理行关系,以便利国际业务的开展,弥补海外分、支行的不足。在海外建立代理行的优点是成本低,可以广泛地开展业务。

以上介绍的几种形式中,代表处、代理处和海外分支行都不是独立的法人,母银行完全可以对其进行控制;子银行、联营银行和银团银行是独立的法人,母银行只能根据控制的程度对其产生不同程度的影响。而且子银行、联营银行、银团银行、海外分支行受东道国金融法令及金融开放政策的限制,开设起来一般比较困难,即使东道国允许开设,由于成本较高,如果没有一定的业务量也是难以经营下去的。因此,大多数银行选择在世界主要金融中心城市设立分支行,而在没有分支行的城市寻找当地银行并与其建立代理关系,相互委办业务。通过代理行关系的建立,便利国际结算业务。通过在代理行开设结算账户,办理资金的转账和调拨。事实上,一家开办国际结算业务的商业银行的代理行数目要远远多于海外分支行数目。特别是建立了代理行关系并在代理行开立有结算账户的银行,相互委托业务十分方便,通过账务往来可以用最快的速度完成委托,且能安全、迅速地收汇和付汇。因此,代理行在国际结算中具有非常重要的地位。

3. 代理行关系的建立

一家银行与国外银行建立代理行关系,一般要经过 3 个步骤。

(1)考察了解对方银行的资信。首先研究国家的外交政策,只有与我国建立正式外交关系的国家,才有可能开展贸易活动,才能建立代理行关系。其次,对东道国的相关银行进行考察,选择实力雄厚、业务能力强的银行进行接洽并要调查对方银行的资信等级、经营作风以及财务状况等多项指标,在有把握的基础上建立代理行关系。

(2)谈判签订代理协议并互换控制文件。考察确定拟建立代理行关系的东道国银行后,开始正式谈判并签订正式代理协议。代理协议一般由双方银行的总行签订,协议内容包括双方银行的名称、地址、代理机构、业务范围、代理期限、控制文件、使用的货币、委办的事项、授信额度、合作项目、信息的提供与咨询、培训计划、头寸偿付的方法、协议生效的日期、适用的分支行,等等。

(3)双方银行确认控制文件。为了使代理行业务真实、准确、快捷、保密,代理行之间要相互发送控制文件(Control Documents),并在确定无误后,遵照执行。控制文件主要为了安全、保密,主要有以下 3 种:

①密押(Test Key)。它是银行之间事先约定的,在发送电报时,由发电行在电文加注密码,以证实电报的真实性。

② 印签样本(Specimen Signature)。印签是银行有权签字人的签字式样。银行之间的信函、凭证、票据等,经有权签字人签字后,寄至收件银行,由收件银行将单证上的签名与所留印签核对,核对相符即证明此函件的真实性。代理行的印签一般由总行互换,分行使用。

③费率表(Terms and Condition)。它是银行在办理代理业务时收费的依据,一般由总行制定并对外发布,各分、支行据此执行。通常,对方银行委托我方银行办理业务,按照我方银行费率表收取费用;我方银行委托国外银行办理业务,则按对方银行费率表收费。费率表应定得适当、合理,过高会削弱我方竞争力,过低则影响经济效益。

0.3.2 账户行关系的建立及原理

一家银行与东道国某银行建立代理行关系后,就可以根据协议互相委办业务。但是,对于汇款、托收以及信用证业务,会涉及外汇资金的收付或资金的调拨。需要双方建立账户处理资金的清算。因此,代理行之间单方面或者双方互相在对方银行开设账户,称为账户代理行(Depository Correspondents),简称账户行(Depository Bank)。

一家国际性的商业银行要开办国际业务,需要在国际间建立起一个庞大的代理行网络,但并不是在所有的代理行都要开设清算账户。只需要在国际货币的清算中心所在地银行开立账户,就可以满足货币收付的正常进行。例如:经营美元国际业务的银行,必须在美元的清算中心——纽约当地银行开立账户;经营日元国际业务的银行,必须在日元的清算中心——东京当地银行开立账户;经营欧元国际业务的银行,必须在法兰克福开立账户。

本国银行在境外其他银行开立的账户,对本国银行来说,称为往账(Nostro Account 或 Due From Account)。往账通常开立的是账户所在地货币的账户。例如,中国银行在纽约花旗银行开立美元账户,在日本东京银行开立日元账户。若境外银行在国内开立账户的,称为来账(Vostro Account 或 Due to Account)。来账通常以本币开立。例如德国工业银行在上海开设人民币账户。账户行一定是代理行,代理行不一定是账户行。各银行开立账户的条件各不相同,在不同银行建立账户的成本费用有大有小。开立账户的条件大致有以下几种:①最低存款额;②存款利息; ③透支额度及利息;④账户费用;⑤对账单。

0.3.3 账户行之间办理资金收付实务

两家分处不同国家的银行,开设账户的情况有以下 3 种:

(1)A 国甲行在 B 国乙行设立 B 国货币的账户,如图 0.2 所示。

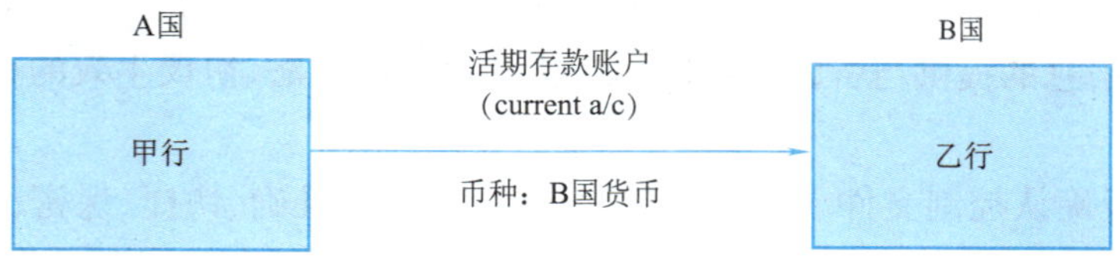

图 0.2　A 国甲行在 B 国乙行设立 B 国货币的账户

(2)B 国乙行在 A 国甲行设立 A 国货币的账户,如图 0.3 所示。

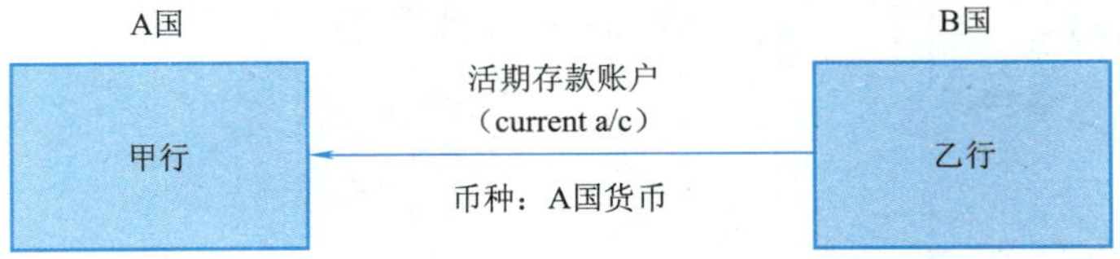

图 0.3　B 国乙行在 A 国甲行设立 A 国货币的账户

(3)双方互设立对方所在国货币的账户,如图 0.4 所示。

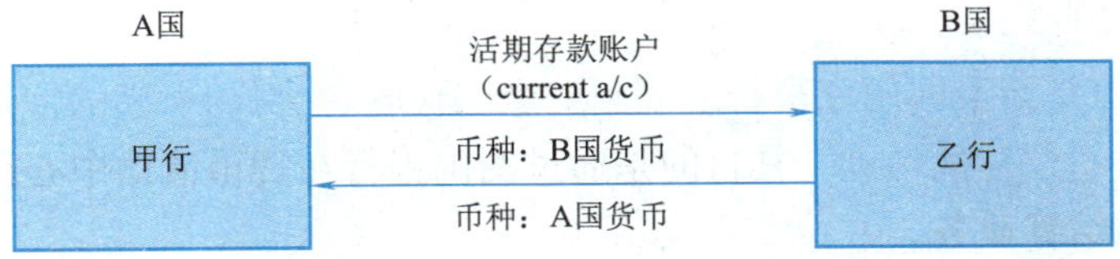

图 0.4　双方互设对方所在国货币的账户

在第一种情况中,从甲行的角度看,是往账(Nostro a/c),即我行设在你行的账户(Our a/c with you);反之,从乙行的角度看,是来账(Vostro a/c),即你行设在我行的账户(Your a/c with us)。第二种情况正好相反。第三种互为来账和往账。

甲行在乙行设立了账户,和国内的个人或企业在银行开立账户的性质是一样的,对于乙行来说甲行处于存款人的地位,即存款行和账户行关系。

甲行在乙行设立了结算账户,就可以通过该账户办理资金的收付和调拨了。甲行委托乙行支付一笔资金,乙行只需要在甲行账户减记一笔;结算的结果表现为甲行在乙行账户上存款余额的减少。甲行委托乙行收取一笔资金,乙行收妥后只需在甲行账户增记一笔,结算的结果表现为甲行在乙行账户上存款余额的增加。

值得说明的是,在银行簿记的行话(术语)上,增不叫“增”,减不叫“减”,而分别使用“贷记(To Credit)”和“借记”(To Debit)这两个术语。如一笔电汇业务甲行收到汇款人的汇款并承接业务,向乙行(账户行)发送电汇指示,并在指令中注明“In Cover,Please Debit Our a/c with you”(头寸偿付方法是:请借记我行在你行的账户)。乙行在向收款人解付汇款的同时,借记甲行在本行的账户。这样,一笔汇款业务结束,汇款人完成了向收款人的支付,汇出行(甲行)与汇入行(乙行)完成了清算,结算的结果表现为甲行在乙行账户上存款余额的减少。

若乙行所在国客户通过乙行向甲行所在国客户汇款,则刚好相反,乙行承接业务后,向甲行发电并在电文中注明“In cover,we have credited your a/c with us(头寸偿付的办法:我行已贷记你行在我行的账户)”。结算的结果表现为甲行在乙行账户上存款余额的增加。

账户行在授权借记或主动贷记了存款行的账户行之后,要向存款行寄送贷记报单和借记报单。贷记报单(Credit Advice)是银行为客户办理收款业务后,向客户签发的书面通知,证实款项已收妥,存款余额增加。借记报单(Debit Advice)是银行为客户办理付款业务后,向客户签发的书面通知,证实款项已付出,存款余额减少。客户根据报单核对银行存款的变化情况。在中国银行行话中,不叫“贷记报单”和“借记报单(Debit Advice)”,而是称为“银行存款对账单”。由银行定期向存款人签发,供存款人核对账户存款变化情况和余额情况。

0.4 国际银行间的清算体系

0.4.1 清算中心

在现代结算体系中，债权人和债务人通过银行清偿债权债务，结算的过程实质上是把债权人与债务人之间的债权债务转化为银行之间的债权债务，最后银行之间再进行债权债务的清算。

清算（Clearing）是指不同国家银行之间因资金的代收、代付而引起的债权债务通过票据清算所或清算网络进行清偿的活动。其目的是通过两国银行在货币清偿中心往来账户的增减变化来结清每笔国际结算业务。

国际银行间的清算与国际结算是紧密联系和不可分割的。结算是清算的前提，清算是结算的继续和完成。结算主要是指债权人和债务人通过银行清偿债权债务关系，清算是指银行之间通过清算网络来清算债权债务关系，而银行之间的债权债务关系又主要是由结算引起的。

银行之间债权债务的清算是通过票据清算所自动清算完成的。票据清算所（Clearing House）或清算网络是由众多银行参加的、彼此进行资金清算的场所。参加票据清算所的银行叫清算银行。在票据清算所里，清算银行之间的债权债务大部分可以相互抵消，实际清算的只是彼此之间的差额。

清算系统（Clearing System）是指由结算和清算过程诸要素组成的有机整体。它包括一笔款项从付款人账上付出，中间经过清算，收入到收款人账户；或款项从收入收款人账户，中间经过清算，到付款人付款的全过程。

众所周知，并不存在完全意义上的国际货币，当今世界各国的货币都是主权国家的货币，在国际结算中，使用的主要是发达国家和地区的可兑换货币，如美元、日元、欧元等。这些被当作国际货币使用，相应的这些货币的清算系统就成为国际清算系统。这些货币均有相应的清算中心，美元的清算中心在纽约，英镑的清算中心在伦敦，欧元的清算中心在法兰克福等地，日元的清算中心在东京。为了结算和清算的方便，从事国际业务的银行一般都要在主要货币的清算中心设立联行并在当地银行开立当地货币账户，以加入该清算网络。

美元是当今世界最主要的结算货币，很多外国银行都在纽约的银行开立美元账户，以方便美元结算。

美元清算账户可分为3类：

（1）一级账户：指属于联邦储备系统成员的美籍银行在联邦储备银行开立的美元账户，它联通全美国各州金融网。凡是票据交换和跨州调拨，均须通过一级账户结算。

（2）二级账户：指外国银行在美籍银行开立的美元账户。外国银行不能在联邦储备银行开立账户，只能在美籍银行开户，这样，美籍银行就会同时成为很多国外银行的账户行。如果在同一美籍银行如花旗银行开户的两家外国银行要转移资金，花旗银行只要进行内部转账即可，划拨十分方便和迅速。

（3）三级账户：是指外国银行在美国的外籍银行开立的美元账户。当美国某银行为偿付行时，委托外籍银行（账户行）索汇收款必须通过纽约的清算系统进行。显然，通过三级账户收汇不如通过二级账户收汇方便。

0.4.2 支付清算系统

支付清算系统（Payment System）又称金融体系支付系统。它是一个国家或地区对伴随着经济活动而产生的交易者之间、金融机构之间的债权债务关系进行清偿及资金转移的一系列组织和制度安排。

由于经济活动所产生的债权债务须通过货币所有权的转移加以清偿，支付系统的任务即是快速、有序、安全地实现货币所有权在经济活动参与者间的转移。一个高效、有序运转的支付系统对一国经济的运行具有特殊的意义。

每个国家或地区都建立了本国货币的支付系统，一般来说，各国支付系统都由3个层次组成。

1. 中央银行拥有并经营的支付系统

大多数国家的支付清算系统都由中央银行建立并负责经营管理。一些主要国际结算货币的支付清算系统由于其货币广泛用于国际结算，而被看作国际支付系统。国际支付清算大多通过中央银行掌管的支付系统进行。

2. 区域性的银行同业联合组建的清算系统

这些系统如纽约清算协会CHIPS系统，英国的CHAPS系统，一般是在历史上形成并保持至今的。中央银行通常不直接参与这些系统的运行，但各系统的资金最终清算往往要通过中央银行账户进行，而且中央银行采取各种手段对这些清算所系统进行监督、管理。

3. 各银行拥有并运行的行内支付系统

在国际结算中，如众多银行在同一家银行开有账户，则可以在该行内完成清算。

另外，一些银行为处理各分支机构之间的汇兑往来和资金清算，通常建有行内支付系统。如我国四大国有商业银行均开通了各自的电子资金汇兑系统，大大便利了行内支付清算。

0.4.3 支付系统中银行转账的原则

各个经济主体每天都在进行各种交易，它们通常以货币（现金或银行存款）的形式购买商品、支付劳务。若交易双方在同一银行开立存款账户，它们在完成一笔交易后，债务人就会签发支票给债权人，债权人送交自己的开户行，银行发现这张支票的签发者和接受者都是本行的客户，便会凭此支票借记出票人的账户，贷记受票人的账户。一张支票以最便捷的方式在一家银行内部转账结算，清偿了交易双方的债权债务关系。

如果交易双方不在同一银行开立存款账户，而分别在A、B两行开立存款账户，一桩交易完成后，A行的客户作为债务人签发支票给B银行的客户，B银行的客户将支票转交给B银行，由B银行将这张支票交换给A银行，即向A银行提示。A银行接受交换，首先借记出票人（债务人）的存款账户，然后拨头寸给B银行，使B银行贷记收款人的账户。由此可以看出，银行转账所遵循的基本原则是：

（1）银行票据成为转移资金的重要工具，即成为存款账户的支付凭证。无论多么复杂的债权债务关系，对银行而言，无非是从一个客户的存款账户上付出，收进另一个客户的存款账户上。银行结算提供的是一种收付服务。

(2)任何一笔收付，银行总是先借后贷。

(3)同一银行的支票，内部转账；不同银行的支票，交换转账。

0.4.4　国际银行间清算与支付的原则

国际银行间的清算与支付形式很多，要求也不一样，但都坚持以下原则。

(1)任何外币票据不能进入本币票据交换所。这就意味着一张外币票据，一定要进入票据面值货币的发行国，才能进行清算。而且最好是到这种货币的发行和清算中心去交换。如一张美元汇票，应去纽约清算，一张日元汇票，应去东京清算，依此类推。

(2)跨国流动的票据，其出票人和收款人可以是全球任何地方的个人或企业，但是票据的付款人或担当付款人必须是所付货币清算中心的银行。

(3)为了顺利完成跨国的货币收付，各国银行一般将外币存款账户开设在这种外币的发行和清算中心。

(4)有的货币收付不用通过票据交换所就可以清算，有些则必须通过票据交换所。无论如何，能够方便地完成清算即可。

0.4.5　主要国家的支付清算系统

1. 美元支付清算系统

尽管布雷顿森林体系已经崩溃，并且受到欧元的冲击，美元的地位已大为降低，但美元仍是世界上最重要的结算货币及储备货币，因此必须清楚了解美元支付清算系统的组织体系和工作程序。

美元的转移和支付可通过 3 种方式推行，它们是 CHIPS(纽约银行间的清算系统)、FEDWIRE(美国联邦储备银行的清算系统)、Book Transfer(内部转账)。每种通信和支付体系都有各自的规则和优先级别。

(1)CHIPS 简介。在美国境内，美国联邦储备银行是一个完美的中介机构，替全美的银行转账清算。但是美国联邦储备银行不可能为全世界的银行开户服务并为全世界从事美元外汇业务的银行进行转账。美国为本国银行及外国银行提供支付清算服务的机构是 CHIPS 系统。CHIPS(Clearing House Inter-Bank Payments System)由纽约清算协会(New York Clearing House Association，NYCHA，1853 年成立)在 1970 年设立并运行。它是一个私营支付系统，一个贷记转账系统。它的功能是经办国际银行间的资金交易和电子资金划转及清算，通过 CHIPS 处理的美元交易额约占全球美元总交易额的 95%，日均交易量在 30 万笔以上，日均交易额超过了 1.5 万亿美元。这样，不但可以为全世界的银行完成美元的转账，而且也巩固了纽约作为世界金融中心的地位。

参加 CHIPS 的 100 多家美国银行和外国银行在纽约的分支机构中，有 48 家是清算银行(Clearing Bankers)，它们都在联邦储备银行开立账户，作为联邦储备系统成员银行，能够直接参与清算交割。

参加 CHIPS 的银行必须向纽约清算所申请，经该所批准后成为 CHIPS 会员银行，每个会员银行均有一个美国银行公会号码(American Bankers Association Number)，即 ABA 号码，作为参加 CHIPS 清算时的代号。每个 CHIPS 会员银行所属客户在该行开立的账户，由清算所发给通用认证号码，即 UID 号码，作为收款人(或收款行)的代号。经常使用 CHIPS 系统的银行应该申请独立的 6 位数号码。

只有通过 CHIPS 支付和收款的双方都是 CHIPS 会员银行，才能经过 CHIPS 直接清算，通过 CHIPS 的每笔收费均由付款一方开始进行，即由付款一方的 CHIPS 会员银行主动通过其 CHIPS 终端机发出付款指示，注明账户行 ABA 号码和收款行 UID 号码，经 CHIPS 计算机中心传递给另一家 CHIPS 会员银行，收在其客户的账户上，而收款行则不能通过它的 CHIPS 终端机直接向付款行索款，但它可以拍发索款电，注明 ABA 号码和 UID 及终端受益人名称，要求付款行通过 CHIPS 付款。

所有成员银行都与 CHIPS 系统即时连线，接收/传递有关美元收/付的电文。全世界所有办理美元外汇业务的银行，都会在这 48 家 CHIPS 成员银行中的一家或几家开立美元账户。因此，通过 CHIPS 系统，全世界所有的银行都能间接地将美元汇至世界各地。其实，美元都停留在 CHIPS 体系内，只是由成员甲转到成员乙的手上，也就是说所有美元在这 48 家银行的账上转来转去，而从未离开纽约。

CHIPS 使用 ON-LINE 接受或传送规定格式电文，原是通过记账形式清算，从 2001 年 1 月开始改为即时清算，是唯一进行实时冲账处理并且带有电子数据转换(EDI)功能的系统，在很大程度上降低了清算风险。

CHIPS 的清算时间为美国东岸时间起息日前一天 21:00 到起息日当天 17:00，总共 20 个小时。CHIPS 是一个净额支付清算系统，它租用了高速传输线路，有一个主处理中心和一个备份处理中心。每日 16:30 之后，清算所通知每个参与者的净头寸，并通知每个结算参与者其总净头寸。如果一个结算参与者的净头寸是负值，那么该结算参与者需要通过 FEDWIRE 在 17:45之前将资金转账到纽约储备银行的清算所同业支付系统净结算账户上。一旦所有的净借记债务得到偿付，清算所将通过 FEDWIRE 向所有的处于净贷记状态的结算参与者传送资金，并在 18:00 之前通知所有参与者结算已经完成。

CHIPS 直接会员，在 CHIPS 开设清算账户，同时在联储银行开设结算账户，CHIPS 自身也在联储银行开设结算账户。CHIPS 为成员银行完成相互冲账，最后通过美联储的 FEDWIRE 于当天完成成员银行间的结算。

CHIPS 还向成员银行提供信息处理服务，如为会员提供实时的在线监督、查询和管理，会员银行可以随时随地获得账户头寸信息、存款状态、付款查询明细信息、日终余额等信息，并能删除未解付付款指令，这些即时的管理功能能有效降低清算会员的业务管理成本，并能迅速应对突发危机。

(2)FEDWIRE 简介。FEDWIRE(Federal Reserves Wire Transfer System，联邦资金转账系统)是美国境内美元收付系统，它由美国联邦储备委员会所有并由其组织运行。美联储成立于 1913 年，为美国的中央银行。它将全国划分为 12 个联邦储备区，各区设一个联邦储备银行，另在 25 个重点城市设立了联邦储备银行，各家商业银行在联储分行开立存款准备金账户。

1918 年美联储建立了 FEDWIRE 系统。现在它通过计算机系统连接美国境内 12 个联邦区域的联邦储备银行，各联邦储备银行与辖区内的其他金融机构的通信网络相连接，并同时连接弗吉尼亚州 CULPEPER 地区的自动信息传递中心。该体系是美国境内的美元清算系统，是美国全国性的电子付款清算系统。

FEDWIRE 主要用于处理各银行间的清算业务，诸如头寸调拨、票据清算、证券清算和账户余额划转。另外，该系统还如同散发网络信息那样，为美国政府和美联储提供各种金融信息和相关政策。

FEDWIRE 的成员由 1 200 家银行组成。目前大约有 9 300 家在线成员，每一个成员由美国银行家协会(American Bankers Association)分配一个专用的 9 位数线路号码，俗称 FED ABA 码或 FED ROUTING NUMBER。在线成员银行可以收/发支付信息。FEDWIRE 还有约 2 000 家会员行是非在线银行，它们通过电话与联储系统联系，这种方式使得受益人要经过较长的时间才能收到款项。

在美国，稍具规模的银行都会使用 FEDWIRE 系统。但是，有些较小规模的银行，或者信用合作社，尚未参加这套系统。若要转账给这些机构，需要通过一家较大、同时与 FEDWIRE 系统连线的银行作为转账中介。

成员行通过 RIGS(Real Time Gross Settlement)系统进行实时、全额清算，记账同时传递电文，每笔付款不作轧差处理。由于 FEDWIEE 系统是即时扣账，每个成员在付款时，必须非常清楚自己开在联邦储备银行的账户余额。当余额不足时，千万不能付款，否则，将会被联邦储备银行惩罚。联邦储备银行仅允许成员银行在日间透支，透支银行必须交付日间透支利息，并以分钟计算。

FEDWIRE 的清算时间为美国东岸时间起息日前一天 21:00 到起息日当天 18:00，共 21 个小时。通过 FEDWIRE 系统进行美元清算，必须按规定电文格式进行，因为所有程序均由计算机自动处理，不通过人工处理。任何一笔交易，只要其付款指令正确将立即生效。当成员行将付款电文发送给美国联邦储备银行后，美国联邦储备银行会做两件事：一是借记该成员行在联邦储备银行的账户，同时贷记受益人银行在联邦储备银行的账户；二是将该成员银行的电文转送到受益人银行。

当受益人银行收到联邦储备银行送来的电文时，便可放心地确认该笔款项已收入其在联储的账户，受益人银行即可按照电文的指示将款项转入受益人(客户)的账户。

(3) Book Transfer 简介。内部转账是指在同一家银行开立账户的各客户之间的资金支付。由于不需要任何外部的支付系统，与其他资金转移方式相比，内部转账速度更快，价格更便宜、差错更少、效率更高。

2. 欧元支付清算系统

在欧洲统一货币欧元实施之前，欧洲各国国内各有一个本国货币的支付清算系统。欧元启动后，需要建立统一的欧元支付清算系统。为此欧元实时总额自动清算系统(Trans-European Automated Real-Time Gross Settlement Express Transfer，TARGET)于 1999 年 1 月 1 日正式启用。该系统是连接欧盟各成员国中央银行的大批量实时清算系统，按法兰克福时间每日运行 11 个小时(7:00 至 18:00)。

TARGET 系统主要为各成员国中央银行之间完成大额实时总额清算。除了 TARGET 系统外，欧元区内各商业银行至少有 5 个清算渠道与区内及全球各往来银行进行资金清算划拨：①通过各自的中央银行清算中心与国内银行进行清算；②通过欧洲银行协会的结算网络系统清算。这个系统目前共有 22 个国家 87 个成员银行。③通过 SWIFT 系统进行清算；④通过银行内部有关账户的借记和贷记清算;⑤通过国际银行组织电子银行协会清算。

3. 英镑清算支付系统

伦敦是最早的国际金融中心,也是英镑的清算中心。英镑的清算原来主要依靠两个系统:一个是伦敦城内交换系统(Town Clearing),另一个是"普通交换系统"(General Clearing)。

伦敦城内交换系统是一个当天交换系统,它只清算伦敦城内的银行为付款行,面额在1万英镑以上的票据。普通交换系统不是当天交换系统,它办理以伦敦城内的交换银行为付款行,面额在1万英镑以下和伦敦城外的票据交换。

随着银行收付业务的增加,票据交换的数量日益增加,"多重交换系统"的工作量日益增大,成本上升。为了降低成本,提高效率,加速资金周转,在美国的CHIPS建立之后,英国的交换银行也从1984年初起设立并开始使用计算机来办理票据交换工作。于是,在原来的"双重交换系统"的基础上建立了一个新系统:交换银行自动收付系统(Clearing House Automated Payment System,CHAPS),它不仅是伦敦同城电支付清算中心,也是世界所有使用英镑的电支付清算中心。

英国的11家清算银行加上英格兰银行共12家交换银行集中进行票据交换,其他商业银行则通过其往来的交换银行交换票据。非交换银行须在交换银行开立账户,以便利划拨差额,而交换银行之间交换的最后差额则通过它们在英格兰银行的账户划拨。

加入这个系统的银行进出自动系统的付款电报都使用统一的格式。CHAPS的8个信息通道分别都有对出入的收付电报自动加押和核押的软件装置以及信息存储装置。除此之外,每个通道都有一个自动加数器,它可以把发给或来自其他通道的付款电报所涉及的金额根据不同的收款行(或其他交换行)分别加以累计,以便营业结束时,交换银行之间进行双边对账和结算,其差额通过他们在英格兰银行的账户划拨结清。

4. 日元支付清算系统

日本银行于1988年10月建立的日本银行金融网络系统(BOJ-NET)是一个包括日本银行在内的、金融机构间电子资金转账系统。系统的参与者包括银行、证券公司和代办短期贷款的经纪人,以及在日本的外国银行和证券公司,根据参与者的选择,资金转账可以按实时、全额方式结算或按指定时间结算。开放时间从9:00至17:00。

0.4.6 SWIFT简介

SWIFT的全称为Society for Worldwide Interbank Financial Telecommunication(环球同业银行金融电信协会),是一个国际银行同业间非营利性合作组织,负责设计、建立和管理SWIFT国际网络,总部设在比利时的布鲁塞尔,成立于1973年5月,董事会为最高权力机构。

SWIFT的筹建是国际经济、贸易、银行业以及通信技术发展的产物。第二次世界大战后,国际贸易、国际投资迅猛发展,各国之间的经济、贸易联系日益密切,使各国银行深感传统的通信手段速度慢、不方便,难以适应银行业务国际化的需要。于是,经过20世纪60年代的酝酿规划,于1973年初开始筹建,1977年正式在比利时的布鲁塞尔建立了SWIFT系统——国际银行业专用的高速度电传通信系统。

SWIFT建立以后,随着通信技术的进步,不断地进行改进和升级,现在已经升级为计算机数据通信网。

SWIFT 是一个合作性质的组织,不以营利为目的,而是为会员银行提供专门通信服务的电讯系统,是一个金融信息专网。只有会员银行才能在 SWIFT 上传输信息,非会员不能在 SWIFT 上发送信息。这样设计的目的是为了保证金融信息的安全和保密。加入 SWIFT 的会员银行都将本行的计算机系统与 SWIFT 联机,这样很多业务都可由 SWIFT 和计算机自动处理了。目前,除世界上少数落后国家外,国际银行之间的信息传输和接收普遍采用 SWIFT 方式。

到目前为止,该网络已遍布全球 8 000 多家金融机构,提供金融行业安全报文传输服务与相关接口软件,支持 80 多个国家和地区的实时支付清算系统。它的环球计算机数据通信网在荷兰和美国设有运行中心,在各会员国(地区)设有地区处理站。

中国银行于 1983 年加入 SWIFT,成为中国第一家会员银行,并于 1985 年 5 月 13 日开通使用该系统,成为我国与国际金融接轨的重要里程碑。现在,我国所有办理国际业务的银行都加入了 SWIFT。

2004 年,SWIFT FIN 升级为 SWIFT NET。SWIFTNET 采用互联网协议,是 SWIFT 独有的互联网网络。SWIFTNET 提供的功能有:

(1)FILEACT,以文件形式一次传送多个指令,大用量客户可以降低成本。

(2)Inter Act,互动的单笔指令,可立即回应是否收到指令。

(3)Browse,客户在限定条件下可以获取其他授权账户的信息。

(4)Closed User Groups,封闭用户组,企业客户可借此参与 SWIFT Net。

SWIFT 发报量增长很快,传统的电传方式收发电报数量正在逐年下降,SWIFT 网络已成为国际结算、收付清算、外汇资金买卖、国际汇兑等各种业务系统的通信主渠道。SWIFT 的优点如下所述。

(1)安全快速,费用低廉。SWIFT 对用户而言,使用起来非常简便。只要会员银行的 SWIFT 专用计算机及其终端设备都在正常运行,任何会员银行都可以随时收发电讯,一般发出后 1 ~2 min 以内就会有收电行的反应。过去结算以信函或电报等方式来传递信息,按字数收费,为了节省费用,电文节省得意思模糊,而 SWIFT 是电传方式来传递信息,收费以分钟计,用词节省不再重要。此外,电文一入网就由 SWIFT 自动编制和核对密押,安全可靠。

(2)标准统一、制度严格。SWIFT 对收发电讯规定了一整套标准化统一格式。它为发报银行提供方便,对发出电文通信建立了一整套电文输入、复核、证实等严格的工作制度。使用者可以随时获取所发电讯的报告,而且有关的会员银行也可以随时向该机构索取它们所需要的电讯往来记录。此外,在往来电讯中,规定使用联合国国际标准化组织所制定的一套标准化货币符号。

(3)严格合理的系统设置,采用现代化计算机设备与网络。SWIFT 除了在布鲁塞尔设立总部外,在荷兰、美国和比利时分别设有运行中心,在会员银行所在国和地区设有处理站,3 个运行中心与地区处理站之间由高速通信线路相连,会员银行通过与当地的电信部门连接地区处理站。每个运行中心和地区处理站都装配现代化的高性能计算机、数据通信处理及中央处理等设备,会员银行也都配备微机和若干终端设备。

(4)多样化、大众化的服务。通过 SWIFT,各会员银行之间可以非常便利地实现资金调拨,办理汇款、外汇买卖、托收、信用证、对账等业务。

每家申请加入 SWIFT 组织的银行都必须事先按照 SWIFT 组织的统一原则,制定出本行的 SWIFT 地址代码,经 SWIFT 组织批准后生效。地址代码由计算机可以自动判读的 8 位或是 11

位英文字母或阿拉伯数字组成，用于在 SWIFT 电文中明确区分金融交易中相关的不同金融机构。11 位数字或字母依次代表银行代码、国家代码、地区代码和分行代码。例如：中国银行上海分行，其银行代码为 BKCHCNBJ300，其中，BKCH 为银行代码；CN 为国家代码；BJ 为地区代码；300 为分行代码。

SWIFT 电文是格式化的，共有 10 类，用 0 ~ 9 的数字区别电文业务性质。0 代表 SWIFT 系统电报，1 代表客户汇款与支票（Customer Payments&Cheques），2 代表银行头寸调拨（Financial Institution Transfers），3 代表外汇买卖、货币市场及衍生工具（Treasury Market_Fx，MM，Derivatives），4 代表托收与光票（Collection & Cash Letters），5 代表证券业务（Securities Markets），6 代表贵金属和银团贷款（Precious Metals and Syndications），7 代表跟单信用证和保函（Documentary Credits and Guarantees），8 代表旅行支票（Traveler's Checks），9 代表银行和客户服务（Cash Management&Customer Status）。每一类包含若干组，每一组又包含若干格式，每个电报格式代码由 MT 和 3 个数字组成，如 MT103，代表客户汇款。

0.5 贸易术语和国际标准化货币符号

0.5.1 贸易术语

贸易术语（Trade Terms），最早贸易界称为国际商业术语（International Commercial Terms），缩写为 Incoterms，是国际商会制定的规定国际交易中价格的构成及买卖双方各自应承担的责任、费用、风险以及货物所有权转移时限的专门用语。

为了能够准确地表示国际交易中的价格构成、费用、风险以及货物所有权转移的时限，避免产生分歧，便于国际贸易的开展，国际商会于 1936 年首次制定和公布了《1936 年解释贸易术语的国际规则》（*International Rules for the Interpretation of Trade Terms*，1936），制定了 9 项贸易术语，以后经过几次修改。20 世纪 80 年代以后，为了适应电子数据交换通信的应用和集装箱、多式联运的扩大，1990 制定和公布了《1990 年国际贸易术语解释通则》（国际商会出版物第 460 号）（*Uniform Rules for the Interpretation of Trade Terms*，1990，ICC Publication No. 460，简称 Incoterms 1990，即《通则 1990》），确定了 13 项贸易术语。2000 年制定和公布了《2000 年国际贸易术语解释通则》（国际商会出版物 560 号）（*Uniform Rules for the Interpretation of Trade Terms*，2000，ICC Publication No. 560），简称 Incoterms 2000，即《通则 2000》，仍然使用 13 项贸易术语，其中只有两项术语有些修改。

贸易术语，也称为价格术语（Price Terms）、报价术语（Quotation Terms）、交货术语（Delivery Terms），交易双方在订立买卖合同、保险合约、货运提单、融资合约中使用。在订立合约时，商人应在合约中写明：本合同受《2000 年国际贸易术语解释通则》的管辖。贸易报价一般由单价、货币符号、贸易术语、地点组成，如 USD 20. Per set CIF Shanghai，意思是上海，到岸价格，每套 20 美元。

贸易术语中，交货问题涉及运输途中风险责任由谁承担，运输途中的运费、保险费及其他费用由谁负担，因此，每一贸易术语在理论上必须订立两个临界点（Critical Point）。第一是交货临界点(Critical Point for Delivery),又称风险临界点(Critical Point for Risk),货物运到这个临界点,从法律上可以认为卖方已经尽到交货责任,将货物交与买方,故在这个临界点以前货物遇到风险发生损失由卖方承担责任,在这个临界点以后货物遇到风险发生损失由买方承担责任。第二是费用临界点(Critical Point for Cost),在这个临界点以前发生的费用(有时含保险费)由卖方负担,这个临界点以后发生的费用(有时含保险费)由买方负担。

贸易术语涉及以下概念:①出口商品的交货地点;②出口商品的价格构成;③进出口双方各自应办的进出口手续;④进出口双方各自应负担的费用及应承担的风险。用3个英文缩写字母来表示这些概念。《2000年国际贸易术语解释通则》将所有的术语按照贸易术语的第一个英文字母,分为E、F、C、D四组类型。《通则2000》规定的13项贸易术语见表0.1。

E组表示离开卖方工厂起运货物,属于卖方国内销售条件。

F组表示主要运费卖方未付,要求卖方向买方指定的承运人交货。卖方承担装货风险及费用的程度,要在合约中明确规定。F组的贸易术语与运输合同特别是与租船合约无关,属于装运和发货合约范畴。

C组表示主要运费已付,由卖方负责向承运人签订运输合同支付运费。贸易术语本身与运输合约特别是与租船合约条款无关,但对发生于装船和起运后货物的灭失或损失的风险或其他费用不负责任。

D组表示货物到达合约,由卖方需承担把货物交至目的地国所需的全部费用和风险。

表0.1 13种贸易术语

贸易术语	缩写	说明
E组(发货)	EXW	Ex Works…(named place)工厂交货(……指定地点)
F组(主要运费未付)	FCA	Free Carrier…(named place)货交承运人(……指定地点)
	FAS	Free Alongside Ship…(named port of shipment)船边交货(…… 指定交货港)
	FOB	Free On Board…(named port of shipment)船上交货(……指定交货港)
C组(主要运费已付)	CFR	Cost and Freight…(named port of destination)成本加运费(……指定目的港)
	CIF	Cost, Insurance and Freight…(named port of destination)成本、保险费加运费(……指定目的港)
	CPT	Carriage Paid to…(named point of destination)运费付至(……指定目的港)
	CIP	Carriage and Insurance Paid to…(named point of destination)运费、保险费付至(……指定目的港)
D组(到达)	DAF	Delivered at Frontier…(named point)边境交货(……指定地点)
	DES	Delivered Ex Ship…(named port of destination)目的港船上交货(……指定目的港)
	DEQ	Delivered Ex Quay…(named port of destination)目的港码头交货(……指定目的港)
	DDU	Delivered Duty Unpaid…(named point)未完税交货(……指定目的地)
	DDP	Delivered Duty Paid…(named point)完税后交货(……指定目的地)

0.5.2 国际标准化货币符号

为了能够准确而简易地表示各国货币的名称,便于开展国家间的贸易、金融服务和计算机数据通信,1970 年联合国、欧洲经济委员会首先提出要制定一套国际贸易单证和信息交换使用的货币代码。1973 年,国际标准化组织(International Organization for Standardization,ISO)技术委员会制定了一套适于贸易、商业和银行使用的货币和资金代码,即国际标准 ISO-4217 三字符货币代码作为国际通用的货币代码。三字符的前两个字符为国家代码, 它采用的是 ISO-3166《国家名称代码》,第三个字符表示货币单位。1978 年 2 月,联合国贸发会议和欧洲经济委员会将这一套货币代码作为国际通用的货币代码或货币名称缩写向全世界推荐。国际贸易界、金融界很快接受了这套货币代码。

这套货币代码为计算机的数据处理和通信创造了有利条件,也为国际结算业务经办人员迅速识别和记忆货币创造了条件。另外,这套代码还使用在合同文本、信用证、各类授权书、代理行协议、有价证券、财务凭证、各类单据和财务报表上。常用国家和地区货币代码见表 0. 2。

表 0. 2 常用国家和地区货币代码

国家和地区	货币名称	货币代码
中国	人民币元	CNY
中国香港	港元	HKD
美国	美元	USD
英国	英镑	GBP
瑞士	瑞士法郎	CHF
瑞典	瑞典克朗	SEK
丹麦	丹麦克朗	DKK
挪威	挪威克朗	NOK
欧元区	欧元	EUR
澳大利亚	澳大利亚元	AUD
新西兰	新西兰元	NZD
加拿大	加拿大元	CAD
新加坡	新加坡元	SGD
巴基斯坦	巴基斯坦卢比	PKR
日本	日元	JPY
泰国	泰铢	THB
马来西亚	林吉特	MYP
蒙古	图格里克	MNT
印度	卢比	INR
朝鲜	圆	KPW
越南	越南盾	VND
伊拉克	第纳尔	IQD
伊朗	里亚尔	IRR
科威特	第纳尔	KWD
哈萨克斯坦	坚戈	KZT

续表

国家和地区	货币名称	货币代码
俄罗斯	卢布	SUR
韩国	韩国元	KRW
印尼	印尼盾	IDR
菲律宾	菲律宾比索	PHP
巴西	巴西雷亚尔	BRL
南非	南非兰特	ZAR
墨西哥	墨西哥比索	MXN
智利	智利比索	CLP
阿根廷	阿根廷比索	ARS

第 1 篇 国际结算中的票据

第 1 章 票据概述

本章提要

本章主要介绍票据的基础知识。通过本章的学习要求学生理解并掌握票据的含义、特性、功能，票据的法律系统，票据的当事人及其权利与任务等内容。

教学内容

(1)票据的概念与特性。

(2)票据的功能。

(3)票据的法律系统。

(4)票据的当事人与票据权利。

教学重点

票据的概念;票据的功能;票据的当事人。

教学难点

票据的功能;票据的当事人。

开篇案例

某市A公司与新加坡B公司签订了一份进口胶合板的合同。合同总金额为700万美元,支付方式为付款交单,允许分批装运。按照合同规定,第一批价值为60万美元的胶合板准时到货,经检验,A公司认为质量良好,对双方合作很满意。就在第二批交货期来临之际,B公司向A公司提出:鉴于贵公司资金周转困难,为了帮助贵方,我方允许贵公司采取远期付款,贵公司作为买方,可以给我方开出一张见票后一年付款700万美元的汇票,请××银行某市分行承兑。承兑后,我方保证将700万美元的胶合板在一年内交货。贵方全部收货后,再付给我方700万美元的货款。A公司以为现在不付款,只要开张远期汇票就可以得到货物在国内市场销售,利用这一年的时间,还可以将货款再投资,是一笔无本的生意,于是欣然接受了B公司的建议,给B公司签发了一张见票后一年付款的700万美元的汇票,并找银行对汇票进行了承兑。但让A公司始料未及的是,B公司将这张由我方某国有商业银行某市分行承兑的远期汇票在新加坡的一家美国银行贴现了600万美元后,就无影无踪了,A公司连一张胶合板都没有收到。一年后,新加坡的美国银行持这张经承兑的远期汇票请××银行某市分行付款。银行为维护自己的信誉付给美国银行700万美元。

(资料来源:根据网络相关资料整理)

根据本案例,请思考:什么是票据,票据有什么功能?票据在国际结算起什么作用?票据有哪些法律规定?××银行为什么要付给美国银行700万美元?

1.1　票据的概念、特性和功能

1.1.1　票据的概念

现代国际结算是非现金转账结算，通过国际间的商业银行来实现。而商业银行则是通过遍布全球的代理行之间传递票据的方式完成结算过程。票据是非现金结算的工具。票据代替现金，起流通和支付作用，抵销和清偿债权债务。因而，票据是国际结算的基石，是现代国际结算的基础。

票据（Instrument）有广义和狭义之分。广义的票据是指商业上的权利单据，包括各种有价证券和各种商业凭证，例如，汇票、本票、支票、股票、债券、提单、发票、保险单等。狭义的票据是指以支付金钱为目的的有价证券，是指由出票人签发的，具有一定格式，约定由自己或委托他人在一定时期无条件支付一定金额，并经过背书可转让流通的证券。本章研究的票据是狭义的票据，包括汇票、本票和支票。

1.1.2　票据的特性

票据作为一个整体，具有以下特性：

1. 设权性

设权性（Right to be paid）是指票据一经签发并交付，票据的权利和义务便随之而确立。这些权利包括付款请求权和追索权。付款请求权是票据上的主要权利，即金钱给付的请求权。追索权是在付款请求权不能实现时向债权人以外的票据债务人要求清偿票据金额及相关权益的权利。

票据发行的目的，不在于证明已经存在的权利，而是设定票据上的权利，票据上的权利、义务在票据做成之前可能存在也可能不存在，但是票据一经签发并交付，权利义务关系随之确立。

2. 无因性

票据关系的产生，肯定是有原因的。票据关系中各当事人之间要么存在资金关系，要么存在对价关系。这些原因是票据当事人权利义务的基础，也叫票据原因。

票据的无因性（Non-causative nature）并非否认票据原因，而是指票据一旦做成，票据上的权利义务即与其原因关系相分离，成为独立的票据债权债务关系，不再受票据原因存在与否的影响。只要票据记载合格，符合法定要式，持票人就能取得票据文义载明的权利。票据的这种特性称为无因性。无因性使票据得以流通。

3. 要式性

要式性（Requisite in form）是指票据的形式、制作和内容，必须完全符合法律规定。票据的存在不重视其原因，但却非常强调其形式和内容。票据上的必要记载项目必须齐全且符合规定，否则视为无效。

各国票据法对票据必须具备的形式条件和内容都作了详细的规定，各当事人必须严格遵守这些规定,不能随意更改。只有形式和内容都符合法律规定的票据,才是合格的票据,才会受到法律保护,持票人的票据权利才会得到保障。即"重形式不重内容",如果票据的形式不统一,重要事项记载不全或不清,没有按照法律的严格规定来记载,那么票据就是不合格的和无效的,也就不会受到法律的保护。

4. 流通性

流通性(Negotiability)是指在法定的合理时限内,票据持有人不必通知债务人,就可以通过背书交付将票据权利进行转让。手续十分简便、效力明确。票据的受让人获得票据的全部法律权利,可以以自己的名义提出诉讼。如果票据是受让人以善意并付对价而获得的,受让人的权利不受前手权利缺陷的影响。

5. 可追索性

票据的可追索性(Recoursement)是指票据的付款人或承兑人如果对合格票据拒绝承兑或拒绝付款,正当持票人为维护其票据权利,有权通过法定程序向所有票据债务人起诉、追索,要求得到票据权利。

6. 时限性

票据虽然可以代替现金充当支付工具并可以转让买卖流通,但不能像货币现金一样无限期的流通。因为,任何票据都有法定期限,票据到期,票据持有人提示付款人付款。票据债务得到清偿。付款人收回票据,票据即退出流通。

1.1.3 票据的功能

1. 汇兑功能

汇兑功能是票据的传统功能。由于商品交换规模和范围的扩大,产生了在异地和不同国家之间兑换和转移金钱的需要。直接携带或运送现金很不方便。随着银行信用的发展,通过在甲地将现金转化为票据再到乙地将票据转化为现金或票款。通过票据,实现资金的转移,这种方式简单、方便、迅速、安全。在明清时期的票号出具的银票就是汇兑工具,现代银行票据也发挥着这一功能。票据汇兑的过程如图 1.1 所示。

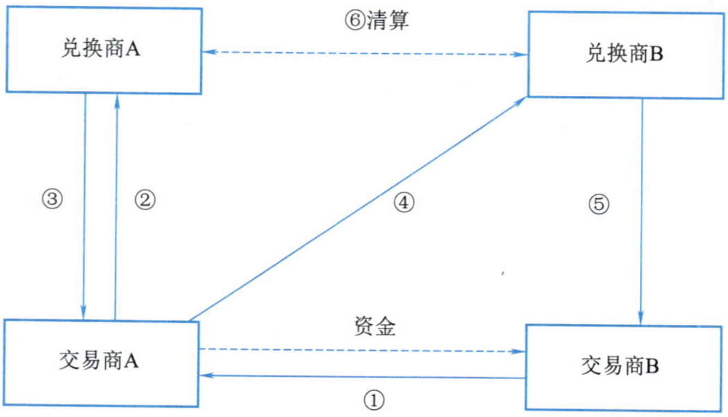

图 1.1 票据汇兑流程图

在图 1.1 中各个环节的具体内容是:

①交易商 A 与交易商 B 发生一笔交易，交易商 B 向 A 提供一批货物。

②交易商 A 将一定数量的现金在本地交给兑换商 A。

③兑换商 A 签发一张委托兑换商 B 支付相应金额的票据。

④交易商 A 在 B 地兑换商 B 处将票据兑换成现金。

⑤交易商 A 用所兑换的现金向交易商 B 支付货款或由兑换商 B 支付货款给交易商 B。

⑥兑换商 A 与兑换商 B 间进行债权债务的清算。

2. 支付功能

支付功能是票据的基本功能。在现实经济生活中，随时都会发生支付的需要，如果都用现金支付，不仅成本高、效率低，而且具有一定的风险。现代银行业的发展解决了这一问题，如果付款人和收款人在银行开立结算账户，付款人就可以开出票据进行支付。一纸票据，可以把款项从付款人的账户上调出，收到收款人的账户上。这种支付方式在支票这一票据上得到了充分的体现。利用票据进行支付结算方便、准确、迅速、安全。

以票据作为支付手段不仅可以进行一次性支付，也可以通过背书转让进行多次支付。由于票据的出票人是付款人的债权人，收款人又是出票人的债权人，出票人可以通过票据来抵销三方在两个基础合同下的债权债务关系，收款人也可以通过转让票据来实施支付。最后，在票据到期时，只需通过最后持票人同付款人之间进行清算，付款人的付款将使此前发生的所有各次交易同时结清，该票据下的所有债务人的债务一并得到清偿。票据的支付功能如图 1.2 所示。

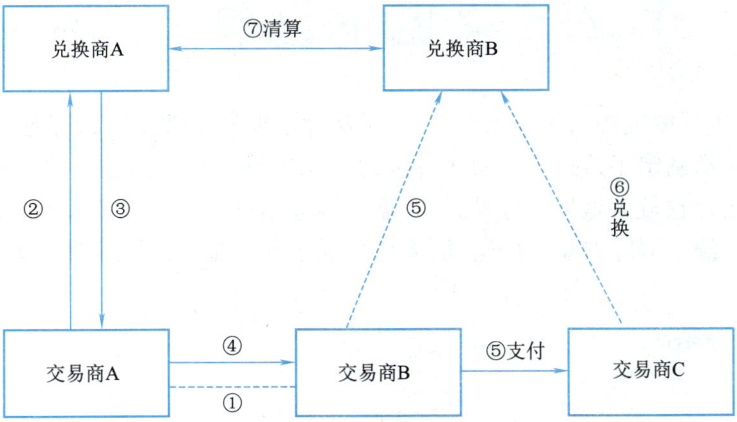

图 1.2　票据支付流程图

在图 1.2 中各个环节的具体内容是：

①交易商 A 与交易商 B 发生一笔交易，交易商 B 向 A 提供一批货物。

②交易商 A 将一定数量的现金在本地交给兑换商 A。

③兑换商 A 签发一张委托兑换商 B 支付相应金额的票据给交易商 A。

④交易商 A 将票据交付给交易商 B 以支付货款。

⑤交易商 B 向兑换商 B 支取票款或将票据转让（交付）给交易商 C。

⑥交易商 C 向兑换商 B 支取票款。

⑦兑换商 A 与兑换商 B 间进行债权债务的清算。

3. 信用功能

信用功能是票据的核心功能,被称为“票据的生命”。票据经过签发和支付,即成为获得一定金额款项的权利凭证。事实上,票据本身并无价值,它能被接受并流通是因为接受者对其包含的信用有信心,确信持有票据的相关权利能得以实现,票据的债务人必定能履行其承诺和责任。

在现代经济活动中,个人之间的借贷、贸易双方之间的延期付款,都可以利用票据这一信用工具。例如,买方向卖方要求三个月延期付款的交易,如果卖方同意使用票据结算,可用两种方法:由买方向卖方签发一张远期本票,经买方承兑后,三个月后付款。另一种方法是:由卖方向买方签发一张远期汇票,经买方承兑后,三个月后付款。事实上,票据持有人可以通过贴现提前把票据金额转化为现金。在这里,票据表现的不仅是债权债务关系,而且还表现了三个月的信用关系。票据使信用契约化。

4. 融资功能

随着现代金融的发展,一些信用良好的大公司可以通过发行无交易背景的融资票据融通资金。例如,A 公司需要融资,它可以与票据承兑公司约定,开出以某承兑公司为付款人的远期汇票,承兑公司在汇票上签字承兑,持票人再持汇票向银行(或贴现公司)办理贴现,获得资金融通。汇票到期时出票人再将票款交承兑公司以备持票的贴现公司取款。贴现公司(银行)还可以在贴现市场上转让融资票据。这种融资票据的主要功能在于融资,而不是结算付款。

1.2 票据的法律系统

票据在经济生活中发挥着重要的作用,为了保障票据的正常使用和流通,保护票据当事人的合法权益,各国都制定了票据法。由于各国的文化传统、习俗、商业习惯以及法律渊源的不同,各国票据立法存在较大差异和分歧,给票据在国际结算中的使用带来不便,从 19 世纪中后期开始,就开始了统一国际票据法的运动,先后形成了几个版本的国际票据法。

1.2.1 票据法系

国际上的票据法大致可分为两大法系:大陆法系和英美法系。

1. 大陆法系

大陆法系以法、德两国为代表。法国是世界上最早开始票据立法的国家。1673 年,在路易十四颁布的《商事敕令》中,就对汇票以及本票的签发和流通做了规定。这是近代各国票据法的开端,也是法国票据法的基础。1807 年,法国颁布的《拿破仑法典》,在继承路易十四商务条例的基础上,又做了若干修订。1865 年,法国又制定出了支票法。法国早期的票据法注重票据的汇兑功能,较少考虑票据的支付和信用功能,过分强调票据的资金关系、票据的权利和基础合约的关系,在一定程度上阻碍了票据的流通转让,限制了票据全部功能的发挥。1935 年,法国根据《日内瓦统一票据法》的规定,修改了本国的票据法。

法国早期的票据立法对欧洲大陆及拉美各国的影响较大,意大利、荷兰、西班牙、比利时、希腊、亚洲的土耳其以及拉美的巴西、哥伦比亚、厄瓜多尔、秘鲁等国的票据法都是在法国票据法的基础上形成的。

德国票据法又称日耳曼法系，是大陆法系国家票据法的代表。德国从 17 世纪以后，各城邦都先后制定了自己的票据法，共有 56 种之多，内容相互抵触。为了实现票据法的统一，1842 年，德国制定了《普通票据条例》，后经几次修改，1871 年正式定名为《德国票据法》，内容仅限于汇票和本票。1908 年，又单独制定了支票法。

德国票据法体系的形成，推动了欧洲各国票据法的发展，奥地利、瑞士、瑞典、丹麦、葡萄牙、挪威及亚洲的日本等国，均仿效德国，制定了本国的票据法。先前仿效法国票据法的欧洲及拉美国家也都先后以德国票据法为蓝本修改了本国的票据法。这样，德国票据法体系最终成为大陆法系票据法的代表。

2. 英美票据法体系

英美票据法体系是由英国票据法和美国票据法形成的票据法体系，因为起始于英国，又称为英国票据法体系。《英国票据法》是在其历来的习惯法及多年法院判例的基础上于 1882 年制定公布的。主要包括汇票和本票法。1909 年、1914 年和 1917 年英国政府先后三次对其进行修正。现在仍适用该法。1957 年，英国政府另行制定了《支票法》，作为票据法的补充。

英国票据法对美国、加拿大、印度、澳大利亚、新西兰、南非等英联邦国家影响很大，美国于 1897 年仿效英国票据法制定了统一的美国票据法——《统一流通证券法》，后经多次修改，纳入美国《统一商法典》。英美票据法是海洋法系票据法的代表。

1.2.2　国际票据法

随着国际贸易的发展，票据成为国际间重要的信用和结算工具，由于历史原因和习惯不同，各国票据立法存在差异和分歧。给票据在国际间的使用带来很多不便。进入 20 世纪，票据法的国际统一问题被提上日程。

1910 年，在德国和意大利两国政府的倡议下，国际法学会在荷兰海牙召开第一次国际统一票据法会议，有 31 个国家参加了这次会议，会议拟定了《统一汇票本票法》和《统一汇票本票法公约》两个草案。1912 年，在海牙召开了第二次会议，在以上两个草案的基础上，制定了《统一汇票本票法规则》《统一汇票本票法公约》及《统一支票法规则》，这些规则和公约被统称为《海牙统一票据法》。在签字国尚未全部完成本国批准手续的情况下，由于第一次世界大战爆发，《海牙统一票据法》尚未正式实施即夭折。

第一次世界大战后，成立了国际同盟。1930 年，国际联盟在日内瓦召开了有 31 个国家参加的国际票据法统一会议。在这次会议上签署了《统一汇票本票法公约》《解决汇票本票法律冲突公约》《汇票本票印花税法公约》。这 3 个公约相互独立，各国可分别加入。1931 年，国际联盟又在日内瓦召开统一票据法国际会议，有 37 个国家的代表参加了这次会议。这次会议签署了有关支票的 3 个公约，即《统一支票法公约》《解决支票法律冲突公约》《支票印花税法公约》。这 3 个公约也是相互独立的，各国可分别加入。

以 1930 年的《统一汇票本票法公约》和 1931 年的《统一支票法公约》为主体的各公约通称为《日内瓦统一票据法》。德国、法国、意大利、日本和拉美等大陆法系国家，签署并批准了日内瓦统一票据法的各公约，并以此为基础修改了本国原有的票据法。英美等国派代表参加了这次会议，《日内瓦统一票据法》是按欧洲大陆法系的传统制定的，英美等国有不同看法而未签署，统一票据的国际立法又未取得成功。

第二次世界大战以后，国际贸易的规模越来越大，票据在国际间的流通更加广泛。由于两个法系的票据法并存，使得在票据上发生的争议很难获得统一的解释，迫切需要统一国际票据立法。1972 年，联合国国际贸易法委员会开始着手进行统一国际票据法的工作，并起草了《国际汇票和本票公约》《国际支票公约》，1988 年 12 月 9 日，在联合国第 43 次大会上正式通过，定名为《国际汇票和本票公约》《国际支票公约》。公约要求各国于 1990 年 6 月 30 日前签署，要有 10 个国家签署后，公约才能生效。迄今为止，由于签署国还未达到法定的数量，公约尚未生效。

近几年，随着电子数据交换技术的发展和电子票据的应用，联合国贸易与发展委员会认为没有必要对支票在全球范围内统一，所以《国际支票公约》已被联合国贸易与发展委员会放弃。

1.2.3 中国票据法

票据在中国的起源可追溯到唐宋时期，唐宋时期出现的“飞钱”“便钱”是原始的票据形态。明清时期的钱庄、票号使用的信用工具如“庄票”“期票”“钱票”“银票”等可看作我国现代票据的前期状态。清朝末年，随着西方列强对我国的侵略，欧洲票据涌入我国，我国商业界和金融界开始使用西方票据，相应的西方票据制度开始传入我国。票据立法被提上日程。1911 年，清政府聘请日本学者起草中国的票据法，但还没有完成立法工作，清政府就被推翻了。清政府被推翻后，北洋政府于 1925 年修改了清政府留下的票据法，但也未正式通过和公布。1929 年，国民党政府制定了中国的票据法，于当年的 9 月 28 日由政府通过，10 月 3 日正式颁布，内容包括汇票、本票、支票。

中华人民共和国建立至改革开放前的 30 年里，国内实行计划经济，经济交易中没有汇票和本票，只有作为支付手段的支票。在这种情况下，没有必要制定专门的票据法。

进入 20 世纪 80 年代，随着改革开放的深入，市场经济的发展，票据业务迅速扩张，客观上要求建立票据制度，进行票据立法。1988 年 1 月，中国人民银行制定了《银行结算办法》，规定了银行汇票、商业汇票、银行本票、支票、汇兑等信用支付工具和结算方式，并对票据的签发和使用作了具体的规定。1990 年 12 月，成立了票据法起草小组，研究制定我国统一的票据法。1995 年 5 月 10 日的第八届全国人大常委会第十三次会议通过了《中华人民共和国票据法》（以下简称《票据法》），并于 1996 年 1 月 1 日起施行。2004 年 8 月 28 日，第十届全国人大常委会第一次会议对《票据法》进行了修改。

我国《票据法》借鉴和吸收了外国票据立法的经验，尽可能地采用国际公认并在国际上通行的规则，但也考虑到了我国国情和传统习惯，在某些具体内容上与西方国家票据法存在明显的差异。中国票据法是适合中国国内的法律。对于涉外票据的法律适用的问题，我国《票据法》第九十五条规定：“中华人民共和国缔结或者参加的国际条约同本法有不同规定的，适用国际条约的规定。但是，中华人民共和国声明保留的条款除外。本法和中华人民共和国缔结或者参加的国际条约没有规定的，可以使用国际惯例。”这一规定充分体现了“国际条约优先于国内法”的原则。涉外票据首先适用国际条约，然后才适用我国《票据法》；如果国际条约和我国《票据法》都没有规定的，则按照国际惯例办理。因此学习国际结算理论和实务，不仅要了解和掌握我国的《票据法》，还需要理解和掌握国际条约和国际惯例。

1.3　票据的当事人及其权利与责任

票据的当事人是指票据从签发、交付、流通到最后票据款项得以给付，完成其债权债务清偿的整个过程中，各自承担票据责任或取得票据权利的各种关系人。票据的基本当事人有三个：出票人、付款人和收款人。票据在流转过程中又会引出一系列派生当事人，如背书人、被背书人、保证人和持票人等。

1.3.1　出票人

出票人(Drawer)是开立、签发并交付票据的人，即"签发票据"的人。票据一经签发，出票人即对收款人及善意持票人承担票据在提示时的付款或承兑的保证责任。如果票据遭到拒付，出票人被追索时，应对持票人或被迫付款的任何背书人承担偿付票款的责任。出票人在即期票据付款前或远期票据承兑前是主债务人，在远期票据承兑后是从债务人。

1.3.2　收款人

收款人(Payee)是票据记载的收取票款的人，是首先拥有票据的人，自其获得票据时即成为票据的主债权人。收款人有权提示付款人，要求付款或对票据进行承兑，若遭到拒绝，可向出票人追索票款。票款到期前，收款人还有权将票据背书转让他人，转让后收款人成为背书人。背书人向票据的受让人承担与出票人相同的保证责任，即受让人可向背书人追索票款。

1.3.3　付款人

付款人(Payer, Drawee)又称受票人，是指票据上载明的承担付款责任的人，如果付款人不接受出票人的命令，收款人和出票人不能强迫付款人付款或承担到期付款的责任。但是，如果付款人对远期票据做了承兑，就成为票据的主债务人，必须承担到期付款责任。

远期汇票的付款人在对汇票进行承兑后，即为承兑人，保证到期日承担付款责任。本票的付款人为出票人本人，支票的付款人为出票人指定的银行。

1.3.4　背书人和被背书人、持票人

背书人(Endorser)或持票人在票据背面签字，称为"背书"，表示将票据权利转让给他人。在票据背面签字转让票据之人称为"背书人"，受让票据者称为"被背书人(Endorsee)"。票据经过多次连续背书转让而流通。对于某个背书人而言，他之前的背书人称为"前手"，他之后的背书人和持票人则是他的"后手"。

持有票据的人，称为持票人(Holder)。包括第一持票人和接受票据转让的被背书人。持票人有权要求票据的责任人履行票据规定的义务。如果责任人拒绝履行，持票人可以向其前

手行使追索权，直至出票人。票据可以经过多次背书转让，因此，同一张票据先后可能有多个持票人。

1.3.5　承兑人

承兑人(Accepter)是在远期汇票的正面签字，承诺自己到期付款的人。承兑人是承兑汇票的主债务人，是汇票的第一付款人。

1.3.6　保证人

有时，票据的持票人或被背书人要求出票人或付款人除了承兑以外，还要寻找付款人以外的第三人对票据进行担保，以增加票据的信用。在票据到期日被拒付时，持票人有权向保证人请求付款，保证人应当足额付款，保证人清偿票据债务后，再向被保证人及其前手行使追索权。在票据担保行为中，为付款人提供担保的人称为保证人。

本章小结

票据是由出票人签发的，无条件地约定自己或委托他人在一定日期支付确定金额的流通证券。

票据具有设权性、流通性、要式性和无因性、可追索性和时限性等特性。

票据具有汇兑功能、支付功能、信用功能和融资功能。

票据一般有出票人、收款人和付款人3个基本当事人，在票据进入流通领域后，又派生出背书人、被背书人、承兑人、保证人和持票人等其他当事人。

西方国家有三大票据法系，即法国票据法系、德国票据法系和英美票据法系，目前演变成为欧洲大陆法系和英美票据法系，它们在本质上并无根本不同。国际票据法系的统一经过了3个阶段，形成了《海牙统一票据法》《日内瓦统一票据法》和《联合国统一票据法》。我国《票据法》的制定了参照了《日内瓦统一票据法》和英美票据法中的合理规定。

复习思考题

一、名词解释

票据　出票人　收款人　背书人　票据法　被背书人

二、判断题

1. 票据的无因性就是票据的基本当事人之间，不存在资金关系和对价关系。　(　　)

2. 票据的流通转让性是保护受让人的权利，就是使票据受让人能得到十足的票据权利，甚至受让人可以得到让与人没有的权利。　(　　)

3. 票据的基本当事人有出票人、付款人和收款人。　（　　）

4. 支付功能是票据的基本功能。　（　　）

三、选择题

1. 票据的形式必须符合法律的规定，票据上必要记载项目齐全且符合规定，被称为票据的（　　）。

A. 定义性　B. 要式性　C. 设权性　D. 法律性

2. 下面关于票据的论述，正确的是（　　）。

A. 票据是一种要式证券　B. 票据是一种无因证券

C. 票据是一种设权证券　D. 票据是一种流通证券

3. 下面关于票据功能的论述，正确的是（　　）。

A. 票据具有汇兑功能　B. 票据具有支付功能

C. 票据具有信用功能　D. 票据具有融资功能

4. 票据的基本功能是（　　）。

A. 汇兑功能　B. 支付功能

C. 信用功能　D. 融资功能

四、思考题

1. 什么是票据？票据的特性有哪些？

2. 票据有哪些基本当事人？

3. 票据的功能有哪些？

第2章 汇 票

本章提要

本章介绍汇票的含义、汇票的当事人、汇票的票据行为等知识。通过本章的学习要求学生理解并掌握汇票的含义、汇票的当事人、汇票的内容、汇票的种类、汇票的票据行为等内容。

教学内容

(1)汇票的定义及当事人。

(2)汇票的绝对应记载事项与相对应记载事项。

(3)汇票的种类。

(4)汇票的票据行为。

教学重点

汇票的绝对应记载事项与相对应记载事项;汇票的种类;汇票的票据行为。

教学难点

汇票的票据行为。

开篇案例

2014年6月20日我国广东FM公司与泰国T×公司签订了一笔大米进口合同,合同规定使用托收结算方式,FM公司必须签发一份并经中国银行承兑的汇票付款。且汇票的收款人是T×公司,付款期限是提单日后三个月。7月15日,大米运抵广州港,相关单据FM公司也收到。FM公司向中国银行广州分行提出了“承兑”要求,中行广州分行对FM公司的汇票进行了承兑,FM公司将汇票直接寄给了T×公司。T×公司立即到泰国曼谷银行贴现了这张汇票。汇票到期后,曼谷银行向中国银行广州分行提示付款,中行广州分行按时履行了付款义务,并向FM公司索偿。

(资料来源:根据相关网络资料整理)

这是一个使用汇票结算的没有任何纠纷的范例。请思考:汇票在国际结算中发票发挥什么作用?汇票的内容有哪些?什么是银行承兑汇票?汇票的票据行为有哪些?

2.1 汇票概述

2.1.1 汇票的定义

汇票(Bill of exchange),简称为 Draft 或 Bill,在国际结算中使用频率远远超过本票和支票。在各国的票据立法中,关于汇票的规定最为全面、具体。在各种类型的票据中,汇票最具典型意义,汇票有关法律规定也完全或部分适用本票和支票。

英国票据法第三条给汇票下的定义是:汇票是一人向另一人签发的、要求即期、定期或在可以确定的将来时间,向某人或其指定人或来人无条件支付一定金额的书面命令。(A bill of exchange is an unconditional order in writing, addressed by one person to another, signed by the person giving it, requiring the person to whom it is addressed to pay on demand or at a fixed or determinable future time a sum certain in money to or to the order of, a specified person, of to bearer.)

中国《票据法》对汇票下的定义是:汇票是出票人签发的,委托付款人在见票时或者指定日期无条件支付确定的金额给收款人或者持票人的票据。

2.1.2 汇票的当事人

汇票有三个基本当事人,即出票人、付款人和收款人。

1. 出票人

出票人(Drawer)是写成并交付汇票的人。出票人第一个在汇票上签名,是汇票的债务人,他以签发票据的形式创设了一种债权并将其赋予持票人,出票人本身也相应地承担了债务责任。

2. 付款人

付款人(Drawee,Payer)是指由出票人在汇票中记名指定的、接受票据提示以进行支付的当事人。他可以自行决定付款与否,从这个意义上讲,他只是接受票据提示的"受票人(Addressee)"。在付款人签名承担付款义务之前,汇票的主债务人仍然是出票人。只有付款人在汇票上签了名,承担付款义务之后,才在法律上构成汇票的债务人,而且成为汇票的主债务人,出票人降为汇票的从债务人。

3. 收款人

收款人(Payee)是第一个从出票人手中获得票据的当事人,也是基本当事人中唯一的债权人,其权利通常包括收款、转让以及在付款人拒绝支付时向出票人追索。收款人通常是记名的特定当事人或其指定人,也可以是无记名,在这种情况下任何持有该票据的人都可以是收款人。

在实际业务中,远期汇票通常必须经过付款人在汇票上签名承担到期付款责任,这种行为即是承兑(Acceptance)。此时,付款人就成为承兑人(Acceptor)。汇票流通时,除无记名汇票外,须经持票人背书方可转让,这就会出现背书人(Endorser,Indorser)和被背书人(Endorsee,Indorsee),以及第二、第三……背书人,第二、第三……被背书人。有时还会有参加承兑人、参加付款人和保证人等。

在国际贸易结算中,通常是由卖方作为出票人开立以买方或买方委托的银行为付款人并指定与其有往来的银行为收款人的汇票来进行的。

2.1.3 汇票的必要记载项目

汇票的内容是指汇票上记载的项目。汇票是一种要式证券,必须要式齐全。所谓要式齐全,就是必须具备法定的形式要件,必须载明必要的法定事项,才能具有票据的效力。各国法律对此要求并不完全一致。

我国《票据法》第二十二条明确规定,汇票必须记载下列事项:①表明“汇票”字样;②无条件支付的委托;③确定的金额;④付款人名称;⑤收款人名称;⑥出票日期;⑦出票人签章。汇票上未记载规定事项之一的,汇票无效。

《日内瓦统一票据法》还把付款日期、付款地点和出票地点也作为汇票应当记载的必要内容。

现将这些项目分别阐述如下:

1. 汇票字样

根据《日内瓦统一票据法》的规定,汇票上必须标明“汇票”字样(Word of exchange),如Bill of exchange、Exchange、Draft 等。这样有利于和其他票据,如本票、支票等加以区分。我国也遵循此规定,英国票据法无此要求。

2. 无条件支付的命令

汇票是出票人指定付款人付款给收款人的无条件支付命令(Unconditional order to pay),而不是一项请求,这是汇票的本质和核心。这里所说的“无条件”,不是指毫无缘由就开出一张付款命令责令对方付款的意思,而是指汇票上行文遣词不能附加任何条件,比如,不能在上面写上“在货物运达后才付款”或者“在商品质量达标的情况下付款”等含有限制性条件的文句。道理很简单,因为“有条件”意味着如果达不到条件就无法付款,就不是“无条件的付款命令”,这样的汇票是无效的。但是汇票加注出票条款(Drawn clause)用以表明汇票的起源交易,例如“按某号信用证开立”“按某合同装运某货物”等,并不构成支付的附加或限制条件。另外,汇票应当是书面的,包括手写、打印,但不能用铅笔书写。

3. 确定的金额

汇票是现金的代表,确定的金额(the Sum Certain in Money)是指汇票票面所记载的金额必须是确定的,所谓“确定”是指任何人按照汇票文义来计算应付金额,都能得到同样的结果,而不会发生歧义。金额必须确定,不能模棱两可。如“大约付 1 000 美元”“付 10 万或 15 万日元”“付 2 000 元加利息”等表示方法都是错误的。

如有利息条款,则必须规定利率。有利息条款而未规定利率的汇票无效。《日内瓦统一票据法》规定,见票即付和见票后定期付款的汇票出票人可以规定利息条款并应载明利率,若未载明利率者,该利息条款无效,汇票本身有效。

计算利息,除了利率之外,还需知道计息天数,汇票上可以规定计息的起止日期,若票据上未说明的,可以按商业惯例,自出票日开始计利息,直至付款日。

如果汇票上除了记载金额外,还记载了另一种货币作为支付货币,则必须注明汇率。

为了防止涂改,票据的金额还必须同时用大小写记载。如果大小写不一致,英国票据法和《日内瓦统一票据法》都规定,以大写为准。中国《票据法》规定:"票据金额以中文大写和数码同时记载的,两者必须一致,两者不一致的,票据无效。"

4. 付款人名称

各国票据法都要求汇票必须载明付款人(Drawee)的姓名或商号名称。汇票付款人名称和地址应当书写清楚,以便收款或持票人向其提示付款或承兑。付款人就是受票人,在汇票上是以"to…"开头的文句。

付款地点不是汇票必要记载项目。在实务中,汇票上对于付款人的记载要有一定的确定性,以便持票人能顺利找到。特别是以在同一城市有许多机构的银行为付款人时,一定要仔细注明。

5. 收款人的名称

汇票上关于收款人(payee)的记载又叫做"抬头",视汇票能否转让流通和转让方式不同,汇票上"收款人"一栏(即"抬头")的具体写法有三种:

(1)限制性抬头。限制性抬头是指收款人只限于某一具体人或某一单位或某一金融机构,即票据的付款人只对记名的收款人负责。此类汇票抬头的具体写法,例如,"仅付给约翰·史密斯"(Pay to John Smith Only)或"付给约翰·史密斯,不准转让"(Pay to John Smith not transferable)。这种汇票不能转让流通。这在一定程度上限制了它的支付功能的发挥,因此,这种汇票在实务中的应用不是很普通。

(2)指示性抬头。指示性抬头是指可以由收款人或其委托人、指定人提示收款的汇票。这类汇票并不一定要求收款人本人亲自收款,在付款到期日之前,收款人可以将汇票"背书"转让,提前从第三方(受票人)取得款项,而由受票人以持票人身份到期取款。此类汇票在收款人这一栏里一般都有"指定人(Order)"的字样,其意思是"可由收款人指定的人收款"。具体写法,例如:"付给约翰·史密斯或其指定人"(Pay to John Smith or order);付给约翰·史密斯的指定人(Pay to the order of John Smith)。倘若汇票上仅载明收款人姓名,但未加注限制转让字样的,例如"付给约翰·史密斯"(Pay to John Smith),则此种汇票视作指示性抬头的汇票,收款人仍有权将票据背书转让。

(3)持票来人抬头。这种汇票不指定收款人的名称,而只写明"付给持有人"(Pay to holder)或"付给来人"(Pay to bearer)字样。这种汇票不管谁持有,都有权要求付款人付款,而且转让时无需背书,只要通过简单交付就可以实现。

英美票据法有此规定。但是《日内瓦统一票据法》和中国《票据法》不允许票据做成来人抬头。我国《票据法》第二十二条明确规定,汇票必须记载收款人名称,否则汇票无效。在我国的涉外票据中,一般也不使用来人抬头。

6. 出票日期

出票日期(Date of issue)是指汇票签发的具体时间。汇票记载出票日期有三个作用:

(1)决定汇票的有效期。按票据的一般规则,票据均有一定的有效期,但各国对票据有效期的具体期限和决定有效期的方法并不一致。《日内瓦统一票据法》规定,即期汇票的有效期是从出票日期起的1年时间;我国《票据法》规定见票即付的汇票有效期为2年。

(2)决定付款到期日。远期汇票到期日的计算是以出票日为基础的,确定了出票日及相应期限,也就能确定到期日。

(3)决定出票人的行为效力。列明出票日期,可以确定出票人在签发汇票时有无行为能力。若出票人在出票时已宣告破产或被清理,则出票人在出票时已经丧失行为能力,该汇票无效。

《日内瓦统一票据法》和我国《票据法》都认为出票日期是汇票的必要项目。英国票据法认为,即使没有列明出票日期,汇票依然成立。英国票据法规定,凡出票后定期付款的汇票在签发时未写明出票日期,或见票后定期付款的汇票在承兑时未写明承兑日期,善意持票人均可以在汇票上加填自己认为正确的出票日期或承兑日期,汇票便将依据该日期计算到期日。

7. 出票人签字

出票人签字(Signature of the drawer)是汇票最重要的和绝对不可缺少的内容。出票人是出具汇票、创设票据债权的人,票据必须经过出票人签字才能成立,这是票据最重要和最基本的原则。票据责任的承担以签字为条件,谁签字,谁负责,不签字就不负责。出票人签字是承认了自己的债务,收款人才因此享有了债权。如果汇票上没有出票人签字,或签字是伪造的,票据都不能成立。

在西方国家,只要求出票人在汇票上签名即可。由于中国人有盖章的习惯,中国《票据法》对票据签字形式有具体的规定:票据上的签字为签名、盖章或者签名并盖章;法人或其他使用票据的单位在票据上的签字,为该法人或者该单位的盖章加其法定代表人或者其授权的代理人的签字。

2.1.4　汇票的其他记载项目

除了以上必须记载的内容外,还有其他一些事项也是应该在汇票上记载的,这些项目十分重要,但若当事人没有记载也不会影响汇票的法律效力。这些内容由法律另作规定,这类事项称为相对应记载事项。另外有一些事项可以由当事人任意记载的,一经记载,即具有票据法上的效力,这类事项称为任意记载事项。

1. 出票地点

出票地点(Place of Issue)指出票人签发汇票的地点,它对国际汇票具有重要意义,因为按照国际惯例,一般采用“行为地法律”原则。出票地点的记载关系到汇票的法律适用问题。当发生有关出票的法律冲突时,以出票地所在国的法律为准。出票地点是相对应记载事项。票据不注明出票地并不会影响其生效。《日内瓦统一票据法》明确规定,汇票应当记载出票地点,未载明出票地点的,以出票人的营业场所、住所或居住地作为出票地点。我国《票据法》规定,汇票上未记载出票地,则出票人的营业场所、住所或经常居住地为出票地。

2. 付款地点

付款地点(Place of payment)是指持票人提示汇票要求付款的地点。票据上载明付款地的主要好处在于:避免持票人随地请求,减少纠纷;票据涉及诉讼时,便于确定法律。根据国际私法的“行为地原则”,到期的计算,在付款地发生的“承兑”“付款”等行为都要适用付款地法律。因此,付款地的记载是非常重要的。付款地是相对应记载事项,未载明付款地的票据,仍然有效。其付款地可由法律推定。《日内瓦统一票据法》规定：未载明付款地点的，以出票人的营业场所、住所或居住地作为付款地。我国的《票据法》规定，票据上未载明付款地点的，付款人的营业场所、住所或者经常居住地为付款地。

3. 付款日期

付款日期又称付款期限（Tenor）或付款到期日（Maturity），是付款人履行其付款义务的日期。按英国票据法的规定，到期日不是汇票的必要记载项目，未载明到期日的汇票按见票即付处理。《日内瓦统一票据法》虽然规定汇票应当载明付款时间，但允许有例外，对未载明到期日的汇票也按见票即付处理。我国《票据法》则规定：汇票上记载付款日期应当清楚、明确；未记载付款日期的视为见票即付。

《日内瓦统一票据法》和我国《票据法》都规定了以下 4 种付款期限：

（1）见票即付（Payment at sight /on demand），这种汇票被称作即期汇票（Sight /Demand draft），无需承兑，持票人提示汇票的当天即为付款到期日。

（2）定日付款（Payment at a fixed date），定日付款称之为"板期"。汇票上的付款到期日这一栏内具体载明在将来何年何月何日付款，表明确切的付款日。这种汇票是一种远期汇票，一般经由持票人先期向其付款人提示要承兑，以明确承兑人的付款责任。

（3）出票后，定期付款（Payment at a fixed period after date），又称出票定期付款。汇票载明出票以后若干天或若干月（如出票日后 90 天，出票后 4 个月）才付款，这种付款也是一种远期汇票。一般必须提示承兑。

（4）见票后定期付款（At a fixed period after sight），又称见票远期付款。这也是远期汇票，必须提示承兑。汇票上载明见票后若干天或若干月（如见票后 90 天，见票后 4 个月）付款。这种汇票先由持票人在规定时间内向付款人做承兑提示，然后以承兑日为起点，推算到期日。这类远期汇票在对外贸易中用得比较广泛。

定期付款的期限，较多使用 30 天、45 天、60 天、90 天，超过 90 天的虽也有使用，但比较少见。

计算到期日的方法根据汇票文义和国际惯例。一般国际规则是：

①算尾不算头。例如，见票日为 4 月 15 日，付款期限为见票日后 30 天，则应从 16 日起算 30 天，到期日为 5 月 15 日。

②"月"为日历月。以月为单位计算付款期限的，指日历上的月份，不考虑每月的具体天数，一律以相应月份的同一天为到期日，若当月无对应的日期，则以该月最后一天代替。例如，见票日为 1 月 31 日，见票后 1 个月、2 个月、3 个月付款，到期日分别为 2 月 28 日（如遇闰年，则为 29 日）、3 月 31 日、4 月 30 日。如汇票规定见票后 3 个月付款，见票日为 4 月 15 日，到期日应为 7 月 15 日。

③先算整月，后算半月，半月按 15 天计算。例如，出票日为 7 月 20 日，付款期限是出票后 3 个半月，则出票后 3 个月应为 10 月 20 日，再加半个月（15 天）则到期日为 11 月 15 日。

④假日顺延。如到期日恰逢周末或节假日等非营业日，则顺延至其后的第一个营业日。例如，见票日为 4 月 14 日，付款期限为见票后 30 天，到期日为 5 月 14 日，若 5 月 14 日恰逢假日，则付款期限应延至下一个银行营业日，如 5 月 15 日。

付款日期不肯定或根据某种条件确定付款日期的汇票，例如"约于 2 月 15 日付款""货到后 30 天付款"等，按票据法均视作无效汇票。

4. 出票条款

汇票上的出票条款(Draw clause)是表现起源交易的文句。通常行文是注明买卖双方的合同号或银行开出的信用证号。前面曾提到:汇票是无条件的付款命令,汇票上是不允许附加任何先决条件的,而表明起源交易的出票条款应认定为不属于附加条件之列。

5. “付一不付二”条款

“付一不付二”条款(Pay this first /second bill)是专门针对国际汇票而言的。国际性商业汇票通常要做成一式两份,但所代表的债权债务只有一笔。原因是,在国际贸易中,汇票作为一张付款命令,通常与代表物权的货运单据一起,配套成跟单汇票,一并由出口方邮寄给进口方。由于国际间邮件大多采用航空挂号方式邮寄,为了防止在邮寄途中失落或飞机失事造成汇票灭失。国际汇票同其他贸易单据往往要做成两份,分两次连续把两套内容完全相同的跟单汇票寄出。若第一套跟单汇票(含第一张汇票)因飞机失事未能寄达,也不会因此延误提货和结算支付,因为第二套跟单汇票(含第二张汇票)会随之寄达。这里再明确一点,两张内容完全相同的汇票并非正本副本之别。如果第一张汇票付款之后,第二张汇票即自行失效。或第二张付款之后,第一张自行失效。即是说“付一不付二”或“付二不付一”。

6. 担当付款人和预备付款人

担当付款人(Person designated as payer)是出票人为了方便票款的收付,根据与付款人的约定,在出票时注明的,或由付款人在承兑时指定的代替付款人执行付款的人。担当付款人是代替付款人执行付款的人,不是票据的义务人,对票据不承担任何责任。因此,持票人在请求承兑时,应向付款人提示汇票。

预备付款人(Referee In case of need)相当于汇票的第二付款人。在付款人拒绝承兑或付款时,持票人就可以向预备付款人请求承兑或付款。预备付款人参加承兑后成为票据义务人,到期要履行付款责任。

7. 必须提示承兑和不得提示承兑

汇票不一定要求承兑,但如果汇票上有“必须提示承兑(Presentment for acceptance required)”记载时,持票人就一定要做承兑提示。如果汇票上记载有“不得提示承兑(Acceptance prohibited)”字样,持票人就不能做承兑提示,如果付款人对该票据拒绝承兑,则不会构成拒付。

8. 免作拒绝证书和拒付通知

如果票据记载有免作拒绝证书(Protest waived),持票人在票据拒付时无须作拒绝证书,追索时也不需要出示拒绝证书。如果票据上记载有免作拒付通知(Notice of dishonor excused),持票人在汇票拒付时无须作拒付通知。

9. 免于追索

英国票据法规定,出票人和背书人均可使用“免于追索(Without recourse)”文句来免除在票据被拒绝承兑或拒付时受追索的责任。《日内瓦统一票据法》认为,出票人只能免除担保承兑的责任而不能免除担保付款的责任,因此免除出票人担保付款责任的记载无效。

此外,除了上述项目外,汇票还可以有一些票据法允许的其他内容的记载,例如:汇票编号、利息和利率、付款货币、托收条件、头寸偿付办法、禁止转让等,在此不一一赘述。

2.2 汇票的种类

2.2.1 即期汇票与远期汇票

根据汇票的付款时间，可分为即期汇票与远期汇票。

1. 即期汇票

即期汇票(Sight bill/Demand draft)是指要求付款人在见票或持票人提示时，立即付款的汇票。未载明具体付款日期的汇票一般视为即期汇票。

2. 远期汇票

远期汇票(Time bill/Usance bill)是指在未来一定期限内或特定的日期付款的汇票。根据汇票上关于付款日期的记载，远期汇票包括出票日后定期付款、见票后定期付款和定日付款三种。远期汇票须由付款人承兑，以确定其付款责任。

2.2.2 银行汇票与商业汇票

根据出票人身份不同，可分为银行汇票和商业汇票。

1. 银行汇票

银行汇票(Banker's draft)是一家银行向另一家银行签发的书面支付命令，其出票人和付款人都是银行，通常用于汇款业务中。银行汇票的信用基础是银行信用。银行汇票由银行签发后交汇款人，由汇款人带往或寄给异地收款人，收款人持汇票到汇票载明的付款银行兑付，付款行在审核无误后即予付款。出票行签发汇票时，必须同时将付款通知书(票根)寄给付款行，以便付款时进行核对。根据英国的习惯，如果汇票上的出票人和付款人同属某一机构，则此汇票视作本票。银行汇票的式样见附式2.1所示。银行汇票运行过程见图2.1。

BANK OF CHINA

NO. ______①______

This draft is valid for one
year from the date of issue

AMOUNT ______②______

PAY TO ______③______　　BEIJING ______④______

THE SUM OF ______⑤______

TO: ______⑥______

BANK OF CHINA, HEAD OFFICE
BANKING DEPARTMENT

附式2.1　银行汇票式样

注：①银行汇票编号；②汇票金额(小写)；③收款人名称；④出票日期；⑤汇票金额(大写)；⑥付款人名称和地址。

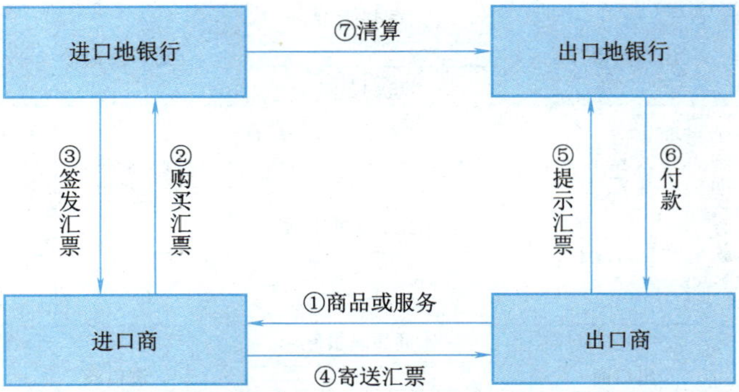

图 2.1　银行汇票运行过程

2. 商业汇票

商业汇票(Trade bill)是由公司、企业或个人签发的汇票,也可以是银行签发。商业汇票的信用基础是商业信用,其收款人或持票人承担风险较大。不过,对商业汇票进行承兑,可在一定程度上降低收款人的风险;若由银行承兑,可以提高商业汇票的信用度。商业汇票式样如附式 2.2 所示。

No ______①______

Exchange fox ______②______　　______③______

At ______④______ sight of this first of exchange(second of the same tenor and date unpaid),

pay to the order of ______⑤______ the sum of ________________

______⑥______

Drawn under ______⑦______

To: ______⑧______

For ______⑨______

(Signature)

附式 2.2　商业汇票式样

注:①商业汇票编号;②汇票金额(小写);③出票时间和地点;④付款期限;⑤收款人名称;⑥汇票金额(大写);⑦出票依据;⑧付款人名称、地址;⑨出票人签名。

2.2.3　商业承兑汇票和银行承兑汇票

在国际贸易中,商业汇票一般是由债权人(出口商)签发的,必须经过付款人承兑才能生效。商业汇票承兑后承兑人即为汇票的第一付款人。

根据承兑人的不同,可以分为银行承兑汇票和商业承兑汇票。特别说明:承兑汇票主要针对商业汇票,银行汇票不需要承兑。

1. 商业承兑汇票

商业承兑汇票(Trade's Acceptance Bill)是指由非银行的工商企业或个人承兑的汇票,以承兑人的商业信用为基础,信用等级一般要低于银行承兑汇票,因此通常较难办理贴现。商业承兑汇票运行过程见图 2.2。

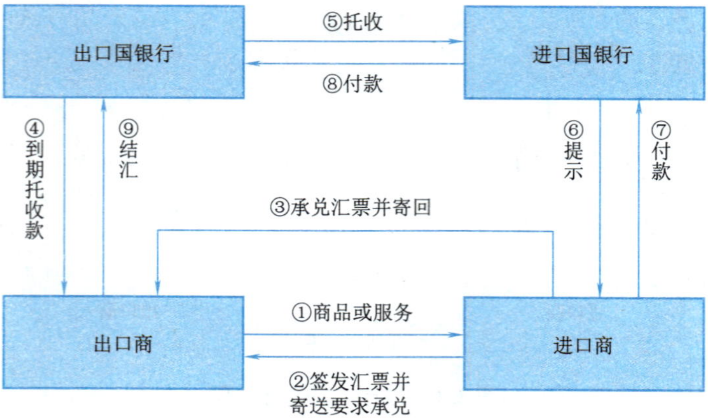

图 2.2　商业承兑汇票运行过程

2. 银行承兑汇票

银行承兑汇票(Banker's Acceptance bill)是指由公司、企业或个人开立以银行为付款人并经付款银行承兑的远期商业汇票。银行对商业汇票加以承兑实际上是用银行信用担保了商业信用,改变了汇票的信用基础,使商业信用转换为银行信用,提高了汇票的信用度,增强了汇票的可接受性和流通性。银行承兑汇票运行过程见图 2.3。

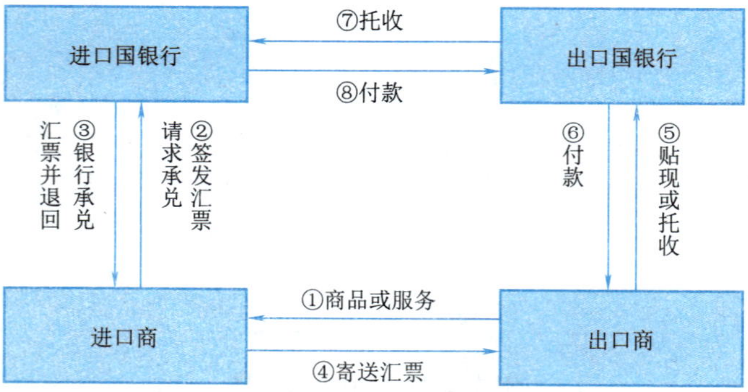

图 2.3　银行承兑汇票运行过程

2.2.4　光票与跟单汇票

根据有无附属单据,可以分为光票与跟单汇票

1. 光票

光票(Clean bill)是指不附有货运单据的汇票,有时也可附有发票或价格清单。因此,光票代表单纯的资金请求权,与物权相分离,完全凭票面信用在市面上流通,不能给持票人带来物权的保障。所以,光票很少用于国际贸易结算中,主要用于资金转移业务中。银行汇票多为光票。

2. 跟单汇票

跟单汇票(Documentary bill)是指附有货运单据及有关单据的汇票,通常是商业汇票。跟单汇票代表资金请求权与物权的结合,持票人既受票据当事人的信用保证,又受所附货运单据代表的物权保障。但持票人对资金与货物只能两者得其一,即付款人付款时,持票人必须将汇票连同所附货运单据交付给付款人,从而使后者获得物权。这一机制非常适合国际贸易结算的需要,因而跟单汇票成为进出口结算的主要工具。

2.2.5 一般汇票与变式汇票

根据汇票的基本关系人不同,可以分为一般汇票与跟变式汇票。

1. 一般汇票

一般汇票是指出票人、付款人、收款人分别为不同人的汇票。

2. 变式汇票

变式汇票是指基本当事人中有一人兼有两种或两种以上身份的汇票。在变式汇票中,出票人以自己为收款人的汇票,称己受汇票或指己汇票;出票人以自己为付款人的汇票,称己付汇票或对己汇票;以付款人为收款人的汇票,为收受汇票。

2.2.6 本币汇票和外币汇票

根据货币币种,可以分为本币汇票和外币汇票。本币汇票(Home money bill)是票面货币为本国货币的汇票。外币汇票(Foreign money bill)是票面货币为外国货币的汇票。

2.2.7 国内汇票和国外汇票

根据出票地和付款地,可分为国内汇票和国外汇票。国内汇票(Inland bill)是出票地和付款地都在国内的汇票。国外汇票(Foreign bill)是出票地和付款地都在国外的汇票

2.3 汇票的票据行为

票据行为(Acts under a bill)是指票据流通过程中,依票据上规定的权利和义务所做的法律行为。票据行为有狭义和广义之分。狭义的票据行为是以负担票据上的债务为目的所做的必要形式的法律行为,包括出票、背书、承兑、保证、保付、参加承兑6种行为。广义票据行为,统指一切能够引起票据法律关系的发生、变更 、消灭的各种行为,除包括上述狭义的票据行为外,还包括提示、付款、拒付、追索等行为。

其中,“出票”是主票据行为,其他票据行为都是以出票所创设的票据为基础的,是在出票行为完成后的行为,故称其为从票据行为。

在这些票据行为中,“出票”和“背书”是汇票、本票和支票3种票据共有的行为,“承兑”是汇票特有的行为,“保证”可以说是3种票据共有的,也可以说是汇票和本票共有的行为,因为对支票而言一般称为保付(支票)。这里具体介绍汇票的票据行为,其基本原理和规则也适用本票和支票。

2.3.1 出　票

出票(Issue /Draw,)即汇票的签发,是指出票人签发汇票并将汇票交给收款人的票据行为。这个过程由两个动作组成:一是由出票人写成汇票并在汇票上签字;二是由出票人将签字的汇票交付给收款人,由于出票是设立债权债务的行为,所以只有通过交付,汇票才能生效。

出票人签发汇票后,即承担保证该汇票会被承兑或付款的责任。若汇票得不到承兑或付款时,出票人应当向持票人清偿被拒付的汇票金额和自到期日或提示付款日期至清偿日止的利息,以及取得拒绝证书等的费用。付款人对于汇票并不承担责任,因为汇票不是“领款单”,汇票是由出票人担保的“信用货币”,收款人的债权完全依赖于出票人的信用。

商业汇票通常需要签发一式两份,分别寄发以防丢失。

2.3.2 提　示

所谓提示(Presentment/Presentation)是指收款人或持票人将汇票提交付款人要求其付款或承兑的行为。付款人看到汇票,即为见票(Sight)。提示行为分为两种:

(1)提示承兑(Presentation for acceptance)是指远期汇票的持票人向付款人出示汇票,要求汇款人承诺到期付款的行为。

(2)提示付款(Presentation for payment)是指汇票的持票人向付款人或承兑人出示汇票要求付款的行为。

提示承兑和提示付款均应在法定期限内进行。但各国的票据法对此有不同的规定。依据《日内瓦统一票据法》,必须自出票日起算一年内作出提示;英国票据法规定必须在合理的时间内作出提示;按照我国《票据法》,见票即付和见票后定期付款的汇票自出票日后1个月内提示,定日付款或出票后定期付款的汇票应在汇票到期日前向付款人作出提示。

对于已经承兑的远期汇票,《日内瓦统一票据法》规定在到期日或其后两个营业日内作提示付款;英国票据法规定在付款当天作提示;而我国《票据法》则规定自到期日起10日内作提示。

2.3.3 承　兑

承兑(Acceptance)是指远期汇票的付款人在汇票上签名,同意按照出票人命令付款的票据行为。承兑是仅限于远期汇票的一种票据行为。付款人承兑汇票后成为承兑人,它的签名表明他已承诺付款责任,愿意按照承兑文义保证付款,不得以出票人的签字是伪造的、背书人无行为能力等理由来否认汇票的效力。承兑也由写成和交付两个动作组成,如此才是有效的和不可撤销的。承兑的交付通常有两种做法:一种是付款人在承兑后将汇票交还给持票人,这种做法称为实际支付(Actual delivery);另一种是由付款人签发承兑通知书给持票人,以代替实际交付已承兑汇票给持票人,在承兑通知书上记载承兑日期,这一做法称为推定交付(Constructive delivery)。目前在国际银行业务中,使用后一种做法的较多。在到期日,由承兑行主动付款转入持票人账户。承兑日是见票日,见票后定期付款的汇票即由此推算出到期日。

承兑的具体做法是：由付款人在汇票正面写上"已承兑（Accepted）"，注明承兑的日期，并由承兑人签名，交还收款人或其他持票人。按票据法的一般规则，仅由持票人签名而未写"已承兑"字样的也构成承兑。按我国《票据法》第四十二条规定：未写明承兑日期的，以付款人自收到提示承兑的汇票之日起的第三天为承兑日期。

承兑对付款人来说，就是承诺了按汇票的文字付款的责任。付款人承兑汇票后，就成为承兑人（Acceptor），并成为汇票的主债务人，应当承担到期付款的责任，而出票人便成为汇票的从债务人。

付款人是否承兑需要考虑时间。英国票据法规定，考虑时间在提示的次一个营业日时间终了之前。《日内瓦统一票据法》规定考虑时间可从第一次提示后之次日到第二次提示时为止。我国《票据法》规定，付款人应当自收到承兑的汇票之日起 3 天内承兑或拒绝承兑。

承兑的具体做法是：由承兑人在汇票正面空白处写上"承兑"二字，或盖上"承兑"戳记，写上承兑日期，签上本人姓名。不写到期日。为了方便起见，也可在汇票右上角写上到期日。例如：

ACCEPTED

(date)

To mature

(date)

For name of drawee

Signature

汇票的承兑有两种，即普通承兑和限制承兑。

1. 普通承兑

普通承兑（General acceptance）是承兑人对出票人的指示不加限制的同意确认，通常所称的承兑即为普通承兑。

2. 限制承兑

限制承兑（Qualified acceptance）是指承兑时，用明白的措辞改变汇票承兑后的效果，常见的限制承兑有以下几种：

（1）带有条件的承兑（Conditional acceptance）即承兑人的付款依赖于承兑时所提条件的完成。

（2）部分承兑（Partial acceptance）仅是承兑和支付票面的一部分。由于付款人拒绝就汇票全部金额作出承兑，持票人可将其视为拒绝承兑，并以此为由向前手追索全部票款，但持票人也可以接受部分承兑，然后就未承兑部分的金额向前手追索。

2.3.4 参加承兑

参加承兑（Acceptance for somebody's honour）是指汇票提示后遭到付款人拒绝承兑，或者因付款人死亡、逃避或其他原因而无法获得承兑时，由第三者，即参加承兑人对汇票进行承兑。当汇票到期时，如付款人拒不付款，就由参加承兑人负责支付票款。参加承兑是一种附属票据行为。其目的是为了保全票据上有关债务人的信用，因而有的国家称之为"荣誉承兑"。参加承兑与一般承兑一样都在汇票的正面签名，但参加承兑时通常注明"参加承兑"字样，以区别于一般承兑。按票据法的一般规则,承兑人为主债务人,而参加承兑人只有付款人到期拒绝付款的情况下才予以付款,因而是次债务人。而且参加承兑人只对被参加承兑人及其后手承担义务。为此,参加承兑时应注明被参加承兑人的名称,如未注明,出票人被视为被参加承兑人。我国《票据法》未对参加承兑作出规定。参加承兑记载形式如下:

Accepted for honour

Of ________________

On ________________

Signed by ________________

(1)法定地点的地方性承兑(Local acceptance),即承兑仅在某一特定地点支付,亦即用文字明白表示汇票仅在那里而不在别处支付。

(2)延长时间承兑(Qualified acceptance as to time),例如,出票日后3个月付款的汇票,承兑时写6个月付款。

我国《票据法》第四十三条明确指出:承兑附有条件,视为拒绝承兑。

2.3.5 背　　书

背书(Endorsement/Indorsement)是汇票的持票人在汇票的背面或粘单上记载有关的事项、签章并交付给受让人的行为。即使只签字不加文字说明,而仅在汇票的背面签字,也可称为背书。如果要把票据权利转让给他人,必须在票据上签字并经交付,汇票权利才由背书人(Endorser)转让给了受让人(Endorsee),又称被背书人。

背书包括两个动作:一个是在汇票背面签字;另一个是交付给被背书人,只有经过交付,才算完成背书行为,使其背书有效和不可撤销。

背书的目的可以是票据转让,也可以是票据托收,还可以是票据质押。

一般来说,背书记载的基本要项有:背书目的、受让人/委托人/质押人、背书日期、背书人名称和签字/签章等。西方票据法认为,唯有背书人签字是必不可少的项目;而我国《票据法》认为,除了背书人签章是必不可少的项目之外,受让人/委托人/质押人记载也不可省略。

汇票、本票、支票都可以背书转让,但并不是所有票据都可以背书,对限制性抬头或记载有“不得转让”字样的票据是不能背书转让的,而对于“来人抬头”的票据,不需背书就可以转让。因此,背书转让的只是指示性抬头的票据。

一张指示性抬头的票据往往是可以经过多次背书,即多次转让,几经转手,这样有可能出现数个背书人与被背书人,形成复杂的连带的债务债权关系。但第一背书人必须是汇票上的收款人。汇票连续背书示意图如图2.4所示。

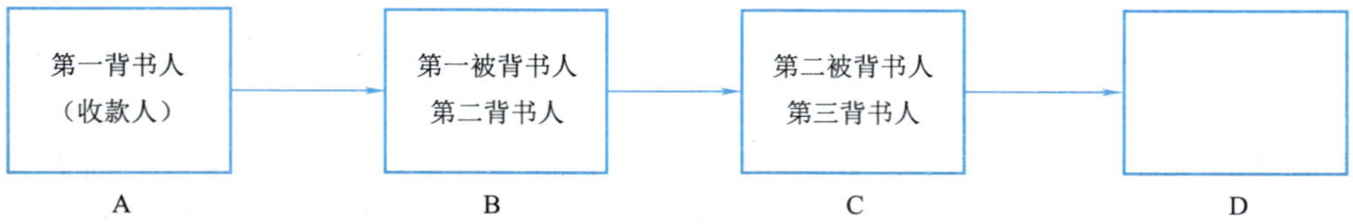

图2.4　汇票连续背书示意图

背书人与被背书人称为前手和后手。前手对其任一后手负有担保该汇票一定为受票人承兑和付款的责任;同理,后手对其前手则享有要求前手付款的权利。

背书有以下5种类型:

1. 限制性背书

限制性背书(Restrictive endorsement)即不可转让背书,是指背书人对支付给被背书人的指示带有限制性的词语。例如:仅付A公司(Pay to A Co. only);付给A公司,不可转让(Pay to A Co. not transferable);付给A公司不得付给其指定人(Pay to A Co. not to order)。

作成上述限制性背书的汇票,只能由指定的被背书人凭票取款,而不能把汇票再行转让或流通。在国际贸易结算中,限制性背书较少使用。

2. 特别背书

特别背书(Special endorsement)又称为记名背书、正式背书和完全背书。作特别背书时,背书人先作被背书人记载,然后再签字,例如:

付给A公司(Pay to A Co.)

付给A公司的指定人(Pay to the order of A Co.)

付给A公司或其指定人(Pay to A Co. or order)。

签字(Signature)

3. 空白背书

空白背书(Blank endorsement)又称为无记名背书、略式背书或不记名背书,指背书人在作背书转让时,只在汇票背面签字/签章,而不记载受让人。例如,一张汇票的收款人为ABC公司,背书时在汇票背面写上公司的名称并签字即可。形式如下:

For ABC company, London

(Signature)

这种背书规则适用于汇票、本票、支票及其他可流通的单据,如提单、保险单等。ISBP(Icc出版物第681号)第179段作出相似规定:"如果信用证要求空白背书式的保险单据,则保险单据也可开立成来人式,反之亦然。"

作这种背书后的汇票不但可以自由流通,而且可以无需背书转让。

出于票据使用的安全性考虑,我国《票据法》第三十条规定:汇票以背书转让或者以背书将一定的汇票权利授予他人行使时,必须记载被背书人名称。即不允许做空白背书,这和西方票据法不同。

4. 带有条件的背书

带有条件的背书(Conditional endorsement),指支付给被背书人的指示是带有条件的。例如:

Pay to the order of ABC co.

On delivery of B/L No. 125

For XYZ co., London

(Signature)

根据票据法的一般规则,背书不得附有条件。背书附有条件的,所附条件不具有票据上的效力,即是说开出的汇票必须是无条件的支付命令,作成背书却是可以带有条件的。附有条件仅对背书人和被背书人有约束作用,与付款人、出票人无关。当汇票持有人向付款人提示要求付款时,付款人不管条件是否履行,可以照常付款给持票人,汇票也即被解除责任。

5. 托收背书

托收背书(Endorsement for collection)指要求被背书人按照委托代收票款的指示处理汇票。例如:

For collection pay to the order of C bank

委托收款的被背书人,得到的是代理权而不是债权,不能再以背书方式转让不属于他的汇票的权利,但是该被背书人为了行使被委托人的汇票权利,有权再委托他人,所以仍可再做托收背书。

背书的方式除以上5种外,还有质押背书、部分背书和分割背书等。

以背书转让的汇票,背书应当连续,即在汇票转让中,转让汇票的背书人与受让汇票的被背书人在汇票的签名依次前后衔接。我国《票据法》规定:以背书转让的汇票,后手应对其直接前手背书的真实性负责。从背书人的连续性来看,可以推定最后的持票人为合法的票据权利人。

2.3.6 付　款

付款人向持票人按汇票金额支付票款的行为称为付款(Payment)。付款人向持票人正当付款之后,票据就被解除责任,不仅解除了付款人的付款义务,而且解除了所有的票据债务人的债务。

付款人的责任有两个:

1. 应正当付款

正当付款(Payment in due course)包含三层含义:

(1)应在到期日或到期日以后付款,而不是在到期日之前付款。若提前支付,则付款人自担风险,自负责任。

(2)应付款给合法持票人,须验明付款提示人的身份,并审核背书的连续性。

(3)应是善意付款。付款人按照专业惯例,尽了专业职责,利用专业信息仍不知道持票人权利有何缺陷而付款的,即为善意付款。

2. 应支付金钱

只能支付金钱而不能用其他代替物,但是可依法按付款日市场汇率将汇票指定货币兑换成本币支付给持票人;当依法可以向持票人支付外币时,则应按汇票文义向持票人支付票面指定货币。

在汇票的执行付款人做正当付款之后,有关该汇票的所有债权债务关系归于消灭,汇票因此而注销(Discharge)。

2.3.7 参加付款

参加付款(Payment for honour)是指当票据被付款人拒绝付款时,为维护出票人、背书人的信誉,参加付款人对票据进行付款的行为。参加付款人包括预备付款人和其他人。预备付款人(Drawee in case of need)是出票人和背书人在票据上注明的另一付款人,以便在原指定付款人万一拒绝付款时,持票人可向他提示取款。其他人也可以在票据遭到付款人拒绝付款时,代出票人、背书人等对持票人付款。参加付款是为了保全出票人、背书人等有关票据债务人的信用。预备付款人在汇票中预先指定,不必经持票人同意。预备付款人可以是一人或数人。我国《票据法》未对参加付款人作出规定。

2.3.8 拒　　付

拒付(Dishonour)又称为退票,是指票据的持票人提示票据要求付款或承兑时遭到拒绝。汇票、本票和支票都可以遭到拒付。拒付包括拒绝付款和拒绝承兑。

拒付有两种情况:一是持票人提示承兑或付款,承兑人或付款人明确表示拒付;二是承兑人、付款人死亡、逃匿、避而不见,持票人经过合理努力未找到,或承兑人、付款人被依法宣告破产的。

按我国《票据法》的规定,持票人提示承兑或提示付款被拒绝的,承兑人或付款人必须出具拒绝证书,或出具退票理由书,不能口头拒绝了事;如果付款人或承兑人死亡、逃匿的,可以找拒付地点公证机构或其他有权出具证书的机构出具证明拒付事实存在的书面文件。

拒付或退票是一项具有法律效力的行为。汇票一旦遭到拒付或拒绝承兑,持票人在行使追索权之前,要把对方拒付这一事实通知前手,而前手又须通知自己的前手,直至受票人或承兑人及至出票人。

退票或拒付通知这一行为,仅是一种备案行为,是为了让有关债务人尽早获悉发生了退票这件事,好在思想有所准备。为了法律上生效,还要做拒绝证书。

拒绝证书是由拒付地点的法定公证机构(公证人)或其他有权出具证书的机构出具的证明拒付事实的书面文件。汇票被拒付或拒绝承兑后,持票人必须严肃对待,要及时寻找法定的公证人和见证人,要求公证人依法定程序出具拒绝证书,为以后向法院起诉准备证据。

公证人受理持票人的申请后,要携拒绝证书文本连同汇票再向付款人提示,如再遭拒付,即正式做成拒绝证书,连同遭拒付的票据给持票人,持票人凭拒绝证书向前手行使追索权。

各国对做成拒绝证书的时效有具体规定。英国票据法规定,拒绝证书必须在拒付日的第二天终了前完成。《日内瓦统一票据法》的规定与英国基本相同,但是对于远期汇票,规定其付款拒绝证书可在到期日后两天内做成。

如果持票人没有在规定时间内做成拒绝证书,他将丧失对前手的追索权。但承兑人或出票人仍对持票人承担责任。

2.3.9 追　　索

追索(Recourse)是指汇票遭到拒付时,持票人要求其前手背书人、出票人、承兑人或其他的汇票债务人(如保证人)清偿汇票金额及有关费用的行为。持票人拥有的这种权利叫做“追索权”(Right of recourse)。持票人作为汇票债权人,可向汇票债务人取得偿付。出票人付款之后可以向承兑人取得偿付,背书人付款之后可以向承兑人或出票人及其前手背书人取得偿付。追索的票款应包括:汇票金额、汇票金额自到期日或提示付款日起到清偿日止的利息、拒付通知、拒绝证书和其他必要费用。

持票人行使追索权必须具备3个条件：①必须在法定期限内提示汇票；②必须在法定期限内发出退票通知；③外国汇票遭到退票，必须在法定期限内作出拒绝证书。

只有符合这3个条件，才能保留和行使追索权，持票人或背书人必须在法定期限内行使追索权，否则即丧失该追索权。英国票据法规定，保留追索权的期限为债权成立之日起6年内。《日内瓦统一票据法》规定，持票人对背书人或出票人行使追索权为作成拒绝证书之日或到期日期一年内，背书人对其前手背书人则为自其清偿之日起的6个月内。我国《票据法》规定，持票人对出票人和承兑人的权利，是自到期日起2年，即期汇票是自出票日起算2年；持票人对前手的追索权是自被拒付之日起算6个月；持票人对前手的再追索权是自清偿之日或被提起诉讼之日起算3个月。

2.3.10 保　证

保证（Guarantee）就是由保证人对票据义务进行担保。汇票经担保，可增强其付款的信誉，有利于票据的流通转让。所以，在实际业务中，保证常被用作融通资金的手段，票据被担保后，担保人和被担保人所负责任完全相同，在票据到期时负付款责任。《日内瓦统一票据法》和我国《票据法》都允许保证行为。英国票据法无此规定。现多采用担保（Aval）的做法。英国的习惯做法是银行对汇票或本票提供保证，开立单独保函，保证被保证人违约时保证人无条件支付票款。

保证人必须由汇票债务人以外的第三者担当。保证人应当在汇票或者粘单上写明“保证”字样、被保证人的名称、保证人的名称和住所、保证日期并签名，被保证人的对象可以是出票人、背书人、承兑人或者参加承兑人。按照我国《票据法》，保证人在汇票或粘单上未记载被保证人名称的，已承兑的汇票，承兑人为被保证人，未承兑的汇票，出票人为被保证人。未记载保证日期的，出票日期为保证日期。保证不得附有条件，附有条件的，不影响对汇票的保证责任，也即不论保证人是否附有条件，均需同样承担保证责任。

票据保证和一般保证不同，保证人应负的责任与被保证人完全相同。在实际业务中，当付款人是被保证人，银行为保证人时，保证银行就直接承担汇票到期付款的责任，保证人清偿票据债务后，可以行使持票人对被保证人及其前手的追索权。

由于保证人清偿汇票债务后所取得的追索权不是从被保证人处获得的，所以，适用抗辩切断，即：所有前手都不得以其与被保证人、原持票人之间存在的抗辩事由，来抗辩保证人。

担保的写法如下：

Per Aval

For account of

Name of importer

Name of (import) bank

Signature

2.3.11 汇票的贴现

贴现（Discount）是指远期汇票已被承兑但尚未到付款期，由银行或贴现公司从票面所载明的金额中扣减按照一定的贴现率计算的贴现息后，将净款付给持票人，从而购进票据的行为。

贴现行持贴进的汇票直至到期日，提示给承兑人要求付款，承兑人支付票面金额，归还贴现行的垫款。贴现业务既是票据买卖业务，也是资金融通业务。

贴现息是按照贴现天数乘以贴现率计算的。贴现天数是从贴现日起到汇票到期日的天数。贴现率一般是用年利率表示，在计算时，应将其折成日率。英镑一年按365天作为基本天数，美元、欧元则按照360天作为基本天数。故贴现的计算公式如下：

贴现息 = 票面金额 × 贴现天数/360 × 贴现率

净款 = 票面金额 − 贴现息

或者　　净款 = 票面金额 × [1 − 票面天数/360(或365) × 贴现率]

本章小结

汇票是由出票人签发的，委托付款人在见票时或者指定日期无条件支付确定的金额给收款人或者持票人的票据。

汇票的绝对必要记载事项包括："汇票"字样、无条件支付命令、确定的金额、付款人名称和付款地点、付款时间或付款期限、收款名称、出票人签字/签章、出票日期和出票地点等。

相对应记载事项有：出票地点、付款地点、付款日期等。

汇票有以下分类：银行汇票与商业汇票；银行承兑汇票与商业承兑汇票；即期汇票与远期汇票；光票与跟单汇票；一般汇票与变式汇票；本币汇票与外币汇票；国内汇票与国外汇票。

汇票的票据行为包括：出票、背书、承兑、保证、提示、付款、拒付、追索等。

复习思考题

一、名词解释

汇票　承兑　拒付　汇票贴现　提示　商业汇票　票据行为　即期汇票　远期汇票

二、判断题

1. 汇票与支票的区别在于：前者以银行为付款人，而后者的付款人不限于银行。(　　)
2. 付款人对票据付款是终局性付款，因此，付款人只要对票据付款，就解除了票据义务。(　　)
3. 出票人的签字为汇票的相对应记载事项。(　　)
4. 商业汇票的第一付款人是承兑人。(　　)
5. 我国《票据法》规定，汇票未记载出票地点的，出票人的营业场所、住所为出票地。(　　)
6. 我国《票据法》规定，汇票不允许做成来人抬头。(　　)
7. 我国《票据法》规定，汇票背书转让时必须记载被背书人名称。(　　)
8. 票据的保证是指由保证人对票据义务作出保证的行为，保证人与被保证人同责。(　　)

三、选择题

1. 某银行签发一张汇票，以另一家银行为受票人，则这张汇票是(　　)。

A. 商业汇票　B. 银行汇票
C. 商业承兑汇票　D. 银行承兑汇票

2. 使汇票一切债务终止的票据行为是(　　)。

A. 提示　B. 承兑　C. 背书　D. 付款

3. 汇票的本质和核心是(　　)。

A. 无条件的书面付款命令　B. 载明确定的货币金额
C. 背书转让　D. 付款承诺

4. 商业汇票生效的前提条件是(　　)。

A. 贴现　B. 出票　C. 承兑　D. 背书

5. 中国《票据法》规定，见票即付的汇票有效期为(　　)。

A. 1 年　B. 2 年　C. 6 个月　D. 3 个月

6. 银行承兑汇票的第一付款人是(　　)。

A. 承兑银行　B. 债务人　C. 持票人　D. 背书人

7. 具有"付一不付二"条款的票据是(　　)。

A. 汇票　B. 本票　C. 支票　D. 旅行支票

8. 在西方，汇票的收款人栏内有"BEARER"一词的汇票，称为(　　)。

A. 限制性抬头的汇票　B. 指示性抬头的汇票
C. 持票人抬头的汇票　D. 不允许转让的汇票

9. 出票地点为汇票的(　　)。

A. 绝对应记载事项　B. 相对应记载事项
C. 必须应记载事项　D. 必备事项

10. 下面关于汇票的论述正确的是(　　)。

A. 汇票是无条件的付款命令　B. 汇票必须载明一定的货币金额
C. 汇票不注明出票地不会影响其生效　D. 限制性抬头的汇票不能转让

11. 汇票按有无附货运单据，可分为（　　）。

A. 光票　B. 银行承兑汇票　C. 商业承兑汇票　D. 跟单汇票

12. 国际贸易中，商业汇票一般是由(　　)签发。

A. 出口商　B. 进口商　C. 进口国银行　D. 出口国银行

四、思考题

1. 什么是汇票？汇票有哪些必要记载事项？
2. 什么是票据行为？狭义票据行为有哪些？
3. 汇票的种类有哪些？

第 3 章 本票和支票

本章提要本章主要介绍本票和支票的相关知识。通过本章的学习要求学员理解并掌握本票、支票的定义、本质、种类、用途等内容。

教学内容

(1)本票的定义、本票的必要记载事项。

(2)本票与汇票的区别。

(3)本票的票据行为。

(4)本票的用途及种类。

(5)支票的定义、支票的必要记载事项。

(6)支票的相关票据行为与种类。

教学重点

本票的定义、本票的必要记载项目;本票的用途及种类;支票的必要记载项目。

教学难点

本票的定义与种类;支票的定义与种类。

开篇案例

我国某工艺品公司在2013年的广交会上与一阿联酋商人签订了一笔出口合同,阿联酋商人递交了经过阿联酋某银行担保的商业本票,票面金额5万美元,要求三天后在阿方商人的监督下将货物装上开往阿联酋迪拜港的班轮上,并拿到货运提单。工艺品公司持本票到中国银行广东分行鉴定真伪,经广东分行鉴定,本票是真的,确实是阿联酋银行担保过的本票。

(资料来源:根据相关网络资料整理)

请思考:我国工艺品公司可否接受这张本票?本票有哪些特点?在国际贸易中使用本票结算有什么风险?

3.1 本　　票

3.1.1 本票的定义

我国《票据法》第七十三条给本票下的定义是：本票（Promissory note）是出票人签发的，承诺自己在见票时无条件支付确定的金额给收款人或持票人的票据。本法所称本票，是指银行本票。

英国票据法对本票下的定义是：本票是一个人向另一个人签发的，保证于见票时或定期或在可以确定的将来时间，对某人或其指定人或持票来人无条件支付一定金额的书面付款承诺。（A promissory note is an unconditional promise in writing made by one person to another, signed by the maker, engaging to pay on demand or at a fixed or determinable future time, a sum certain in money to, or to the order of a specified person or to bearer.）

由于本票是出票人向收款人签发的无条件的付款承诺，所以本票的基本当事人只有两个，即出票人和收款人，本票的付款人就是出票人本人。本票的出票人在任何情况下，都是主债务人。按我国《票据法》，在持票人提示见票时，本票的出票人必须承担付款责任。

简而言之，本票就是付款人为出票人本人的票据。

3.1.2 本票的必要记载项目

本票应当具备的内容，各国票据法的规定大同小异。根据我国《票据法》的规定，本票绝对必要记载的内容有 6 个方面："本票"字样；无条件支付的承诺；确定的金额；收款人名称；出票日期；出票人签章。以上条款，缺一不可，否则，本票无效。可见本票比汇票少了一个必要项目——付款人。关于付款地、出票地等事项的规定与汇票相同。

《日内瓦统一票据法》规定，本票必须具备以下几项内容："本票"字样；无条件支付一定金额的承诺；付款期限；付款地点；收款人；出票地点与日期；出票人签字。商业本票的基本式样见附式 3.1 所示。

Promissory Note for ______________ ______________ ______________

At ______________________________ we promise to pay to ______________

______________________________ the sum of ______________________________

____

For ______________________

(Signature) ______________

附式 3.1　商业本票式样

3.1.3 本票与汇票的区别

本票与汇票的区别主要有以下几点：

(1)本质不同。汇票是委托式票据，是"无条件的支付命令"。本票是承诺式票据，是"无条件的付款承诺"。

(2)名称和性质不同。在英文中，本票称为 note(付款承诺)，而汇票是 bill(债权凭证)，后者是票据的统称。

(3)基本当事人不同。本票只有两个当事人，即出票人和收款人。而汇票的当事人有三个，即出票人、收款人和付款人。

(4)本票不必办理承兑。本票是付款承诺和保证，因此，即使是远期本票也不必办理承兑。而远期汇票必须办理承兑。

(5)主债务人不同。本票的出票人是绝对的主债务人；而远期汇票一旦经付款人承兑后，承兑人就成为主债务人，出票人则转为从债务人。

此外，本票只能签发一式一份，不能多开；而汇票常签发一式两份或多份(银行汇票除外)。本票的签发人称作 maker，而汇票的签发人称作 drawer。

3.1.4 本票的票据行为

本票的票据行为中，对于出票、背书、保证、付款行为和追索权的行使，适用票据法中对于汇票的相应行为和权利行使的规定。由于本票是付款人就是出票人本人的票据，因此，本票的票据行为中没有承兑这一项目。相对于汇票，票据法对本票还有一些特定规定。例如，按我国《票据法》，本票只能由银行或其他金融机构签发；出票人必须具有支付本票金额的可靠的资金来源，其资格要由中国人民银行审定；本票自出票之日起，付款期限最长不得超过 2 个月；本票持票人未按规定期限提示见票的，丧失对出票人以外的前手的追索权。

3.1.5 本票的用途

本票通常在以下交易和经济活动中的使用：

(1)远期付款的商品贸易。在远期付款的商品贸易中，可由买主签收一张以约定到期日的本票交给卖方，卖方可凭本票如期收到货款。如果急需资金，也可将本票贴现或转售他人。

(2)用作金钱借贷的凭证。借款人同贷款人订立借款合同，约定借贷利率和担保人，由借款人签发本票并请担保人在本票上作担保后，交给贷款人收执。这种本票就是金钱借贷的凭证，贷款人需要资金时，可以将本票转让。

(3)企业对外筹集资金时，可以发行商业本票，通过金融机构予以保证后，在金融市场上销售获得资金，并于本票到期日还本付息，这种票据也称为融资票据。

(4)银行向大额提款用户开出本票以代替现钞。客户向银行提取存款时，如遇大额提款用户，银行可开出即期银行本票交给客户，以替现钞。

3.1.6　本票的种类

按照《日内瓦统一票据法》和英国票据法的规定，本票按出票人的不同分为一般本票和银行本票两种。一般本票又称为商业本票，依据付款时间不同又可分为即期本票和远期本票两种。另外，有些票据名称上虽然没有"本票"二字，但由于其出票人和付款人为同一人，本质上仍然是本票性质的票据。现分述如下：

1. 商业本票

商业本票(Trade's note)是由工商企业或个人出具的本票，其基础是商业信用。由于商业信用不甚可靠，收款人不愿接受。现在签发即期商业本票作为支付工具的情况几乎没有了。

2. 银行本票

银行本票(Banker's note)是指由银行签发的本票。商业银行签发即期付给记名收款人的不定额的银行本票，可以当作现金，交给提取存款的客户。钞票的前身是可兑换黄金的银行券，实际是银行签发的定额银行本票。现在商业银行签发的本票相当于商业银行变相发行货币。如果各大商业银行大量发行即期定额付给来人的银行本票，并流通到市场中，则容易造成货币投放量骤增，扰乱国家纸币发行制度。因此，现在各国不允许商业银行发行定额不记名的本票，只能发行不定额的记名银行本票且对流通期限严格限制。比如我国《票据法》规定：本票自票出之日起，付款期限最长不超过两个月。银行本票式样见附式 3.2。

PROMISSORY NOTE

①

②

On demand we promise to pay to the order of ③ the sum of

④ only

For ⑤

⑥

⑦

附式 3.2　银行本票式样

注：①出票地点、时间；②本票金额(小写)；③收款人；④本票金额(大写)；⑤出票人；⑥出票人地点；⑦出票人签字。

3. 国际小额本票

国际小额本票(International Money Order，简称 MO)，是由设在货币清算中心的银行签发的由购票者携带至海外或邮寄海外使用，再流回到本国货币清算中心银行兑付的国际银行本票。这种本票，银行发行后并不向外拨付头寸，而是等国外愿意兑付的银行兑付后，寄来本票托收时，由签发行将资金付出。这种本票对签发行非常有利，是出国人员携带外汇的方法之一，英国、美国、加拿大等国银行常常发行国际小额本票代替旅行支票。

4. 旅行支票

旅行支票(Traveler's check)是一些大银行、大旅行社发行的，供购买者携往境外用于支付、兑换现金并最终流回由发行者兑付的票据。旅行支票虽被称为支票，其实也应归类为本票之列。

旅行支票是美国于 1891 年首创的，继而在全球推广，现在发行量比国际小额本票的发行量大得多。

其原因是旅行支票对因公因私的出境人员具有方便、安全的好处，既可以用于在境外支付服务项目的开支和购物的花销，又可以在一定的范围内兑付现金。

旅行支票的发行银行应位于某个货币清算中心，并在其他几个通用货币清算中心设有分支机构，这样可以便利旅行支票的兑付和偿还。旅行支票是出国人员携带外汇的一种方式。

旅游者购买旅行支票时要当着银行职员的面在票面上初签，然后带到外国旅游支付。当他需要用钱而要求兑付时，持票人要当着付款代理行的面在票上复签，代理行经核对，确定复签与初签相符合即付款，但要扣减利息，支付净款。

在大多数国家，银行发行的旅行支票与本国货币票面结构等值，如美国银行发行的就有 10 美元、20 美元、100 美元面额的旅行支票，使用十分方便。

5. 大额可转让定期存单

大额可转让定期存单（Negotiable certificate of deposit），简称定期存单（C. D），是商业银行为筹集资金发行的一种大额、固定金额、固定期限并允许流通转让的存款凭证。凭证上载有发行的金额、利率、偿还期限和方法，可流通转让，发行银行承诺到期支付票面金额给持票人。

可转让定期存单，发行者是银行，到期还本付息者还是同一银行，因此，在性质上属于债务凭证中的本票。

可转让定期存单是美国纽约花旗银行于 1961 年首创的，以后美国各大银行相继发行，继而扩张到英国、西欧及其他国家。现在我国各大银行也开始发行。

可转让定期存单集存款的灵活性和债券的可流通性于一身，既为银行带来了方便，也为客户提供了好处。

在纽约货币市场上，可转让存单通常以面值 100 万美元为单位，期限为 30 天、3 个月、6 个月、1 年，最长为 5 年或 7 年，通常期限为 1 ~3 个月，一律到期日支付本利和。

按照美国《统一商法典》（UCC）第三章第 104 条的规定，存单是银行收到客户金钱的收据，并保证到期凭其付款。存单属于流通票据的一种，是远期银行本票性质的票据，它的发行银行就是到期日的付款银行。发行银行可用流通存单向市场筹集资金，投资人购买存单是向金融市场投放资金，出售存单则是从市场收回资金，流通存单因此成为一种融资工具。

6. 融资票据

融资票据（Financial papers），在美国又称为商业票据（Commercial papers），是一些实力雄厚、信誉卓越的大公司或金融机构向资金市场筹集资金时发行的，无抵押保证的远期本票。发行单位承诺将于到期日支付票面金额给持票人，而不提供任何资产保证，只凭其现有的清偿能力和盈利能力保证到期日一定偿还票款。

融资票据一般在本国货币市场上发行，无须在证券交易委员会注册，不记收款人名称，仅注明“付给来人”。买入者可将票据持至到期日，也可以在到期日前在市场转让。

美国的商业票据付款期限最长不超过 270 天，票面金额自 10 万美元至 500 万美元不等。最近几年，我国一些实力雄厚的大公司也通过发行融资票据的方式筹集资金，这些融资票据本质上是本票。融资票据的发行是融资证券化的一种表现。

7. 公司债券

公司债券(Corporation bonds)是公司按照法定程序发行,约定在一定期限内还本付息的有价证券。它是公司或企业筹集中长期资金的工具。公司债券在性质上属于远期本票,因为发行债券的公司负责在到期日还本付息,还款人就是发行者本人。在英、美票据法系中被定性为远期本票。

8. 中央银行票据

中央银行票据(Center banker's note),简称央票,是中央银行为调节市场货币供应量向商业银行发行的短期债券。其实质是中央银行的定额本票。之所以叫做"中央银行票据",是为了突出其短期性特点。

央行票据与金融市场各发债主体发行的债券具有根本性区别:各发债主体发行的债券是一种筹集资金的手段,其目的是为了筹集资金,而中央银行发行的央行票据实质是承担短期政府债券的功能,是中央银行调节基础货币的一项政策工具,目的是减少商业银行可贷资金量。商业银行在认购央行票据后,其直接结果就是可贷资金量的减少。

央行票据是央行公开市场操作的工具。公开市场操作是大多数国家中央银行吞吐基础货币、调节市场流动性的主要政策工具。公开市场操作的主要操作对象是国债券。由于国债券的规模较小,一些国家央行就通过发行央行票据进行操作,其作用与国债券相同。我国于2002年开始发行央行票据,期限最短的3个月,最长的3年,其中以1年期以内的短期品种为主,由中央人民银行在银行间市场通过中国人民银行债券发行系统发行,发行对象是公开市场业务一级交易者。发行后可在银行间债券市场上流通交易,交易方式有现券交易和回购。

9. 政府债券

政府债券(Government bonds)是政府财政部门或其他代理机构为弥补财政赤字或筹集建设资金,以政府名义发行的债券。主要包括国库券和公债两大类。国库券一般是由财政部发行,期限不超过一年,用以弥补年度内财政收支不平衡。公债一般是政府为筹集建设资金或其他特定用途而发行的一种债券,期限多为一年以上,包括中央政府公债和地方政府公债。

公债券和国库券发行后一般都可以在二级市场上转让买卖流通。就性质而言,政府债券是具有本票性质的票据。政府债券的发行者是政府,到期还本付息者还是政府。

3.2 支　　票

3.2.1 支票的定义

支票(Cheque or Check)是银行存款户根据与开户行的协议向银行签发的即期无条件支付命令。

我国《票据法》第八十二条给支票下的定义是:支票是出票人签发的,委托办理支票存款业务的银行或其他金融机构在见票时无条件支付确定金额给收款人或持票人的票据。

英国支票法给支票下的定义是：支票是以银行为付款人的即期汇票。[A check is an unconditional order in writing addressed by the customer (the drawer) to a bank (the drawee) signed by that customer authorizing the bank to pay on demand a specified sum of money to, or to the order of, a named person or to bearer(the payee).]

在国际贸易中，支票常代替现钞而作为一种支付工具使用。

3.2.2 支票的必要记载项目

我国《票据法》第八十五条规定，支票必须记载以下事项：①表明"支票"的字样；②无条件支付的委托；③确定的金额；④付款人的名称；⑤出票日期；⑥出票人的签章。支票上未记载以上事项之一的，支票无效。

按《日内瓦统一票据法》，支票还须记载收款人名称或加上"或其指定人"或"持票人"字样以及付款地点、出票地点。

按我国《票据法》，支票上的金额可以由出票人补记，未补记前的支票不得使用；支票上未记载收款人名称的，经出票人授权也可以补记；支票上未记载付款地点的，付款人的营业场所为付款地；未记载出票地的，出票人的营业场所、住所或经常居住地为出票地。出票人的签章应当与其在付款人处所预留的签名式样或印鉴相符。附式 3.3 为国际结算中常见的支票式样。

No. xxx　　Cheque for USD 25,000　　New York, 20, Dec. ,2009

Pay to the order of Ra Co. , the sum of U. S. Dollars

TWENTY FIVE THOUSAND ONLY

To: Bank of xxx

New York

For AG Co. , New York

(signature)

附式 3.3　支票式样

3.2.3 支票与汇票的异同

支票是一种特殊的汇票，两者在本质上是一样的，即都是无条件的付款命令。因此，它在许多方面都同汇票类似。如都是无条件的付款命令，都有三个基本当事人，主要条款的规定也基本相似。但与汇票相比，支票还有以下特殊性：

(1)支票是以银行的活期存款客户作为出票人，以其开户行作为受票人而签发的书面支付命令，授权银行借记出票人账户，支付票款给收款人。因此，出票人必须是银行的活期存款客户且与银行定有使用支票的协定。受票人是开户银行，而汇票的出票人、受票人是不受限定的任何人。

(2)支票的支付工具,只有即期付款一种,无须承兑,也不记载到期日。汇票是支付和信用工具,它有即期、远期或板期几种期限,必须承兑,要记载到期日。

(3)支票的付款人仅限于银行,而汇票的付款人可以是银行、企业或个人。

(4)支票的主债务人是出票人,汇票的主债务人是承兑人。如在合理的流通期限内,未能正当提示要求付款,支票的背书人可解除责任,但出票人的责任不能解除,除非晚提示对出票人造成损失。

(5)支票上一般不附带利息条款,即便有关于利息的记载,该记载也无效,付款时无需支付。

(6)支票可以止付,汇票承兑后即不可撤销。

(7)支票只能开出一张,而汇票可以开出一套。

3.2.4　支票的票据行为

本票的票据行为中,对于出票、背书、保证、付款行为和追索权的行使,适用票据法中对于汇票的相应行为和权利行使的规定,但对支票的特定规定除外。例如,我国《票据法》规定,支票的出票人所签发的支票金额不得超过其付款时在付款人处实有的存款金额,即不允许签发空头支票。

3.2.5　支票的保付

支票是以银行为付款人的即期汇票,因为是即期,当然受票银行就无须承兑。为了防止出票人开出空头支票,保证支票在提示时付款,美国《统一商法典》规定:受票行可应出票人或持票人的请求,在票面写上“证明”(CERTIFIED)字样并签字。这就是支票的保付,经过保付的支票就是保付支票(Certified cheque)。银行加具保付时,要查核出票人支票存款账户,并将其相应金额从出票人账户上转出。支票一经保付,即由银行承担付款责任,其他债务人的付款责任一概解除。

我国《票据法》《日内瓦统一票据法》和英国票据法均无支票保付的规定。

3.2.6　支票的止付

支票在开出后,由于情势变动,出票人可以通知银行停止支付,这就是支票的止付。止付通常在下列情况下发生:①付款取消或停止支付;②客户死亡。

在支票实务中,如果支票遗失或毁灭,作为一种安全措施,出票人可以通知银行止付支票。此外,如果出票人认为收款人不愿或不能执行出票人为之签发支票的合同,出票人也可以止付支票。当出票人止付票据后,受票行兑付支票的一切责任和授权即告终止。但是,支票止付不能终止出票人或任何背书人对正当持票人的责任。

在支票止付时,出票人可先向银行做口头或电话通知,但事后必须出具书面通知,并以送达银行方为有效。银行止付后,应书面通知收款人或持票人。

3.2.7 支票的种类

1. 记名支票与不记名支票

记名支票(Cheque payable to order),指在支票的收款人一栏中记载收款人的具体名称,持记名支票取款时,必须由载明的收款人在背面签章。

不记名支票(Cheque payable to bearer),又称来人支票或空白抬头支票。这种支票不记载收款人的具体名称,只写明“交付来人”,取款时无须收款人签章,持票人可仅凭交付即可将支票权利转让。

2. 划线支票与不划线支票

划线支票(Crossed check)是在支票正面划上两条平行线的支票。这种支票只能通过银行收款,不能在付款行柜台提现。划线支票相当于我国的转账支票。

不划线支票(Uncrossed check),这种支票既可转账,又可提现,相当于我国的现金支票。

3. 私人支票与银行支票

当支票出票人为银行时,表现一家银行作为顾客在另一家银行开立账户,从而开出的是银行支票(Banker's cheque)。当出票人是个人时,开出的支票称为私人支票(Personal cheque)。

4. 普通支票与保付支票

未加具保付的支票,称为普通支票,加具保付的支票称为保付支票。

本章小结

本票是出票人签发的,承诺自己在见票时无条件支付确定金额给收款人或者持票人的票据。简单的说,本票是出票人无条件的付款承诺。

根据我国《票据法》的规定,本票的必要记载项目包括:“本票”字样;无条件支付的承诺;确定的金额;收款人名称;出票日期;出票人签章。

本票可分为银行本票和商业本票。旅行支票名义上是支票,本质上是本票。国际汇票本质是本票。

支票是银行存款户根据与开户行的协议向银行签发的即期无条件支付命令。

英国票据法给支票下的定义是:支票是以银行为付款人的即期汇票。

保付是支票的特有票据行为。

支票可分为划线支票和不划线支票。划线支票只能通过银行收款,不能在付款行柜台提现。不划线支票既可转账,又可提现。

复习思考题

一、名词解释

本票　支票　旅行支票　银行本票　商业本票　划线支票 保付支票

二、判断题

1. 本票就是付款人是出票人本人的票据。 ( )
2. 旅行支票"见票即付"。 ( )
3. 旅行支票必须在发行银行指定的银行或代理行使用。 ( )
4. 支票是以银行为付款人的即期汇票。 ( )
5. "保付"是支票的特有票据行为。 ( )
6. 支票和汇票的区别在于:前者的付款人是银行,后者的付款人不限于银行。 ( )
7. 划线支票只能通过银行收款,不能提现。 ( )
8. 支票是银行存款户根据与开户行的协议向银行签发的即期无条件支付命令。 ( )
9. 本票可以开出一套,而汇票只能开出一张。 ( )
10. 我国《票据法》规定,支票可以加具保付。 ( )

三、选择题

1. 本票的付款人是( )。
A. 出票人　B. 持票人　C. 债务人　D. 背书人
2. 旅行支票本质上是一种( )。
A. 本票　B. 汇票　C. 本票　D. 汇款方式
3. 下列关于支票的论述正确的是( )。
A. 支票的出票人必须在银行开立结算账户　B. 支票为见票即付
C. 支票的出票人是主债务人　D. 划线支票可提取现金
4. 下面关于票据的论述,正确的是( )。
A. 汇票是出票人无条件的付款命令　B. 本票是出票人无条件的付款承诺
C. 支票是出票人无条件的支付命令　D. 旅行支票本质上是本票
5. 下列关于支票的说法,正确的是( )。
A. 旅行支票具有本票性质　B. 旅行支票见票即付
C. 旅行支票是一种类似票汇汇款凭证　D. 面额固定、形似现钞、兑取方便
6. 中国《票据法》规定,本票自出票之日起,付款期限最长不超过( )。
A. 1 年　B. 2 年　C. 2 个月　D. 10 天
7. 根据我国《票据法》的规定,下列各项中,属于本票的必要记载项目的有( )。
A. 确定的金额　B. 收款人名称　C. 出票日期　D. 付款人名称
8. 下列各项中具有本票性质的票据有( )。
A. 国库券　B. 小额国际汇票　C. 旅行支票　D. 央行票据
9. 下列各项中属于支票的特有行为的是( )。
A. 担保　B. 保付　C. 背书　D. 追索
10. 下列票据中,可以开出一套的是( )。
A. 支票　B. 商业汇票　C. 银行汇票　D. 银行本票

四、思考题

1. 什么是本票?本票有哪些必要记载项目?
2. 什么是支票?支票有哪些必要记载事项?
3. 本票、支票与汇票有哪些主要区别?
4. 本票的种类有哪些?
5. 支票的种类有哪些?

第 4 章 汇 款

本章提要

本章主要介绍国际结算的传统结算方式——汇款。通过本章的学习要求学生理解并掌握汇款的概念、顺汇与逆汇、汇款业务所包括的当事人及其相互关系、汇款业务的种类及其主要流程以及汇款在国际贸易中的应用等知识。

教学内容

(1)国际汇兑的含义、“顺汇”与“逆汇”。

(2)汇款方式及汇款的当事人。

(3)电汇、信汇、票汇的业务流程。

(4)中心汇票的含义。

(5)汇款头寸偿付与退汇。

(6)汇款在国际贸易中的应用。

教学重点

电汇、信汇、票汇的业务流程。

教学难点

汇款头寸的偿付与退汇。

开篇案例

2012年,我国A公司与乙国B公司签订一份贸易合同,合同规定A公司分批发货,分批装运,每批的发货商品数量及规格以买方的详细订单为准,采用电汇方式支付货款,B公司在下订单时先预付该订单总额的30%,其余70%在货到时再予以支付。A公司经考察后同意接受上述付款方式。不久,B公司发来第一份订单,同时收到B公司该订单项下30%定金的汇款7万美元,于是A公司便按合同规定发货并制单结汇。

紧接着B公司又发出该合同项下的第2份合同,合同金额100万美元,并告知全部订单的预付金按订单全额的30%已汇出,同时传真来一份第一份订单的其余70%货款的汇款单。而且B公司称销售情况非常好,希望尽快交货。A公司在第一批货款未确认已全部收到前,及时按合同规定发运了100万美元的货物。事后到银行查账发现第一批货物的70%余款并未真实到账,B公司传来的汇款单是假的。后来,A公司多次发函催款,但B公司一直不予答复。最终造成A公司在该笔贸易中损失惨重。

(资料来源:根据相关网络资料整理)

请思考:汇款方式的信用基础是什么?汇款结算方式适用于哪些国际交易的支付?汇款结算方式如何运作,有哪些规则和惯例?

4.1 国际汇兑概述

4.1.1 国际汇兑的含义

汇兑,又称汇款,是客户将现款交付当地银行,要求银行以一定的方式,通过自己所建立的通汇网络,将款项支付给异地收款人的一种业务。汇兑是银行的主要业务,通过汇兑客户得以免除运送金钱的麻烦,加快了结算速度,银行成为了结算中心。

银行既可以办理国内异地之间的汇兑,又可以办理国际汇兑。

国际汇兑(International exchange)是指客户将资金交给国内银行调拨到国外的另一家银行。汇出资金的银行称为汇出行,接受资金的银行称为汇入行。从性质上讲,国际汇兑与国内汇兑业务一样,也是两地之间的资金调拨,又是债权与债务的了结过程。不同的是债权人与债务人处于不同的国家,其业务处理比国内汇兑要复杂得多。而且,国际汇兑往往还发生外汇买卖,尤其是在使用第三国货币进行结算时,需通过第三国进行清偿,手续比较麻烦,时间也较长。

4.1.2 “顺汇”与“逆汇”

汇兑是最基本的国际结算方式,汇兑的过程实际上是资金在国际间的转移过程。其实,任何一种结算方式,资金的最终转移都要通过汇兑过程。

根据资金的流向和结算工具传送的方向,汇兑可分为顺汇和逆汇。

顺汇(Remittance),也称汇付法,是指由债务人或付款人主动将款项交给银行,委托银行使用某种支付工具,支付一定金额给债权人或收款人的结算方式。其特点是结算工具的流向与资金的运动方向一致,并且是从付款方传递到收款(债权)方。国际结算中的汇款方式是顺汇。顺汇结算流程如图 4.1 所示。

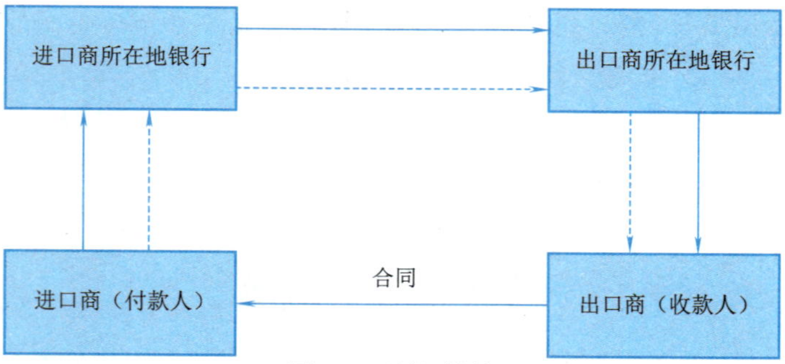

图 4.1 顺汇结算

注:实线箭头表示资金的流向,虚线箭头表示结算工具传递的方向

从图 4.1 中可以看出:这种支付方式是债务方主动将进口货款汇付给债权方收款人的,结算工具的走向与货款的流向是同一个方向。

逆汇(Reverse Remittance),又称出票法,是由债权人签发汇票,委托银行向国外债务人索取一定金额的结算方式。其特点是结算工具的流向和资金的流向相反。国际结算中的托收和信用证属于逆汇。逆汇结算流程如图4.2所示。

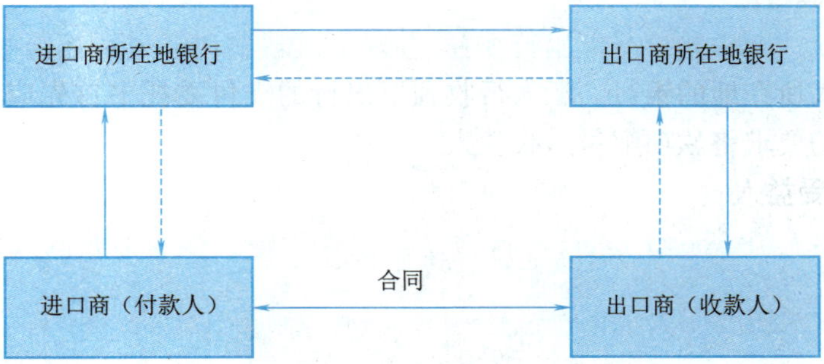

图4.2 逆汇结算

注:实线箭头表示资金的流向,虚线箭头表示结算工具传递的方向

从图4.2中可以看出:这种支付方式是债权方即收款人主动向债务方索取货款,结算工具的走向与货款的流向呈相反方向。

4.2 汇款方式概述

4.2.1 汇款的概念

汇款又称汇付,是汇款人将款项交给银行(汇出行),银行则通过一定的方式,委托其在出口国的代理行或联行,将款项付给收款人(债权人)的一种结算方式。

从银行角度来看,汇款专指银行接受客户的委托,通过自身所建立的通汇网络,使用合适的支付工具,将款项交给收款人的一种结算方式。

汇款属于顺汇。汇款方式不仅可用于贸易货款的支付,还可以用于各种贸易从属费用(如保证金、运费、保险费等)的支付以及非贸易结算。又是从事国际业务银行的一项重要业务。任何一种结算方式,资金最终都要通过汇款方式调拨。

4.2.2 汇款的当事人

汇款方式有四个基本当事人:汇款人、汇出行、汇入行或解付行、收款人和受益人。

1. 汇款人

汇款人(Remitter)即付款人,是向银行交付款项,申请汇款的人,在国际贸易中是进口商。汇款人在委托汇出行办理汇款时要填写汇款申请书,该申请书是汇款人和汇出行之间的一种契约;汇款人应当正确填写汇款申请书,申请书填制上的错漏所引起的后果由汇款人自己负责。

2. 汇出行

汇出行(Remitting bank)是接受汇款人委托汇出款项的银行。汇出行通常是进口商所在地的银行。汇出行自接受汇款申请书时起,与汇款人间的契约关系正式生效。汇出行应该完全按照汇款申请书的内容办理汇款业务。而且应当选择正确的汇款路线,准确高效地将款项交给收款人。

3. 汇入行或解付行

汇入行(Paying bank)是接受汇出行委托,办理汇入款项和解付汇款给收款人的银行。汇出行通常是收款人所在地的银行。汇入行收到汇出行的支付委托书首先应该验收印鉴密押,并按照支付委托的要求将款项解付给收款人。

4. 收款人或受益人

收款人或受益人(Payee or Beneficiary),是汇款人指定的接受汇款的人,在国际贸易中是出口商。

4.2.3 汇款当事人之间的关系

1. 汇款人与收款人之间的关系

汇款人与收款人之间的关系在实务中表现为两个方面:在贸易汇款中,表现为商品买卖关系和债权债务关系。在非贸易关系中,汇收双方表现为资金提供与接受的关系。

2. 汇款人与汇出行之间的关系

汇款人与汇出行之间是委托与被委托关系。汇款人委托汇出行将资金交于收款人,汇款人是委托人,汇出行是受托人。汇款人委托银行汇款时,要出具汇款申请书。这是当事双方之间委托与被委托的契约凭证,用于明确双方的权利与义务。

3. 汇出行与汇入行之间的关系

汇出行与汇入行之间一般具有联行关系或代理行关系,这是办理汇款业务的前提条件。在每一笔汇款业务中又是委托与被委托关系,汇出行向汇入行发出委托指令,汇入行接受委托解付汇款给收款人。

4. 汇入行与收款人之间的关系

汇入行与收款人之间通常表现为账户往来关系,即收款人在汇入行开有存款账户。也可以没有账户往来关系,但汇入行可以向收款人解付汇款。

汇款当事人之间的关系可以用图 4.3 委托关系表示。

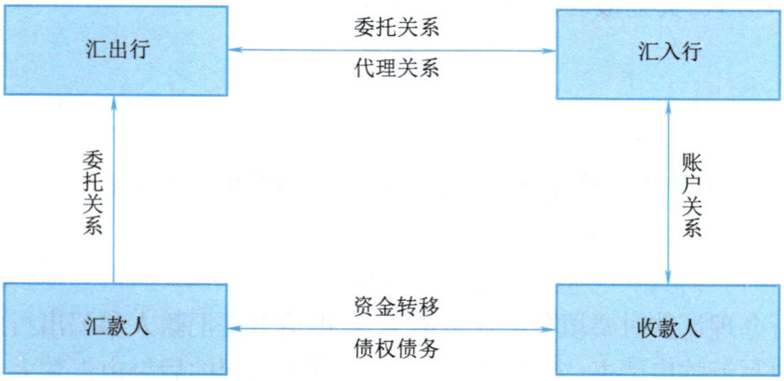

图 4.3　汇款当事人之间的关系

4.3 汇款的种类与业务程序

按照汇款使用的支付工具及支付工具的传递方式，汇款可以分为电汇、信汇、票汇三种。在目前的实际业务操作中，信汇已经很少使用，主要采用电汇方式，票汇一般用于小额支付。

采用汇款方式结算货款，汇款人在委托汇出行办理汇款时，首先要填写汇款申请书，写明收款人的名称、地址、汇款金额，采用的汇款方式等内容交给汇出行，并交款付费。在实务中，汇款申请书一般由银行印制，一式三联，分别为银行、汇款人和外汇局留存联。按照国家外汇管理局的要求，银行也可以根据实际情况，增加相应的联数，如会计凭证联。目前，我国各家银行境外汇款申请书的格式是统一的。而且电汇、信汇、票汇3种汇款类型使用同一种申请书，在汇款申请书的上方有3个小方格，分别显示电汇、信汇、票汇，申请人在填写时在只要勾选即可。汇款申请书格式见附式4.1。

致：中国银行
To: Bank of China

境外汇款申请书
APPLICATION FOR FUNDS TRANSFERS(OVERSEAS)

日期
Date ____________

<table>
<tr><td colspan="3"></td><td colspan="2">□电汇 T/T　□票汇 D/D
□信汇 M/T</td><td colspan="2">发电等级　□普通 Normal
□加急 Urgent Priority</td></tr>
<tr><td colspan="3">申报号码 Bop Reporting No.</td><td colspan="4">□□□□□□ □□□□ □□ □□□□□□ □□□□</td></tr>
<tr><td>20</td><td colspan="2">银行业务编号 Bank Transac. Ref. No.</td><td></td><td colspan="2">收点行/付款行 Receiver/Drawn on</td><td></td></tr>
<tr><td>32A</td><td colspan="2">汇款币种及金额 Currency & Interbank Settlement Amount</td><td></td><td colspan="2">金额大写 Amount in Words</td><td></td></tr>
<tr><td rowspan="3">其中</td><td colspan="2">现汇汇率 Amount in FX</td><td></td><td colspan="2">账号 Amount No./Credit Card No</td><td></td></tr>
<tr><td colspan="2">购汇汇率 Amount of Purchase</td><td></td><td colspan="2">账号 Amount No./Credit Card No</td><td></td></tr>
<tr><td colspan="2">其他汇率 Amount of others</td><td></td><td colspan="2">账号 Amount No./Credit Card No.</td><td></td></tr>
<tr><td>50a</td><td colspan="2">汇款人名称及地址 Remitter, s Name &Address</td><td colspan="4"></td></tr>
<tr><td colspan="4" rowspan="2">□对公
组织机构代码 Unit Code □□□□□□□□-□</td><td rowspan="2">□对私</td><td colspan="2">个人身份证号码 Individual ID No.</td></tr>
<tr><td colspan="2">□中国居民个人 Resident Individual
□中国非居民个人 Non－Resident Individual</td></tr>
</table>

续表

<table>
<tr><td>54/56a</td><td colspan="2">收款银行之代理行名称及地址
Corrspondent of Beneficiary's
Bank of Name& Address</td><td colspan="5"></td></tr>
<tr><td>57a</td><td colspan="2">收款人开户银行名称及地址
Beneficiary's Bank of Name & Address</td><td colspan="5">收款人开户银行在其代理行账号 Bene's Bank A/C No.</td></tr>
<tr><td>59a</td><td colspan="2">收款人名称及地址 Beneficiary's Name & Address</td><td colspan="5">收款人账号 Bene's A/C No</td></tr>
<tr><td>70</td><td colspan="2">汇款人附言
Remittance Information</td><td colspan="2">只限 140 个字位
Not Exceeding 140 characters</td><td>71A</td><td colspan="2">国内外费用承担
All Bank's Charges If Any Are to Be Borne By
□汇款人 OUR
□收款人 BEN
□共同 SHA</td></tr>
<tr><td colspan="8">收款人常驻国家(地区)名称及代码 Resident County/Region Name & Code □□□</td></tr>
<tr><td colspan="6">请选择:□预付货款 Advance Payment □货到付款 Payment Against Delivery□退款 Refund □其他 Others</td><td>最迟装货期</td><td></td></tr>
<tr><td rowspan="2">交易编码
BOP Transac.
Code</td><td>□□□□□□</td><td rowspan="2">相应币种及金额
Currency & Amount</td><td></td><td rowspan="2" colspan="2">交易附言
Transac. Remark</td><td colspan="2"></td></tr>
<tr><td>□□□□□□</td><td></td><td colspan="2"></td></tr>
<tr><td colspan="2">是否为进口核销项下付款</td><td>□是 □否</td><td>合同号</td><td></td><td>发票号</td><td colspan="2"></td></tr>
<tr><td colspan="2">外汇局批件/备案表号</td><td colspan="2"></td><td>报关单经营单位代码</td><td colspan="3">□□□□□□□□□□□</td></tr>
<tr><td>报关单号</td><td></td><td>报关单币种及总金额</td><td></td><td>本次核注金额</td><td colspan="3"></td></tr>
<tr><td>报关单号</td><td></td><td>报关单币种及总金额</td><td></td><td>本次核注金额</td><td colspan="3"></td></tr>
<tr><td colspan="2">银行专用栏 For Bank Use Only</td><td colspan="3">申请人签章 Applicant's Signature</td><td colspan="3">银行签章 Bank's Signature</td></tr>
<tr><td>购汇汇率
Rate</td><td></td><td colspan="3" rowspan="6">请按照贵行背面所列条款代办以下汇款并进行申报
Please Effect The Upwards remittance. Subject to The Condition Overleaf:

申请人姓名
Name of Applicant
电话
Phone No.</td><td colspan="3" rowspan="6">核准人签字
Authorized Person
日期
Date</td></tr>
<tr><td>等值人民币
RNB quivalent</td><td></td></tr>
<tr><td>手续费
Commission</td><td></td></tr>
<tr><td>电报费
Cable Charges</td><td></td></tr>
<tr><td>合　计
Total Charges</td><td></td></tr>
<tr><td>支付费用方式
In Payment of the Remittance</td><td>□现金 by Cash
□支票 by Check
□账户 from account</td></tr>
<tr><td>核印 Sig. Ver</td><td></td><td>经办 Maker</td><td colspan="2"></td><td>复核 Checker</td><td colspan="2"></td></tr>
</table>

附式 4.1 银行境外汇款申请书

境外汇款申请书中包括汇款人填写部分和银行填写两部分。汇款人需要将汇款的基础信息填写完整、准确,包括汇款币种及金额、资金来源(现汇或购汇)、账号(人民币或者外币账号)、汇款人名称及地址、组织机构代码或个人身份证件号码、收款人名称及地址、收款人开户银行、收款人账号、收款人国别、汇款费用的承担、附言及编码、合同号码、发票号码等信息。同时汇款人还要向银行说明是否为货物项下交易,在“是否为进口核销项下付款”做出选择。如果有报关单的,必须如实填写报关单号、报关单经营单位等信息,银行需要通过中国电子口岸对报关单进行核对与核注后方可办理汇出手续。

银行将汇款人填写的汇款申请书进行审核,与汇款人提交的商业单据进行核对,审核无误后办理付汇手续,填写手续费、汇费、使用的汇率等要素。

4.3.1 电　汇

1. 电汇的概念及业务程序

电汇(Telegraphic Transfer, T/T)是汇款人委托汇出行以电报、电传、环球银行间金融电讯系统(Swift)等电讯手段发出付款委托书给汇入行,委托汇入行将款项解付给收款人的一种汇款方式。电汇业务流程如图 4.4 所示。

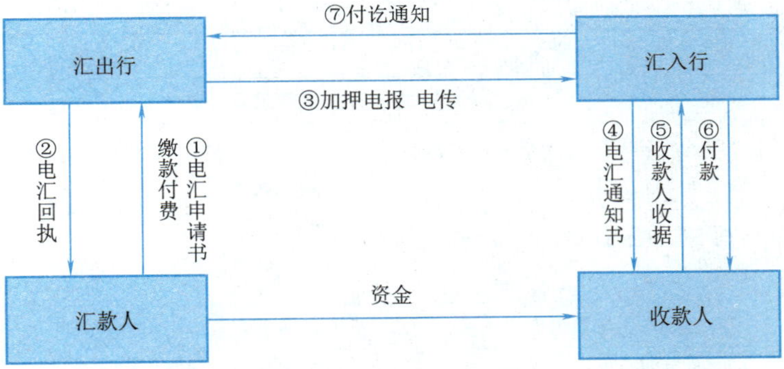

图 4.4　电汇业务流程

在图 4.3 中各个环节的具体内容是:

①汇款人填写汇款申请书,交款付费给汇出行,在申请书中选择使用电汇方式。

②汇出行收妥汇款资金及申请书后,将汇款申请书第二联作为电汇回执退还汇款人。

③汇出行根据申请书的内容,用电报、电传或 SWIFT 方式向汇入行发出电汇委托书。

④汇入行收到电讯指令后,核对密押无误后,缮制电汇通知书,通知收款人收款。

⑤收款人收到通知书后在收据联上签章,交汇入行。

⑥汇入行借记汇出行账户,取出头寸,解付汇款给收款人。

⑦汇入行将付讫借记通知书寄给汇出行。

2. 电汇的优点

电汇方式的优点是速度最快,安全可靠。过去因使用电报方法,发电报的费用比较高,现在银行普遍使用电传和 SWIFT 系统传送,费用大大降低,安全系数更高,因此,电汇是目前普遍使用的汇款方式。银行汇款业务中,电汇优先级别较高,均当天处理。电汇交款迅速,适合于大额汇款和收款时间紧迫的汇款。特别是国际银行间的外汇买卖,成交后资金的调拨都通过电汇方式。电汇汇率也成为各国基本的外汇汇率。

3. 银行办理电汇的报文格式及示例

办理电汇时,银行审核完汇款申请书、收妥汇款资金后,立即拟定发电电文,向汇入行发出汇款电文,指示汇入行解付汇款给收款人。银行电报、电传汇款电文格式见附式 4.2。SWIFT 电文格式分别见附式 4.3、附式 4.4。

FM:(汇出行名称)
TO:(汇入行名称)
DATE:(发电日期)
TEST(密押)　　　　OUR REF NO:__________(汇款编号)
NO ANY CHARGESF FOR US(我行不负担费用)
PAY (AMT)(付款金额)VALUE (DATE)(起息时间)TO (BENEFICIARY)(收款人)
MASSAGE __________(附言)
ORDER __________(汇款人名称)
COVER __________(头寸划拨指示)

附式 4.2　银行电报、电传汇款电文格式

报文格式	格式名称	名称描述
MT103	客户汇款	请求调拨资金
MT200	单笔金融机构头寸调拨至发报行自己账户	请求将发报行的头寸调拨至其他金融机构的该行账户上
MT201	多笔金融机构头寸调拨至自己的账户上	多笔 MT200
MT202	单笔普通金融机构头寸调拨	请求在金融机构之间的头寸调拨
MT203	多笔普通金融机构头寸调拨	多笔 MT200
MT204	金融市场直接街机电文	用于向 SWIFT 会员银行索款
MT205	金融机构头寸调拨执行	国内转汇请求
MT206	收款通知	通知收报行,她将收到头寸记在发报行账户上

附式 4.3　银行汇款的 SWIFT 格式

其中,附式 4.4 为 MT103 客户汇款的基本格式。

MT103 客户汇款示例:

2009 年 5 月 7 日,A 公司指示其开户行民生银行上海分行汇出 USD 2 800 给荷兰银行阿姆斯特丹分行,作为 B 公司的货款。B 公司在荷兰银行的账号为 5687165。所有的银行费用由汇款人和收款人共同负担。中国民生银行的 SWIFT 报文格式即 MT103 报文如附式 4.5 所示。

Status	Tag	Field Name
M	20	Sender' S Reference
O	13C	Time Indication
M	23B	Bank Operation Code
O	23E	Instruction Code
O	26T	Transaction Type Code
M	32A	Value Date / Currency/ Interbank Settled Amount
O	33B	Currency/ Instructed/Amount
O	36	Exchange Rate
M	50a/k	Ordering Customer
O	51A	Sender's Correspondent
O	52a/d	Ordering Institution
O	53a/b/d	Sender's Correspondent
O	54a/b/d	Receiver's Correspondent
O	55a/b/d	Third Reimbursement Institution
O	56A/b/d	Intermediary Institution
O	57a/b/d	Account with Institution
O	59	Beneficiary Customer
M	70	Remittance Information
O	71A	Details of Charges
M	71F	Sender' S Charges
O	71G	Receiver's Chaeges
O	72	Sender to Receiver Information
O	77B	Regulatory Reporting
O	77T	Envelope Contents
注:M = Mandatory field 指令区。O = Optional field 选择区		

附式 4.4 MT103 的格式

注 解	报文格式
发报行	MSBCCNBJ002
报文类型	103
收报行	ABNANL2A
发报行编号	20: 0204OR07000005
银行交易代码	23B: CRED
起息日、币种、金额	32A:090507 USD 2 800,
汇款人实际汇款币种、金额	32B:USD 2 800,
汇款人	50K:A COMPANY
收款人及账号	50K:/5687165 B COMPANY
费用承担	SHA

附式 4.5 MT103 报文

4.3.2 信　　汇

信汇(Mail Transfer, M/T)是汇出行应汇款人的申请,将信汇委托书或支付委托书用航空挂号信函邮寄给汇入行,授权其解付一定金额给收款人的一种汇款方式。信汇的业务流程如图4.5所示。

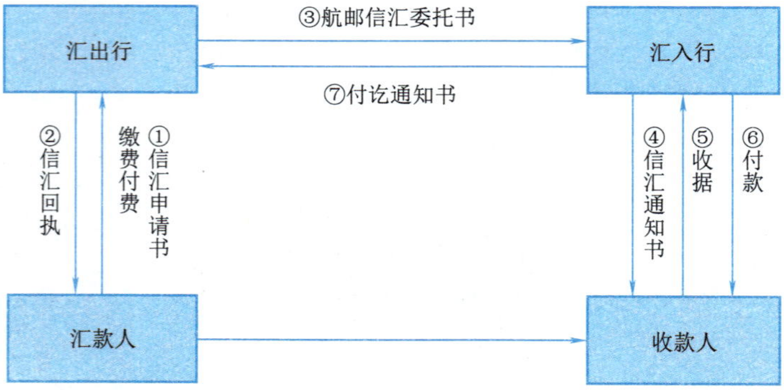

图4.5　信汇业务流程

信汇业务程序与电汇程序基本相同,所不同的是汇出行不使用电讯手段,而将付款委托书以邮政航空信件方式寄给汇入行;信汇委托书上不加注密押,而是由汇出行有权签字人签字/签章,汇入行收到委托书后核对其签字/签章相符后,即可向指定收款人解付信汇款项。

信汇的主要特点是费用低廉,但由于支付凭证邮寄时间较长,收款速度较慢,收款人的汇率风险较大,可靠性也较差,故现在很少采用这种汇款方式。

4.3.3 票　　汇

1. 票汇的概念及业务程序

票汇(Remittance by Banker's Demand Draft, D/D)是汇出行应汇款人的申请,代汇款人开立以汇入行为付款人的银行即期汇票,并交给汇款人,由汇款人自寄或携带给国外收款人,由收款人到汇入行凭票取款的汇款方式。

办理票汇业务时,汇出行除了向申请人签发银行汇票外,还要向汇入行寄发汇票通知书或票根(Advice of Drawing)。汇入行在收款人持票向其取款时,凭票根核对汇票的真伪,证实汇票无误后,解付票款给收款人。也有一些联行和代理行之间为了简化手续,取消了邮寄汇票通知书或票根这一手续,仅凭核对印鉴相符便可付款。但如果遇到没有往来关系的银行开出的汇票,汇入行原则上必须待汇票头寸收妥后才能付款给收款人。

票汇除使用银行汇票外,近年来,使用其他票据如本票、支票等日益增多。票汇使用的银行汇票式样参见第2章附式2.1。票汇业务的基本流程如图4.6所示。

票汇和信汇一样需要邮寄,因而时间较长,收款速度较慢,收费较低。但由于票汇的汇票是银行汇票,经收款人背书可以在市场上转让流通。这样一来,收款人就可以向任何一家愿意接受汇票的银行转让汇票而获得资金,收款人收款的灵活性和方便性比信汇的收款人要强得多。然而汇票遗失或被窃的可能性较大,一旦发生这样的情况,需要挂失止付,十分麻烦。所以金额较小,收款不急迫的汇款可以采用这种方式。

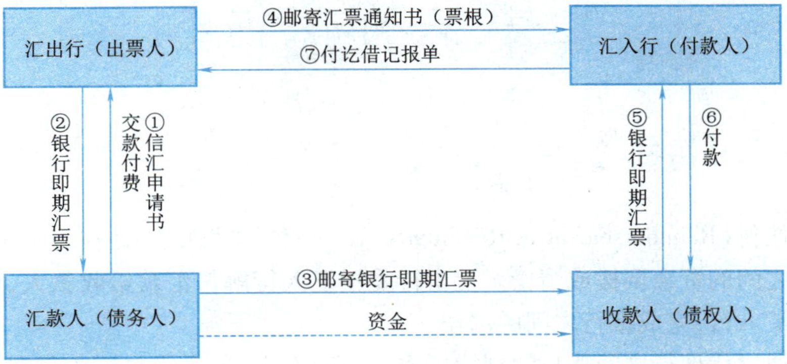

图4.6 票汇业务流程

2. 中心汇票

在银行汇票业务中,银行开出的汇票,如果其付款行在票面货币清算中心城市,则这种汇票叫中心汇票(Draft on centre)。例如,使用美元,以纽约一家银行作为付款行,就是美元中心汇票。使用英镑,以伦敦一家银行为付款行的银行汇票,就是英镑中心汇票。

中心汇票的出票行(汇出行)在票面货币清算中心开设有联行或代理行,且在代理行开设清算账户。中心汇票收款人的住址可以在货币清算中心城市,也可以不在。

出票行(汇出行)开出中心汇票交给汇款人(付款人),汇款人把中心汇票寄给收款人,也可出售光票请求买入,还可以背书转让。

由于能够签发中心汇票的银行多为实力雄厚的大银行,这些银行开出的即期汇票的信用度也较大,这些汇票转让流通十分方便。收款人收到中心汇票后,不论在任何地点,均可委托当地银行向付款行托收款项。受托收款银行将中心汇票辗转送到货币清算中心,通过票据交换向付款行提示,转账划收,使收款人最终收到票款。

汇出行签发中心汇票不用向付款行寄票根,不拨头寸,票面没有拨头寸的指示,当中心汇票提交给付款行时,它借记出票行在本行开设的结算账户,并将借记报单寄给出票行完成银行间清算。这样从出票直到付款的这一段时间可不占用出票行的资金,并且出票还可以利用汇款资金。中心汇票业务流程见图4.7。

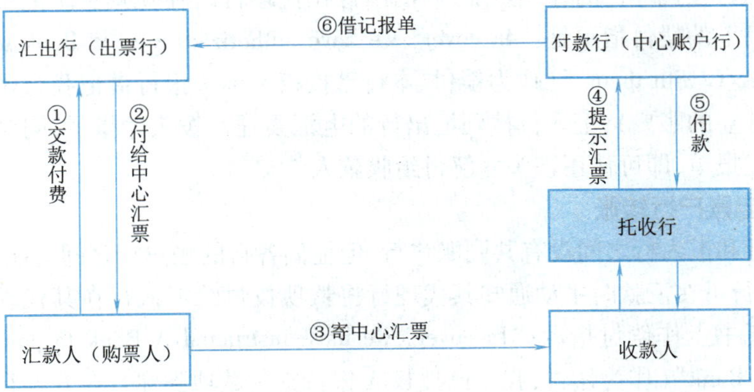

图4.7 中心汇票业务流程

4.4 汇款头寸偿付和退汇

4.4.1 汇款头寸偿付

汇款头寸偿付(Reimbursement of Remittance Cover)俗称拨头寸,是在国际汇款业务中,汇出行与汇入行之间的资金调拨或清偿。汇出行委托汇入行解付汇款给收款人,应及时地将汇款金额拨交给汇入行,完成银行之间的清偿。

头寸偿付通过代理行之间账户的划拨完成。一般而言,汇出行与汇入行在订立代理合同中应该规定汇款方式的头寸偿付办法。

按照国际惯例,除非汇出行与汇入行事先订有先解付、后拨头寸的代理合约,汇出行在发出汇款委托书的同时,必须将头寸拨付给付款行,使付款行不致因执行付款指示而垫付头寸。因此,每笔汇款必须在付款(支付)委托书或汇票通知书上注明头寸调拨的方法。

头寸调拨必须结合汇出行与汇入行账户开设情况,具有四种情况。

1. 主动贷记汇入行账户

当汇入行在汇出行开有往来账户时,汇出行委托汇入行解付汇款时,汇出行在支付委托书上注明头寸偿付方法:“In cover, we have credited your A/C with us.”(作为偿付,我行已贷记你行在我行开立的账户)。汇入行接到支付委托书,知道汇款头寸已拨入自己的账户,即可向收款人解付汇款。

2. 授权借记汇出行账户

如果汇出行在汇入行开有往来账户,汇出行在委托汇入行解付汇款时,应在支付委托书上注明头寸偿付方法:“In cover, please debit our A/C with you.”(作为偿付,请借记我行在你行开立的账户),汇入行接到支付委托书,即借记汇出行账户,拨出头寸,解付给收款人。

3. 通过共同账户行(碰头行)转账

如果汇出行和汇入行相互之间没有往来账户,但是在同一代理行开立了账户时,为了偿付汇款头寸,汇出行可以在汇款时主动通知代理行借记汇出行账户并同时贷记汇入行账户。偿付的结果是汇入行在代理行的存款增加,而汇出行在代理行的存款减少。汇出行在发给汇入行的支付委托书上的偿付指示是:“In cover, we have authorized ××× Bank to debit our A/C and credit your A/C with them.”(作为偿付,本行已授权×××银行借记我行账户的同时贷记了你行在该行开立的账户),汇入行接到汇出行的电汇委托及拨头寸指示,同时也收到×××银行寄来的贷记报单,即可使用该头寸解付给收款人。

4. 通过各自账户行转账

如果汇出行和汇入行之间没有共同账户行,但他们各自的账户行之间有账户往来关系时,为了偿付,汇出行可在汇款时主动通知其代理行将款项拨付给汇入行在其代理行的账户。汇出行在支付委托书上作偿付指示:“In cover, we have instructed A Bank to pay the proceeds to your A/C with B Bank”(作为偿付,我行已授权A银行支付款项到你行在B银行开立的账户),汇入行接到支付委托书和B银行发来的贷记报单后,解付汇款给收款人。

4.4.2 汇款的退汇

汇款的退汇是指汇款解付之前，汇款人或收款人要求撤销该笔汇款的行为。

(1)如果是收款人提出退汇，在信汇、电汇时，汇入行可作为收款人拒收汇款处理，将汇款委托书退回汇出行，必要时说明退汇原因，然后由汇出行通知汇款人前来办理退汇，要将汇票寄回给汇款人，由汇款人自己到汇出行办理退汇手续。

(2)如果汇款人提出退汇，若是信汇和票汇者，汇出行应通知汇入行停止解付，撤销汇款。收款人如有意见，应向汇款人交涉。若汇款在要求退汇前已经解付，汇款人就不得要求退汇，只能自己向收款人交涉退回。

汇出行接受汇款人对信汇或电汇的退汇申请后，应立即用电函告知国外汇入行办理退汇，待接到国外汇入行同意退汇的通知后，再转告国内汇款人持汇款回执前来办理退汇。

票汇的退汇，若汇款人在寄出汇票前要求退汇，可由汇款人持原汇票到汇出行申请办理退汇手续。汇出行应发函通知汇入行将有关的汇票通知书(或票根)注销寄回。若汇款人已将汇票寄出才要求退汇，汇出行为维护银行票据的信誉，一般不予接受，由汇款人与收款人自己处理。

若汇款人将汇票遗失或汇票被盗，应办理挂失止付手续，并由汇款人向汇出行出具认赔保证书，保证万一发生重付，由汇款人负责赔偿银行遭受的损失。随后汇出行即可通知汇入行挂失止付，待汇入行书面确认后，汇出行可以办理退汇或补发一张汇票。止付对于汇入行来说，如果有汇出行的通知，可以不付款，但如果汇入行认为必须付款，则汇出行或汇款人不能因此提出异议。

4.5 汇款在国际贸易中的应用

汇款的主要功能是转移资金，因此被大量用于外汇交易、捐赠、私人汇款等非贸易的国际支付结算中。在国际贸易中以汇款方式结算买卖双方债权债务时，主要有两种类型：预付货款和货到付款。

4.5.1 预付货款

预付货款(Payment in advance)又称先结后出，是指进口商先将部分或全部货款付给出口商，出口商收到货款后再按销售合同规定发货的一种结算方式。预付货款是对进口商而言，对出口商而言则是预收货款。

预付货款对出口商是最有利的，收款后再发货，使风险降至最小。甚至收款后利用预收货款再购货发出，做无本生意。但预付货款对进口商是最不利的，预付货款造成资金周转困难和利息损失，而且面临出口商不按时发货和发货不符合合同要求的风险。

预付货款是建立在买卖双方签订的贸易合同基础上的，其对进出口双方的利益保护是不平衡的，在国际货物贸易结算中使用较少，一般在下列情况下使用：

(1)对于进口商急需的热销商品,进口商为了买卖成交,不惜预付货款。

(2)进出口双方关系密切,相互了解对方资信,进口商愿意预付货款购入货物。

(3)跨国公司的子公司、母公司或分公司之间进行贸易时。

(4)进口商信誉不佳,或出口商对进口商的资信不了解,为了避免承担风险,须先付款才发货,以此为条件,如果进口商不履行合同,出口商即可没收预付款。

(5)在成套设备、大型机械、大型运输工具,如飞机、船舶等或专为进口商生产特种商品的交易中,出口商往往要求预付一定比例的预付货款作为定金。

4.5.2 货到付款

货到付款(Payment after Arrival of the Goods)又称先出后结,是指出口商先发货,待进口商收到货后再付款。

货到付款对进口商是最有利的,他不但掌握了依货付款的主动权,货物不符合合同要求就可以拒绝付款,而且不用承担资金风险,如果他收货后一段时间再付款,实际上就是占用了出口商的资金。而出口商则有货款不能收回或不能全部收回或不能及时收回的风险。货到付款常用于以下两种业务:

1. 售定

售定(Goods sold)是进口商收到货物后按事先定妥的货物价格付款。货价是事先确定的,付款时间一般是货到即付或货到若干天付款。进口商收货后用汇款方式向出口商付款。这种方式习惯上称为“先出后结”,又因价格事先已经确定,故亦称售定。这种结算方式通常用于时令性极强的鲜活商品的贸易结算。很显然这种方式对出口商不利,所以一般多发生在经常交往的贸易伙伴之间。

2. 寄售

寄售(Consignment)是由出口商先将货物运到进口国,委托进口商在当地市场代为销售,货物售出后,受托人从汇款中扣除佣金后通过银行汇交出口商。寄售对出口商最为不利,价格涨落的风险由其承担,当然他也可以规定一个最低售价。货物在出售前,物权仍属于委托人即出口商,在约定的时间内卖不掉,货物也可退回。通常,出口商为了打开进口国市场或为了处理已运抵进口国的有缺陷的产品,可以使用这一方式。

4.6 汇款业务中的风险及防范

4.6.1 汇款结算中的风险

汇款是建立在商业信用基础上的结算方式。在汇款业务中,银行只是按汇款人的指示收付有关款项,并不负责单据的传递,更不承担任何付款或担保责任,甚至不代办货物单据的移交,货物单据由出口商自行交给进口商。买卖双方根据买卖合同的约定提供货物,支付货款。出口商在进口商预付货款的前提下是否会及时发货,发货是否符合合同约定;进口商在货到付款时是否会付款，能否及时付款给出口商，全由进出口双方的信用决定。因此，汇款的信用基础是商业信用，进出口双方必有一方承担着较大的风险。

但由于汇款结算具有手续简单、费用低廉的特点。因此，在相互信任的贸易伙伴之间以及跨国公司的母公司之间，汇款方式在近些年来使用的越来越多。此外，在支付小额交易的货款、分期付款、定金以及货款尾数、佣金、运费、保险费、样品费等贸易从属费用时常使用此方式。在非贸易结算的支付中，也大量使用汇款方式。

4.6.2 汇款方式中的风险防范

从贸易商的角度来看，如果贸易双方缺乏足够的信任，对对方的资信不够满意，采取汇款方式的风险是很大的。因此，进出口商对汇款风险的防范在于加强信用风险管理。同时，为了减少风险，可以在买卖合同中规定一些保障条款。例如，在预付货款的交易中，进口商为了减少预付货款的风险，可以使用凭单付汇的做法。凭单付汇是进口商通过汇出行将汇款以信汇或电汇方式汇给出口地银行（汇入行），指示汇入行凭出口商提供指定的货运提单和装运凭证付款给出口商。汇入行根据汇出行的指示向出口商发出汇款通知书，作为有条件付汇的依据。出口商根据汇款通知书向汇入行提交与通知书规定相符的单据向汇入行取得汇款。凭单付汇比一般汇款方式更易被买卖双方接受。因为，对进口商来说，凭单付汇比预付货款多了一层保障，可以防止出口商支取汇款后不交货、不交单；对出口商来说，只要按合同交货、交单，便可立即支取全部货款。

4.6.3 银行的风险防范

从银行的角度来看，汇款方式是以银行为中间媒介来结算进出口双方的债权债务关系。客户采用汇款方式就是委托银行汇款，而银行之间则是通过往来账户余额的划拨来转移资金。银行办理汇款业务要经过较多环节，涉及面广，也会面临一些风险，银行也须加强风险防范与控制。一般地，汇入行收到付款指示时，要确认已收妥相应的头寸后方予以解付，以避免头寸风险的发生。对于经常发生头寸问题的国外汇款银行，应格外注意。

特别值得注意的是，对于在出口业务中采用票汇预付货款的交易，为保证收汇安全，除确定可靠的银行汇票、银行本票，并经审查认可同意收受的以外，均应先持票向付款行（出票行）收取票款，在接收到收妥通知后，方可通知出口商对外发运货物，以防止国外不法商人伪造票据、出票行破产倒闭、签发空头支票等原因收不到票款而蒙受损失。

本章小结

国际汇兑是将资金从一家国内银行调拨到国外的另一家银行。根据资金的流向和结算工具传递的方向分类，国际汇兑可以分为顺汇和逆汇。

顺汇是指结算工具的流向与资金或货款的流向是同一个方向，是作为债务方的买方主动将货款通过汇款方式汇付给作为债权人的卖方的一种方法。逆汇是结算工具的流向与资金或货款的流向呈相反的方向。前者称“汇付法”,后者称为“出票法”。

汇款是顺汇,其结算工具的流向与资金流向相同。

汇款有4个基本的当事人:汇款人、汇出行、汇入行或解付行以及收款人或受益人。

汇款有3种方式:电汇、信汇、票汇。

汇出行办理汇出业务时应及时将汇款金额拨交给解付汇款的汇入行的行为,俗称拨头寸,拨头寸必须结合汇出行和汇入行的账户开设情况,具体可以分为4种头寸调拨方法。

汇款在解付之前可以撤销,汇款人可以向汇出行办理退汇手续。电汇因为其速度快、费用低、安全性高的特点在国际贸易中得到了广泛的应用。

复习思考题

一、名词解释

顺汇　逆汇　电汇　信汇　票汇　中心汇票　头寸偿付

二、判断题

1. 汇款结算方式属于顺汇。（　）
2. 票汇结算中,若汇款人已将汇票寄出后要求退汇,汇款行一般不予接受。（　）
3. 预付货款对出口商不利。（　）
4. 当债务人主动向债权人付款时,最理想的结算方式是汇款。（　）
5. 在汇款业务中,若汇出行在汇入行开有往来账户,头寸偿付时,汇出行在汇入行的账户将被借记。（　）

三、选择题

1. 在汇款业务中,汇款人与汇出行之间的关系是(　　)。

A. 债权债务关系　　B. 委托与被委托关系

C. 账户往来关系　　D. 代理关系

2. 假设我国一进口商欲向外国出口商预付一笔货款,则进口商最理想的结算方式是(　　)。

A. 汇款方式　　B. 托收方式

C. 跟单信用证方式　　D. 银行保函方式

3. “中心汇票”的含义是(　　)。

A. 在所有汇票中处于中心地位的汇票

B. 以汇票票面货币的清算中心所在地的银行为付款行的汇票

C. 可在交换中心交换的汇票

D. 收款行在汇票票面货币的清算中心所在地银行签发的汇票

4. 与票汇比较,电汇的特点有(　　)。

A. 以电报或电传为结算工具　　B. 收汇速度快

C. 电汇优先级别高,均当天处理　　D. 安全可靠

5. 汇款业务的当事人(　　)。

A. 汇款人　　B. 收款人

C. 汇出行　　D. 汇入行

6. 汇款结算方式中,根据使用的结算工具不同,可分为(　　)。

A. 电汇　　B. 信汇　　C. 票汇　　D. 转汇

7. 汇款方式的当事人有(　　)。

A. 汇款人　　B. 收款人

C. 汇出行　　D. 汇入行

8. 票汇中使用的票据,一般是(　　)。

A. 即期银行汇票　　B. 银行本票

C. 支票　　D. 银行承兑汇票

四、思考题

1. 什么是国际汇兑?什么叫顺汇?什么叫做逆汇?
2. 汇款方式的当事人有哪些?各当事人有何职责?
3. 汇款方式有哪些种类?其各自的业务程序如何?
4. 比较分析电汇、信汇和票汇3种汇款方式的优缺点。
5. 汇款的退汇应如何办理?

第 5 章 托　收

本章提要

本章主要介绍传统的国际结算方式—— 托收的含义及业务流程。通过本章的学习要求学生理解并掌握托收的含义、托收的当事人及其关系、托收适用的国际惯例、托收的种类及业务流程、托收风险的防范等内容。

教学内容

(1)托收的含义、当事人。

(2)托收业务中各当事人之间的关系及各当事人的权利与责任。

(3)《托收统一规则》的历史发展及适用情况。

(4)托收的种类与业务流程。

(5)跟单托收业务中的融资。

(6)托收业务中各当事人的风险及防范。

教学重点

托收业务中的当事人及各当事人的权利和责任、托收的种类及业务流程。

教学难点

托收业务中的各当事人及各当事人之间的权利和责任。

开篇案例

我国Y公司向拉美地区某国T公司出口茶叶，合同约定支付方式为30天付款交单。其条款规定为："The Buyers shall duly accept the documentary draft drawn by the sellers at 30 days sight upon first presentation and make payment on its maturity. The shipping documents are to be delivered against payment。"Y公司根据合同规定的装运期的要求，5月13日办理装船完毕，于14日备齐一切单据向托收行办理30天远期付款交单托收手续。

7月3日接托收行转来代收行电：

"第×××××××号托收单据于5月21日收到。我行当天即向付款人——T公司第一次提示，汇票已由付款人于21日承兑。于6月20日汇票到期日我行第二次向付款人提示要求付款时，付款人拒付。据称因茶叶水分超过标准，甚至有部分发霉而不肯接受。请电复处理意见。"

Y公司接到代收行上述电文觉得奇怪，他们办理的托收方式是远期30天付款交单，买方未付款怎么能得到单据？未得到单据又怎么能取得货物？未得到货物又怎么能知道货物质量问题？Y公司认为代收行擅自放单应负完全责任。

Y公司通过承运人查询，最后证实了收货人早已提货的事实，随即于7月5日向代收行发电提出：

"你7月3日电悉。我第××××××××××号单据系以见票30天远期付款交单方式办理托收，于6月20日汇票到期日付款人付清货款后方能取单提货。既然付款人拒付货物，为何付款人能得到单据并提货？据我方查询船方，收货人已提取货物。请告真实情况。谢谢合作。"

代收行于7月6日复电：

"你5日电悉，第××××××号单据虽然是30天远期付款交单，但我国当地商业习惯做法是：我行接到单据时即向付款人提示，付款人承兑后即可取得单据而提取货物，待汇票到期后再付款。这就是我国银行对远期付款交单的做法。现付款人在承兑取得单据后又拒付，需委托人向付款人直接联系解决。"

Y公司最后经我驻外商务参赞处了解该国对远期付款交单托收一律按承兑交单方式处理。这是事实。最后经我商务参赞处几次与其磋商和交涉，对方才支付了85%的货款。

（资料来源：根据网络相关资料整理）

问题：

1. 远期付款交单有什么风险？
2. 我国银行是否接受远期付款交单，为什么？
3. 从本案例中可以吸取什么教训？

5.1 托收概述

5.1.1 托收的定义

托收(Collection)是委托收款的简称。是出口商(或债权人)根据买卖合同先行发货,然后签发金融票据或商业票据或跟单票据,委托当地银行通过其海外联行或代理行(进口代收行),向进口商(或债务人)收取货款或劳务费用的结算方式。

《托收统一规则》(Uniform Rules for Collection),国际商会第522号出版物第2条对托收的定义是:托收是指由接到委托指示的银行处理金融单据和/或商业单据,以便取得承兑或付款,或凭承兑或付款交出商业票据,或凭其他条款和条件交出单据。

金融单据(Financial Documents)又称资金单据,是指汇票、本票、支票或其他用于取得付款的相似票据。

商业单据(Commercial Documents)是指发票、运输单据、物权单据或其他类似单据,如保险单据等。

"其他条款和条件"是指"以交来本票/信托收据/承诺书等"。

5.1.2 托收的当事人

托收的基本当事人有四个,即委托人、托收行、代收行和付款人。

(1)委托人(Principal)是指在托收业务中,签发汇票并委托银行向付款人收款的当事人。它还是出口商(Exporter)、卖方(Seller)、收款人(Payee),由于委托人通常开具汇票委托银行向国外债务人收款,所以通常也称为出票人(Drawer)。

(2)托收行(Remitting bank)指接受委托人的委托,通过自己的海外联行或代理行完成收款业务的银行,通常为委托人所在地的银行。

(3)代收行(Collecting bank)是接受委托行的委托代向付款人(进口商)收款的海外联行或代理行,通常为进口地银行。

(4)付款人(Payer)指汇票中指定的付款人,也就是银行向其提示汇票和单据的债务人。通常是买卖合同中的买方(Buyer)或进口商(Importer)。

除上述四个基本当事人外,在托收业务中,有时还可能有提示行和需要时的代理作为托收结算方式的当事人之一。

提示行(Presenting bank)是指向付款人提示汇票和/或单据并收取款项的银行。在一般情况下,提示行就是代收行。但如果付款人与该代收行不在同一城市或者无往来关系处理不便时,需转托与付款人在同一城市或有业务往来关系的银行代向付款人提示收款。此时,就有了提示行。代收行应将汇票及单据交给提示行,由它向付款人提示。提示行通常是付款人所在地的另一家银行。在跟单托收情况下,付款人为了便于向银行融通资金,有时也会主动要求代收行转托与其有业务往来关系并对其融资的银行担任提示行,向其提示汇票和/或单据。

“需要时的代理行”(Principal’s Representative in Case of Need)。如果付款人对代收行提示的汇票拒付(拒绝付款或拒绝承兑),当货物到达目的港后就可能因无人照料而受损,为避免此种情况发生,出口商可以在付款地事先指定代理人,一旦发生拒付事件,由代理人代为料理货物存仓、投保、运回或转售等事宜。这一代理人称为“需要时的代理”。一般出口商直接请代理行作为“需要时的代理”。《托收统一规则》规定,委托人如需指定需要时的代理人,应对授予该代理人的具体权限在托收指示书(Collection Order)中作出明确和充分的指示。否则,银行对需要时的代理人的任何指示可以不予受理。

5.1.3 托收中当事人之间的法律关系

托收业务从委托人向托收行提交托收申请书,委托托收行向付款人收款开始,经过委托和收款两个阶段,分别建立起委托人与托收行,托收行与代收行以及委托人与付款人之间的法律关系。

1. 委托人与付款人之间的关系是债权债务关系

作为出口商的委托人与作为进口商的付款人签订了贸易合同,他们之间的关系是货物买卖关系。在这个关系中,出口商是债权人,进口商是债务人。出口商的义务是按照合同要求向进口商按质按量及时交货,同时向进口商提交符合合同要求的单据。进口商的义务是在出口商向他提交了足以证明出口商已经履行了合同义务的单据时,按合同规定付款。

2. 委托人与托收行之间是委托代理关系

委托人在委托托收行办理托收时,要向托收行开具托收申请书,托收行接受委托人的托收申请书后,双方委托与被委托的契约关系即正式建立。托收申请书就是委托人与托收行之间的委托代理合同。托收行接受委托后,就必须严格按照托收申请书载明的要求和指示办理。如果违反委托人的要求和指示并给委托人造成损失时,委托人有权要求托收行按规定赔偿其损失。但托收行严格按照托收申请书的要求办理了托收过程,付款人拒付或其他非托收行的原因造成的损失,托收行不负责任。

3. 托收行与代收行之间也是委托代理关系

代收行是托收行的代理人,受托收行的委托向付款人收款。托收行接受委托后,要依据托收申请书缮制托收委托书并发给代收行。代收行收到托收委托书后,给托收行一份回单同意代理收款,双方就构成了委托代理关系。代收行应按托收委托书的指示和要求向付款人收款。但代收行对付款人的拒付不负责任,对货物的被盗、进口国海关没收处罚等造成的部分货物的损失不负责任,对于付款承兑签字的真伪及签字的权限,票据凭证及附属单据传递过程中发生的遗失或延误所造成的后果不负责任。但若是由于代收行没有按照托收委托书的指示办理而造成的损失,应由代收行负责。

4. 代收行与付款人之间不存在委托代理关系或契约关系

代收行向付款人收取款项是受委托人和托收行的委托,而不是付款人的委托;付款人是否向代收行付款,依据是它与委托人之间的贸易合同关系,而不是对代收行应该履行的义务和责任。

托收的当事人及其相互关系如图5.1所示。

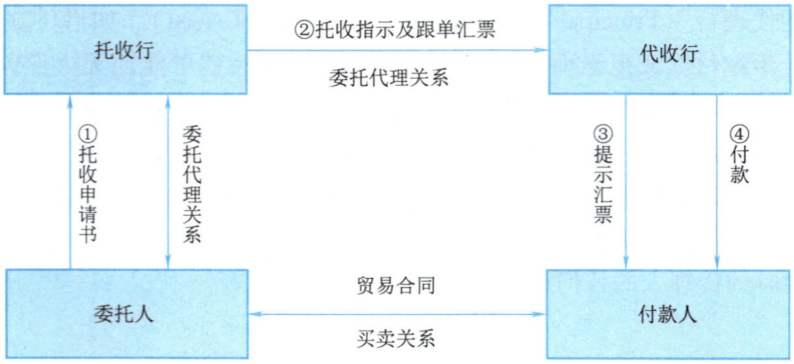

图 5.1 托收的当事人及其相互关系

5.1.4 托收当事人的责任和义务

1. 委托人的责任和义务

(1)根据合同规定及时发货并提交符合合同规定的单据。

(2)填写托收申请书,并将托收申请书和金融单据、商业单据一并交给托收行。

(3)明确指示。委托人与代收行之间建立委托代理关系的依据是托收申请书。托收申请书是委托人与托收行之间的委托代理契约,托收行只是按托收申请书中的指示和《托收统一规则》办理托收业务。所以委托人的托收指示应力求明确具体。

托收申请书的主要内容如下:

①委托人的名称、地址、有权签字人的印鉴。

②付款人的名称、地址或开户行的名称、地址、账号。

③托收随附单据的名称和份数。

④交单方式:是付款交单还是承兑交单;是否可以分批付款、分批赎单等。

⑤货款收妥后的收款要求。一般情况下,代收行收妥货款并将货款划入托收行账户后,用电报、电传或信函方式通知托收行。托收行接到通知后,才会将货款付给委托人。但用哪一种方式则须根据委托人的要求。因为,采用哪一种方式,涉及费用问题。为此,委托人须在托收申请书中确定用电报还是信函通知。

⑥付款人拒付或拒绝承兑时是否要做成拒绝证书。委托人在托收申请书中应对遭到拒绝付款或拒绝承兑时是否需做成拒绝证书给予明确指示。根据银行惯例,委托人没有指示时,银行没有义务在拒付时做拒绝证书。

⑦拒付后货物处理的方式。付款人拒付后,理想的方式是出口商能在进口地找到其他买主将货运提单转让;如果出口商在进口地有可靠的代理人,可以在汇票上记载预备付款人以应急;如果既不能将货物转售又没有代理人时,委托人应在托收申请书中明确指示银行,如发生拒付,在货物到达进口地后立即由代收行办理货物的提货、存仓和保险。

⑧托收费用由谁承担。根据惯例,托收业务中,进口商和出口商各负担本国银行的费用。如果在托收委托书中仅规定须由进口商负担费用,而进口商拒付费用时,则代收行可以将自己应收的费用从货款中扣除。

⑨代收行的选择。如果委托人明确指示通过国外某一银行代收汇款,而托收行正好与该银行存在账户关系,托收行可按委托人的指示办理;否则,须征得委托人同意后,由托收行自行选择一家代收行。

(4)及时指示。在托收业务过程中,当银行将发生的一些意外情况通知委托人时,委托人必须及时指示银行单据的处理办法。根据《托收统一规则》(URC522)的规定,若代收行发出拒付通知后60天内仍未收到明确指示的,则代收行可将单据退回给托收行,由此而产生的一切损失由委托人自行负责。

(5)负担费用。委托人应负担托收行办理托收的手续费及执行委托指示而支出的各种费用。即使托收行没有收到货款,委托人也必须支付这些费用;即使托收委托书中规定国外代收行的费用由进口商负担并不得豁免,在进口商拒付货款时,国外代收行的费用也必须由委托人负担。

2. 托收行的责任和义务

(1)执行委托人的指示。在托收业务中托收行处于代理人的地位,它必须按照委托人的指示办事。具体要求是按照委托人的托收申请书缮制托收指示(Collection instruction)书。如果委托书的有些指示不完整、不明确而无法执行,应向委托人解释,由他修改申请书的内容以后再办理托收。

(2)核实单据。托收行必须核实委托人所交来的单据种类和份数是否与托收申请书所列情况相符。至于单据内容与合同是否相符,银行对此没有审核义务。但在实务中,托收行出于善意,也为了与客户的业务关系,常常主动为委托人审单。

审单的内容包括:汇票的开立、签署、背书是否正确;单据之间的内容是否一致;汇票金额与发票金额是否一致;所有单据上的唛头是否一致;海运提单是否做成空白抬头和空白背书等。海运提单做成空白抬头和空白背书,是为了在付款人拒付时对货物的处理有通融的余地,如卖给新的买主、银行代为保管、卖给预备付款人等。

(3)遵循国际惯例办理托收业务。对于托收指示中未提及的事项,托收行在处理业务时应遵照相关的国际惯例处理。例如根据URC522第5条d款,若托收指示中未指定代收行,托收行可以替委托人选择代收行。

(4)承担过失责任。银行办理业务应遵守信用并谨慎从事。凡因未按托收申请书的指示行事而产生的后果,银行应对其过失负责。例如,托收行收到代收行发来的拒付通知后应立即通知委托人,如果未及时通知委托人并征求其指示,结果使货物未能及时处理而遭受损失,托收行就有过失责任。又如,托收行将单据寄给代收行寄错地址,属于托收行的过失。但对因寄送途中的延误、丢失、残缺以及翻译或解释上的错误所引起的后果,不承担义务和责任。

3. 代收行的责任和义务

代收行是托收行的代理人,它必须严格按照托收行的托收指令办事。因此代收行的基本责任与托收行的责任大致相同,并负有一些特殊责任。

(1)执行托收指示。代收行收到托收指示后,如同意代收,应按托收指示办理业务。根据URC522第4条的规定,代收行只准根据托收指示中的指示行事并受URC522的约束。若代收行由于任何原因决定不受理所收到的托收或相关指示,必须以电信方式或其他最快捷的方式通知托收行。若托收行指示不明确,代收行应征求托收行意见,不能擅自处理。若托收指示执行有困难,代收行可不予理睬。例如,托收指示要求代收行在货物到达后代为存仓,假如目的港仓库已满,难以租到仓位,代收行可以不执行这一指示。

(2)妥善处理和保管好单据。代收行收到托收行的托收指示和单据后,必须查对单据与托收指示中所示是否相符。如果不符,应立即通过电信方式通知托收行。除此之外,代收行在这方面不承担过多责任。

收到托收指示和单据后,代收行应及时地向进口商提示所收到的单据,进口商可以去银行检验单据以确定真伪,但没有出口商的授权代收行不能准许进口商在目的地验货。

在承兑交单下,已承兑的汇票或保存在代收行处,或退还托收行,具体做法视出口商指示而定。

在进口商未实际付款或承兑前,代收行应负责保存好汇票和单据,绝对不能把单据交给进口商。如果进口商未付款或未承兑,代收行把汇票和单据交予进口商,由此造成进口商拒付或收不回货款,责任应由代收行负责。

此外,在进口商拒绝承兑或拒绝付款时,代收行应立即通知托收行,并且在通知中声明保管单据听候托收行的指示。发出这种通知后,如在合理时间内未能收到托收行的进一步指示,应发电催促签复。

(3)对货物的处理和保护。在托收业务中,银行只处理单据,而与货物或买卖合同无关。根据 URC522 第 10 条,倘若货物直接发至代收行,或以代收行或其指定的人为收货人,必须事先征得代收行同意。如果事先没有征得代收行同意,代收行没有提货的义务,货物的风险及责任由发货人承担。即使代收行收到明确的指示要求对跟单托收项下的货物采取行动,包括仓储和保险,代收行也无义务这样做,应将其态度明确通知托收行。然后,如果代收行为保护货物而采取了行动,无论是否得到指示,代收行对于货物的状况或受托保管货物的第三方的任何行动和疏忽不负责任,但代收行必须毫无延误地通知托收行它所采取的任何行动。

(4)及时放单。进口商付款或承兑后,应及时地把汇票和相关单据交给进口商,代收行对于因交单延误而产生的任何后果不负责任。

(5)无延误地划拨收妥的货款。根据 URC522 第 16 条的规定,代收行必须将收妥的金额按托收指示无延误地拨交托收行。收妥款项实际上是银行之间的清算,主要取决于托收行与代收行之间清算账户的开设情况,具体业务与汇款业务中银行之间的头寸调拨相同。

(6)及时通知代收情况。代收行应按托收指示书中规定的方式向托收行通知代收情况。在代收过程中,如无明确的指示,代收行必须用最快的邮件,将托收情况的通知,包括付款通知、承兑通知、拒绝付款或拒绝承兑通知等,寄给托收行;如果代收行认为事情紧急,也可以用更快的通知方法,如电报、电传或电子通知系统等,费用由委托人负担。

代收行在提示托收单据而付款人拒绝付款、拒绝承兑时,应尽力查明理由并通知托收行。

4. 付款人的责任和义务

托收指示书中应注明付款采取行动(付款或承兑)的确切期限。付款人的义务当然是按时付款,但付款人有权按照贸易合同审核单据,如有不符合合同要求的有权拒付。如果付款人在规定期限内不采取行动,必须向提示行说明理由,出具拒付理由书,否则便构成违约。

5.1.5 《托收统一规则》

1.《托收统一规则》的历史发展

在托收业务中,银行与委托人之间、托收行与代收行之间,往往由于当事人对权利、义务、责任的解释不同,加上不同银行的具体做法也有差异,从而引起误会、纠纷甚至引发诉讼。为了协调有关当事人在托收业务中发生的矛盾，有利于业务的开展，国际商会于1958年草拟并于1967年作为国际商会第254号出版物公布了《商业单据托收统一规则》(Uniform Rules for Collection of Commercial Paper)，从而在银行托收业务中采取了统一的术语、定义、程序和原则，也使出口商在委托收款时有了依据和参考。这一规则在国际上被普遍采用和遵守。

此后，根据国际贸易的发展，并吸取实践中的经验，国际商会于1978年对该规则作了修改补充，并改名为《托收统一规则》(Uniform Rules for Collection)，即国际商会第322号出版物，并于1979年正式生效。

在《URC 322》使用17年以后，根据使用中的情况和问题，国际商会于1993年3月开始，组织有关专家经过两年多的修改，于1995年4月公布了新的修订本，作为国际商会第522号出版物，并于1996年1月1日正式生效实施。这是最新的有关托收的国际惯例。新规则已被许多国家的银行采纳，并据以处理托收业务中各方的纠纷和争议。我国银行在做托收业务时，也遵循该规则办理。

《托收统一规则》全文共26条，分为总则、托收的形式和结构、提示方式、义务和责任、付款利息和手续费及其他费用、其他规定共七个部分。

2.《托收统一规则》的适用

《托收统一规则》只有在托收当事人与银行之间事先有约定的情况下才适用。托收指示书中必须注明该笔结算业务按URC522办理，并做出完整而准确的指示。如果托收指示书中有与URC522相抵触的地方，应按托收指示书办理。因为URC522仅是国际惯例，托收指示书才是确定有关当事人权利和义务的法律依据。所以只有在托收指示书中有不清楚或不全面的说明时，URC522才被参考使用。

如果URC522中的条款与一国的有关法律或法规相抵触时，则以该国法律法规为准。出口商采用托收方式时，应谨慎从事。

5.2 托收的种类与流程

5.2.1 光票托收

光票托收(Clean Bill for Collection)是仅凭不附带商业单据的金融单据委托银行代为收款的托收，是委托人向银行提交凭以收取款项的金融票据，要求托收行通过其联行或代理行向付款人提示要求其付款的一种结算方式。常见的光票有银行汇票、本票、支票、旅行支票和商业汇票。有时汇票仅附非货运单据，如发票、垫款清单等，也属光票托收。

在货物贸易中，委托人(出口商)先根据合同规定发货，取得货运单据，并将货运单据自行寄给付款人，然后签发商业汇票，填具托收申请书交给托收行委托收款；托收行接受委托后，根据托收申请书缮制托收指示书连同汇票寄给代收行委托收款；代收行接受委托后，根据托收指示向付款人提示，待托收款项后，再按收款指示扣除有关费用后，根据与委托行之间的账户关系，将收妥款项支付给托收行；最后由托收行通知委托人结汇。光票托收的业务流程如图5.2所示。

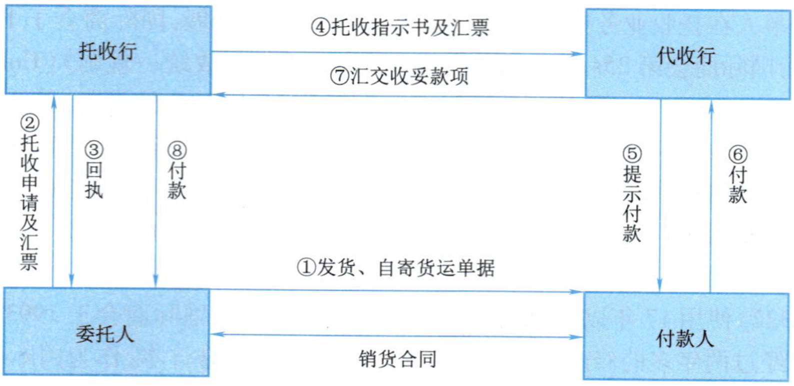

图 5.2　光票托收业务流程

光票托收有即期、远期之分。对于即期付款的金融票据,代收行应在收到票据后立即向付款人提示要求付款。对于远期汇票的金融票据,代收行应在收到票据后即向付款人提示要求承兑,以确定到期付款责任。承兑后,代收行应在汇票到期时再向付款人提示要求付款。如果付款人拒绝承兑或付款,代收行应在法定期限内作成拒绝证书,并及时将拒付情况通知托收行转告委托人,以便委托人及时与付款人交涉。

由于光票托收对出口商的风险很大,出口商只有在确信进口商能遵守合同和及时付款的条件下才使用这一结算方式,所以我国贸易界一般不提倡在收取贸易货款中使用这种方法。在实务中,光票托收一般用于收取货款尾数、样品费、佣金、代垫费用以及其他贸易从属费用。

5.2.2　跟单托收

跟单托收(Documentary for Collection)是指随附货运单据的托收,是出口商(委托人)根据贸易合同发货并取得货运提单后,签发商业汇票,连同货运单据及其他有关的商业单据交给银行,委托银行通过其联行或代理行向付款人收取货款的一种结算方式。在实务中,有时委托人为了避免交纳印花税,不签发商业汇票,只提交商业单据,这种托收亦为跟单托收。

1. 跟单托收的业务程序

由于使用的结算工具(托收指示书和汇票)的传送方向与资金的流动方向相反,所以,托收方式属逆汇。跟单托收的业务程序如下:

(1)出口商按合同发货后取得货运提单,签发汇票连同发票等商业票据及填写好的托收申请书一并送交托收行,委托代收货款。

(2)托收行根据委托人的要求和指示,缮制托收指示书,随跟单汇票一起寄交国外的代收行,要求代收货款。托收指示中须加列货款收妥后的处理办法。

(3)代收行收到托收指示及跟单汇票后,及时向进口商提示跟单汇票。如果托收指示中规定的是付款交单(D/P),代收行应提示进口商付款,然后交出单据;如果是承兑交单(D/A),提示进口商立即承兑汇票,然后交出单据。待汇票到期后提示对方付款。

(4)代收行收到货款后,应立即将货款拨付托收行并通知托收行。

(5)托收行收到代收行的收款通知后,立即办理对出口商的结汇。跟单托收一般业务程序如图 5.3 所示。

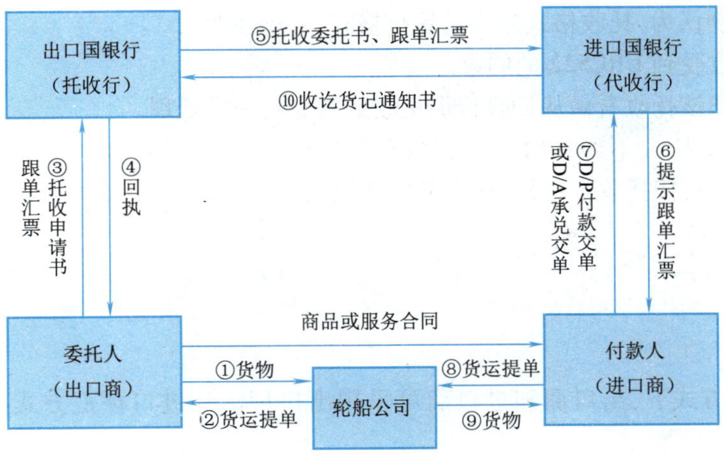

图 5.3 跟单托收业务流程

2. 跟单托收的种类

跟单托收按交单条件不同，可分为付款交单和承兑交单。

（1）付款交单（Documents against payment，D/P）是货运提单的交付必须以进口商付款为条件。进口商未付款，代表货物所有权的货运单据始终掌握在银行手中，所以这种交单方式风险较小。

在实务中，付款交单又分为即期付款交单和远期付款交单两种。

即期付款交单（D/P at sight）是指出口商通过银行向进口商提示汇票和货运提单，进口商于见票时付款，代收行收到款项后，将货运提单交给进口商。

远期付款交单（D/P after sight）是指当代收行向进口商提示跟单汇票后，进口商无需立即付款，而只要对远期汇票承兑，代收行于汇票到期日再次向其提示，待其付款后，代收行把货运单据交出。在汇票到期付款前，汇票和货运单据由代收行掌握。不过，这种方法在实际中较少运用。因为，进口商作为汇票的付款人虽然承兑了汇票，但不能取得代表物权的货运单据。所以，这种远期付款交单方式对出口商具有一定的保障作用，但对进口方却并无实际意义。因为，他对远期汇票做了承兑，承担了到期付款的责任，却拿不到货运单据，何必多此一举。因此，在我国的出口结算中几乎不采用，国际商会也不鼓励使用远期付款交单这种方式结算。

（2）承兑交单（Documents against acceptance，D/A）是货运单据的交付以进口商的承兑为条件。进口商承兑汇票后，即可向银行取得货运单据，待汇票到期日才付款。承兑交单只适用于远期汇票的托收。这种方式风险很大，只有信誉可靠的客户，才可以采用承兑交单这种结算方式。

5.2.3 直接托收

直接托收（Direct collection）是委托人/出口商从其银行即托收行那里获得托收指示的空白格式，由自己填写，连同托收单据直接寄给买方银行，即代收行，请其代收货款，同时，将已填妥的托收格式的副本送交托收行，告知托收行并请其将此笔托收视同本行办理一样。

国际商会第550号出版物明确指出，URC522适用于直接托收。

550号出版物认为，托收格式是一份银行格式，必须注明：

(1)该笔托收受到URC522的约束。

(2)代收行把该托收看做从托收行那里收到的委托一样处理。

直接托收的委托人不经托收行，自己把托收单据直接寄给代收行，可以提高效率。但URC522没有提到直接托收。这样，在实务中要慎用。

5.3 跟单托收中的资金融通

在跟单托收方式下，出口商和进口商可采用出口押汇和进口押汇方式向银行获得资金融通。

5.3.1 托收出口押汇

托收出口押汇(Collection bill purchased)是指托收项下托收行以买入出口商开立的跟单汇票的办法向出口商融通资金的一种方式。其实质是出口商以代表货物所有权的单据作为抵押品，由银行叙做的一种抵押贷款。具体做法是出口商在按照出口合同发货后，开出以进口商为付款人的汇票，并将汇票及所附货运单据交托收行委托收取货款时，由托收行买入跟单汇票及其所附单据，按照汇票金额扣除从付款日(即买入汇票日)到预计收到票款日的利息及手续费，将款项先行付给出口商。

托收出口押汇实际上是托收行对出口商是一种垫款，也是以汇票和单据作为抵押品的一种贷款。此时，托收行即作为汇票的善意持票人，将汇票和单据寄至代收行委托代收行收取货款。

托收行叙做出口押汇可以使出口商在货物装运取得货运单据后，立即得到银行的资金融通，有利于出口商加速资金周转，扩大业务量。但由于托收款项能否收妥全凭进出口双方之间的商业信用，相对地增加了叙做托收出口押汇银行的风险。在实际业务中，托收行只有在进口商的资信可靠，有关出口商品的种类、价格合适，该商品的市场行情和进口国的政治经济情况良好时才愿叙做。在承做时，首先要视交单条件核定相应的融资授信额度，一般仅限于付款交单，而且金额要低于汇票金额。出口货物保险也是很重要的防范风险的措施，银行可以要求出口商办理相应的货物运输保险。这样，一旦货物运输途中或在目的地仓库发生灭失或损坏时，可以通过向保险公司索赔来保障自己的利益。

目前，我国银行在国外进口商信用可靠的前提下，也酌情叙做跟单托收项下的出口押汇业务。

5.3.2 托收进口押汇

托收进口押汇，又称托收项下进口商凭信托收据借单或借货。是托收业务中代收行向进口商提供的一种资金融通方式。在付款交单条件下，进口商在未付托收款项前，向代收行出具一份书面担保文件，即信托收据(Trust Receipt, T/R)。凭此收据向代收行借出货运单据，以便于进口商办理报关、提货及出售,待销售取得货款后偿还代收行,换回信托收据。信托收据是进口商借单时提供的一种书面信用担保文件,用以表示其愿意以代收行的受托人身份代为提货、报关、存储、保险、出售,同时承认货物的所有权仍属银行。这种做法是代收行自己向进口商提供的信用便利,与出口商和托收行无关。所以对代收行来说,有一定风险,为此,代收行在接到这种借单要求时,首先必须审查进口商的资信。只有资信好的进口商或者在多数情况下还要求进口商提供足够的担保或抵押品,才会叙做。如果在借出货运单据后,发生到期不能收到货款,代收行应对出口商和托收行负全部责任。但是如果出口商主动提出"凭信托收据借货"以对进口商融通资金,并在托收指示上写明"付款交单,凭信托收据借货"(D/P,T/R)字样,代收行可以按照托收指示中的交单条件办理,但一切风险应由出口商承担。如果出口商未主动提出而是代收行同意进口商的"凭信托收据借货"要求的话,则一切后果由代收行负责。这种"付款交单凭信托收据借货"方式与承兑交单类似,不同的是,前者代收行掌握由进口商开具的信托收据,后者代收行掌握由进口商承兑的汇票。

5.4 托收业务中当事人的风险及防范

5.4.1 托收方式的性质和作用

托收方式与汇款方式一样,都是建立在商业信用基础之上的。出口商委托银行收取的货款能否收到,完全依靠买卖双方的信用。按照《托收统一规则》的规定,银行在托收中,只提供服务,不提供信用。银行只以委托人的代理人行事,既无保证付款人必然付款的责任,也无检查审核货运单据的义务;当发生进口商拒绝付款赎单的情况后,除非事先取得其同意,代收行也没有代为提货、办理进口手续和存储保管的义务。由于货物已先期运出,一旦遭拒付,就会使出口商陷入极为被动的境地。在付款交单条件下,进口商未付清货款前,拿不到货运单据,提不走货物,货物的所有权仍属出口商,虽然还可把货物另行处理或返运回来,但需要承担一笔额外费用及降价处理等损失。如处理不及时,还有可能被进口国海关视作无主货物加以没收。如果在承兑交单情况下,进口商只要对汇票进行承兑,即可取得单据,提走货物。倘若进口商到期不付款,虽然出口商有权依法向承兑人追偿,但实践证明,此时的进口商多半已无力偿付,或者早已破产。有的进口商要求按承兑交单方式进行交易,其本身可能就是一种预谋的诈骗。在这种情况下,出口商就会遭受钱货两空的重大损失。总之,无论是付款交单还是承兑交单,对出口商来说,都存在很大的风险。

但是托收方式对进口商是极为有利的。如果采用承兑交单方式,或者使用进口押汇方式,利用信托收据先把单据借出,进口商还有进一步利用出口商资金的机会。所以,以托收方式进行结算,能调动进口商进口的积极性,提高交易商品在进口国的竞争力,使出口商达到扩大销售的目的。因而,在国际贸易中,托收方式经常被用作一种非价格竞争的手段。

5.4.2 托收风险的防范

由于托收方式是建立在商业信用基础之上的,出口商面临较大风险,因此,在使用时必须谨慎从事。出口商在采用托收方式时,应注意以下问题,防范风险。

(1)认真调查和考察进口商的资信、经营能力和经营作风。出口商决定与国外进口商进行贸易往来,一定要调查进口商的资信情况,掌握有关商品的市场信息,并在此基础上确定授信额度、控制成交金额与交货进度。一般只使用付款交单,对客户提出按承兑交单条件时要慎重,除非进口商的资信特别良好,原则上不能接受。对授权银行对进口商叙做凭信托收据借单,也应从严。

(2)了解出口商品在进口国的市场行情。出口商要及时了解出口商品在进口国的市场销售情况,做出决策。若出口商品在进口国家销售状况一般甚至滞销,为了增强竞争力,在进口商资信良好的条件下,可以考虑承兑交单方式。若出口商品在进口国家属于畅销商品,进口商又急于进货的情况下,可以考虑使用付款交单方式。

(3)熟悉进口国的贸易管制和外汇管理法规。对于贸易管制和外汇管制较严的国家,出口商在使用托收方式要特别谨慎。对于进口需要领取许可证的商品,在成交时应规定进口商将领取的许可证或已获准进口外汇的证明在发运有关商品前寄达,否则不予发货。

(4)在确定代收行时,要征求托收行的意见。代收行一般不能由进口商指定,如确有必要,应事先征得托收行同意,以防进口商指定的代收行不可靠,或往来渠道不畅,造成托收行拒绝托收申请书的被动局面,或者由于代收行信用不佳或产生意外而招致货款落空。

(5)争取以 CIF 价格条件成交,由出口商办理保险。在出口业务中使用托收方式的交易,原则上应由出口方办理保险,即争取以 CIF 或 CIP 条件订立合同。如果进口国规定,必须由买方办理保险的交易,则应在货物装运后及时通知对方投保的同时,为保障自己的利益,可以另行加保“卖方利益险”,以防万一货物遇险,进口商又不付款赎单时,可由出口商自己向保险公司索赔货物部分的损失。

(6)用远期付款交单方式要谨慎。在跟单托收业务中,各当事人对即期付款交单和远期承兑交单的操作分歧不大,但在远期付款交单项下,各当事人尤其是银行的业务操作争议较大,各国银行一般喜欢按自己的习惯操作业务。例如,一些南亚和拉美国家的代收行,基于当地的法律和习惯,当收到托收行指示时,习惯上在付款人承兑汇票后随即将单据交付给付款人,即把远期 D/P 改为 D/A 处理,其理由是付款人已经在汇票上履行承兑手续,就成为汇票的主债务人,承担到期付款的责任,如代收行收回经过承兑的汇票而不将单据交给付款人,就有失公平,而且不符合权利和义务应当对等的公平原则。这种做法虽然与托收指示书的指示相悖,但按《托收统一规则》的规定,一国、一州或地方不得违反的法律对托收各当事人有约束力,因而在这个问题上,实务中很容易产生纠纷与争议,为此,国际商会在 URC522 第 7 条中特别指出“托收不应含有凭付款交付商业单据的远期汇票。”其用意就是劝阻出口商采用付款交单方式结算货款,如出口商执意要采用远期 D/P,则后果自负。

(7)严格按照出口合同规定装运货物、制作单据,以防被进口商找到借口拒绝付款。

(8)对于资信欠佳和诚信程度无充分把握的客户,如必须采用托收方式结算货款时的,可要求对方预付部分货款。也可采用部分付款交单托收、部分信用证,或由进口商同时开立银行保证书或备用信用证担保,以确保托收货款的收汇安全。

总之,在托收业务中,出口商面临很大的风险,资金负担也较重,所以在决定采用托收结算方式时一定要慎重，切实注意以上各点。此外，作为出口商应对托收业务制定健全的管理制度，定期检查，做好催收工作，发现问题要及时采取措施，避免或减少可能发生的损失，保证企业的资金安全。

本章小结

托收是指出口商根据买卖合同发货后，签发以进口商为付款人的汇票，连同有关单据委托当地银行通过其海外联行或代理行向进口商收取货款的一种结算方式。

托收方式中的主要当事人有委托人、托收行、代收行和付款人。有时，托收方式还可能涉及提示行和需要时的代理人。

托收方式根据有无附属单据，可以分为光票托收和跟单托收。光票是指不附带任何货运单据的票据。常见的光票有银行汇票、本票、支票、旅行支票和商业汇票等。跟单托收是指金融票据随附货运单据或者仅有货运单据的托收，国际贸易托收一般是跟单托收。

跟单托收有两种不同的交单方式：付款交单和承兑交单。

托收方式中，结算风险主要偏向于出口商一方，货款能否收回依赖于商业信用。银行办理托收业务时处于代理人的地位，根据委托人的指示和《托收统一规则》行事，按常规处理业务，并不保证一定收到款项。因此为了进一步提高收款的可能性，在采用跟单托收方式时，出口商应当注意考察进口商的资信情况，做好风险防范。

复习思考题

一、名词解释

托收　光票托收　跟单托收　付款交单　承兑交单　信托收据

二、判断题

1. 托收结算方式中，委托人与委托行之间的关系是委托代理关系。（　　）
2. 托收结算方式下，托收行如果托收失败，托收行不承担任何责任。（　　）
3. 托收项下，对出口商来说即期付款交单方式比承兑交单方式风险小。（　　）
4. 托收项下的进口押汇是代收行对进口商的一种融资方式。（　　）
5. D/P 项下的 T/R 是一种信托安排。（　　）
6. 在 D/P 托收中，代收行必须在收到货款时才能放单给进口商。（　　）
7. 跟单托收是建立在商业信用基础上的，出口商面临较大风险。（　　）
8. 远期付款交单，在我国的出口结算中几乎不采用，国际商会也不鼓励使用。（　　）

三、选择题

1. 托收结算方式中，委托人与托收行之间的关系是（　　）。

A. 委托代理关系　　B. 商品买卖关系

C. 债权债务关系　　D. 账户往来关系

2. 下面关于托收结算方式的论述，正确的是（　　）。

A. 可分为光票托收和跟单托收　　B. "收妥付汇，实收实付"

C. 属逆汇方式　　D. 存在进口方拒付的风险

3. 根据交单条件的不同，托收可分为（　　）。

A. 付款交单　　B. 承兑交单　　C. 光票托收　　D. 直接托收

4. 托收的种类有（　　）。

A. 光票托收　　B. 跟单托收　　C. 直接托收　　D. 间接托收

5. 即期付款交单的英文缩写是（　　）。

A. D/D　　B. D/P at sight　　C. D/P after sight　　D. D/A

6. 以下几种情形中，不适合采用托收方式结算的有（　　）。

A. 初次接触的进出口商　　B. 彼此相互信任的进出口商

C. 有多次交易记录且信誉良好的进出口商　　D. 跨国公司的子公司之间

四、思考题

1. 托收方式的当事人有哪些？他们之间的关系如何？
2. 简要分析和比较光票托收和跟单托收的区别。
3. 简要分析 D/P 与 D/A 的特点。
4. 跟单托收中的风险有哪些？如何防范？
5. 托收结算方式的信用基础是什么？国际上办理托收结算业务遵循什么规则？
6. 我国商人为什么不接受远期付款交单？

第6章 信用证

本章提要

本章主要介绍信用证的含义及业务流程。通过本章的学习要求学生理解并掌握信用证的含义,信用证的形式和内容、信用证业务的当事人及其相互关系、信用证的业务流程、信用证的种类、信用证项下的融资安排等内容。

教学内容

(1)信用证的含义、形式及内容。

(2)信用证的当事人及其相互关系。

(3)信用证的业务流程。

(4)信用证的种类。

(5)信用证项下的融资安排等内容。

(6)信用证的审核。

(7)信用证结算的风险防范。

本章重点

信用证的含义;信用证的形式和内容;信用证的业务流程;信用证的种类。

本章难点

信用证的形式和内容;信用证的种类。

开篇案例

宁波某服装公司(以下简称宁波公司)2017 年 2 月 20 日与日本某百货公司(以下简称日百货)签订向日本出口 50 万件衬衣的协议,协议规定,宁波公司须于 4 月 20 日前将货物通过海运运往日本长崎港。双方约定使用跟单信用方式结算。交单方式为 D/P。3 月 1 日,中国银行宁波分行收到了日本东京三菱银行签发的允许议付的信用证,信用证上规定有效期为 5 月 6 日,装期为 4 月 8 日,价值 1 000 万美元。合同签订后,宁波公司及时组织生产,备妥货物,委托浙江海洋运输公司运输,托运手续于 4 月 4 日办妥,4 月 6 日,运输公司将货物装船并签发洁净货运提单。4 月 6 日下午宁波公司凭货运提单和信用证通知书,并签发了一张商业汇票到中国银行宁波分行办理议付。4 月 10 日,货物运抵长崎港。4 月 10 日,中行宁波分行将信用证及货运提单寄到了东京三菱银行,要求三菱银行付款。4 月 11 日,三菱银行通知日百货付款赎单,日百货提出拒付,并签发了拒付理由书。拒付理由书声明,由于日本政府对来自中国的纺织品实行限制性措施,关税提高 4%,要求宁波公司降低价格。宁波公司要求三菱银行付款。三菱银行经过审单、审证认定单证完全相符,于 4 月 25 日将货款支付给宁波公司。并向日百货追索款项。

(资料来源:根据网络相关资料整理)

这是一个规范的信用证结算的案例。根据本案例请思考:什么是信用证?信用证结算方式有什么好处?什么是议付?信用证结算的交单条件是什么?信用证结算方式要经过哪几个环节?信用证有哪些种类?

6.1 信用证概述

6.1.1 信用证的定义

国际商会第 515 号出版物《跟单信用证业务指南》(ICC Guide to Documetary Credit Operation)给信用证的定义是:跟单信用证是有条件的付款承诺,详细的说,跟单信用证或信用证是银行代买方(申请人)或银行自身开立的,保证对受益人提交的与信用证条款相符的汇票或单据付款的承诺。

2007 年修正的《跟单信用证统一惯例》(国际商会600 出版物)对信用证的定义是:信用证是指一项不可撤销的安排,无论其名称或描述如何,该项安排构成开证行对相符交单予以承付的确定承诺。

从 UCP600 对信用证的定义可知,信用证是银行有条件的付款承诺,是由开证行签发的,不可撤销的,以提交与信用证条件相符的单据为条件的付款承诺。

根据这一定义,信用证应当具备以下 3 个要素:

第一,开证行开出的确定承诺文件。信用证的开证机构是银行,代表了一种银行信用。

第二,开证行承付的前提条件是相符交单。在受益人相符交单的情况下,开证行必须履行承付责任,即根据信用证的付款条款向受益人付款。

第三,开证行的付款承诺不可撤销。开证行自开立信用证之时起即承担了不可撤销的承付责任,在受益人相符交单的情况下,开证行必须履行承付责任,即根据信用证的付款条款向受益人付款。

6.1.2 信用证的性质

(1)信用证是一种银行信用,是开证行承担第一付款责任的书面承诺。

信用证一经开出,开证行即是主债务人,是第一付款人,只要出口商(受益人)提交了符合信用证条款要求的单据,开证行就必须承付。出口商发货后,不是向进口商收款,而是向开证行或其授权的银行收款。但如果开证行破产无力付款,出口商仍有权索取款项,不过这时索款的依据是买卖合同,而非信用证。

(2)信用证是独立文件,与销售合同分离。

信用证的基础第一是买卖合同,第二是进口商向开证行开具的开证申请和担保协议。开证行在这两个文件的基础上向受益人开立信用证。但是,这些文件是相互独立的,每个文件只能约束相关当事人。

信用证一经开出并被受益人接受，便成为独立于贸易合同以外的自足契约，不受贸易合同的约束。

UCP600 第 4 条规定：就其性质而言，信用证与可能作为其开立基础的销售合同或其他合同是相互独立的贸易，即使信用证中含有对此类合同的任何援引，银行也与该合同无关，且不受其约束。因此，银行关于承付、议付或履行信用证项下其他业务的承诺，不受申请人基于开证行或受益人之间的关系而产生的任何请求或抗辩的影响。

①受益人在任何情况下不得利用银行之间或申请人与开证行之间的合同关系。

②开证行应劝阻申请人试图将基础合同、形式发票等文件作为信用证组成部分的做法。

(3)信用证业务是一项纯粹的单据业务。信用证业务涉及的是单据而不是货物，在信用证业务中的所有各方，包括银行和进出口商所处理的都是单据，而不是货物。受益人要保证收款就一定要提供与信用证相符的单据，开证行拒付只能以单据上的不符点为由。UCP600 第 5 款规定：“银行处理的是单据，而不是单据可能涉及的货物、服务或履约行为。”因此，信用证结算方式是一种纯粹的单据业务，只要提交的单据与信用证相符，开证行就应该承付货款。

银行要“合理小心的审核一切单据”，但这种审核只是看单据的表面合理性，即单据表面上是否符合信用证条款。银行对任何单据的形式、完整性、准确性、真实性以及伪造或法律效力上所发生的问题，或单据上规定的或附加的一般或特殊条件方面概不负责。单证与货物不相符，不能构成拒付理由。只要出口商提交了符合信用证条款的单据，即使货物有缺陷，银行仍须照付货款，进口商只能根据买卖合同或有关单据向出口商或其他相关人索赔。

6.1.3 信用证的形式

根据信用证开立后的传递方式及记载内容，信用证可分为信开本信用证、电开本信用证、SWIFT 信用证。

1. 信开本信用证

信开本信用证(Letter of credit)是开证行用书信格式缮制并通过航空挂号信函方式邮寄送达通知行的信用证。这是一种传统的开立信用证的方式，其记载的内容比较全面，银行一般都有事先印制的信用证格式，开立时在空白处填入具体内容即可。信开本信用证一般是开立一式两份或两份以上，是信用证的有效文本，是开证行与出口商之间具有法律效力的契约。目前，这种开证方式已较少使用。

2. 电开本信用证

电开本信用证是指开证行用加密电报或电传的方式开立和通知的信用证。电开本信用证又可分为简电本和全电本。

(1)简电本。简电本(Brief cable)是将信用证金额、有效日期等主要内容用电文预先通知受益人,目的是让受益人早日备货。但由于内容不完整,简电本通常不是信用证的有效文本。因此,开立简电本时,一般要在电文中注明随寄证明书(Mail confirmation to follow),并随即将信开本形式的证实书寄出。证实书是信用证的有效文本,可以作为交单议付的依据。

(2)全电本。全电本(Full cable)是开证行以电讯方式将信用证全部内容一次性的发给通知行的信用证。全电本的电报全文就是整个信用证的内容。全电本是信用证的有效文本,无须另寄证实书。这里需要说明的是,过去电开本信用证采用发加押电报的方式传递,由于电报费用按字数计算,发全电本费用较高,为了节省费用,就产生了先用简电本将主要内容通知受益人及时备货,后用信函方式寄证实书的安排。

3. SWIFT 信用证

现在,由于银行电子化的普及,特别是大多数银行加入了 SWIFT 系统。银行在开立信用证时采用 SWIFT 信用证,这种方式不但传递速度快,而且费用大大降低。

SWIFT 信用证是利用 SWIFT 系统设计的具有标准化的、固定化和特殊格式并通过 SWIFT 系统传递的。要求开证行和通知行及有关银行必须是 SWIFT 系统的会员银行,且必须依照 SWIFT 使用手册操作。

SWIFT 系统设计的信用证格式代号为 MT700/MT701,简电本的格式是 MT705,修改信用证的格式代号为 MT707。

6.1.4 信用证的内容

1980 年以前,各国银行使用的信用证格式各不相同,文字语句也有很大差别。为了使用的方便,国际商会于 1986 年拟定了《开立跟单信用证标准格式》(国际商会第 416 号出版物),现在各开证行的开证格式基本接近,尤其是 SWIFT 信用证,标准、格式完全相同。信用证包含的内容主要有:

(1)对信用证本身的说明:信用证的性质及编号;通知行行名及地址;受益人名称及地址;有效期及到期地点;付款方式及期限等。

(2)对货物的要求:商品名称、单价、数量、金额、价格条件、包装、唛头等。

(3)对运输的要求:装运港、卸货港、是否可以分批、是否可以转运、最迟装运期。

(4)对单据的要求:开征金额、单据名称、份数及具体要求,包括发票、装箱单、运输单据、检验证书、产地证等。

(5)特别条款:银行间的费用条款、寄单条款、开证行及议付行的指示、所遵循的国际规则等。

(6)责任条款:最晚交单期、银行保证条款等。

关于信用证的内容参见附式 6.1、附式 6.2 和附式 6.3。

ORIGINAL ______________________ **BANK**

Address __________ **Date** __________

TO

Dears Sirs,

We hereby open our Irrevocable Letter of Credit No. __________ in favour of __________ for account of __________ up to an aggregate amount of ______

(say ______ for __________ %) of the value relative to the shipment of:

From your port __________ to __________

Draft(s) to be drawn at __________ days __________ on our bank & accompanied by the Following documents, marked "X":

☐ Signed Commercial Invoice in duplicate

☐ Insurance Policy or Certificate for full invoice plus __________ % covering:

☐ FPA/WA/All Risks and War Risks

☐ Overland Transportation Risks All Risks & Breakage

☐ __________

☐ Full set of clean "On Broad" ocean Bills of Lading made out to our order markets freight prepaid notify Accountee

☐ Other Documents

☐ Certificate of Origin

☐ Weight List

☐ Parking List

Partial shipments are permitted/prohibited

Transhipment is permitted/prohibited

Shipment(s) must be effected not latter than __________

This L/C is valid in your port __________ until __________ inclusive

Draft(s) so drawn must be inscribed with the number and date of this L/C other condition:

____

We hereby agree with the drawers, endorsers and bona – fide holders of the draft(s) drawn under and compliance With the terms of this credit that such draft(s) shall be duly honoured on due presentation and delivery of Documents as herein specified.

Instruction to Negotiation Bank: The draft(s) and documents take up under this credit are to be forward direct to us by you.

Name and signature
Of
The Issuing Bank

Advising bank' notification

Name and signature
Of the Advising Bank

附式 6.1 信开本信用证英文式样

________________银行

地址________日期________

致

敬启者

兹开立不可撤销信用证 第________号

受益人________________

开证人________汇票金额不得超过________

金额大写________按________% 装运下列出口货物之发票金额计算:

自你地________运至________价格为________

受益人签发________日期汇票以我行为付款人并附具下列注有"X"标记之单据

□ 签署发票一式两份

□ 保险单或保险凭证按发票金额加________% 保妥下列各险:

□ 平安险/水渍险/一切险及战争险

□ 陆上运输险

□ ________________

□ 全套洁净"已装运"海运提单作成我行抬头,注明运费付讫通知开证人

□ 其他单据

□ 产地证明书

□ 重量单

□ 装箱单

准许/禁止分批装运 准许/禁止转运

装运日期不得迟于________________

本证有效期内不得撤销,其有效期在你地________限至________为止

凡凭本证所发出之汇票必须载明本证编号及开立日期

其他条款:________________

根据本信用证并按其所列条款开具之汇票向我行提示并交出本证规定之单据者,我行同意对其出票人、背书人及正当持票人履行承兑付款责任。

议付银行注意:凭本证议付汇票及单据请直接寄至我行

开证行名称 通知行的通知

________________ 通知行的名称________________

签字________________ 签字________________

附式 6.2 信开本信用证中文式样

SWIFT MT700: ISSUE OF A DOCUMENT CREDIT
From: XX BANK
40 A FORM OF DC: IRREVOCABL
20 DCNO: 1234
31 C DATE OF ISSUE: 200X,
31 D DATE AND PIACE OF EXPIRY: 200X, CHINA
50 APPLICANT: A COMPANY
59 BENEFICIARY: B COMPANY
32 B DC AMT: CURRENCY USD XXX
41 A AV ALL ABLE WITH /BY: ANY BANK BY NEGOTIATION
42 C DRAFTS AT: SIGHT
42 A DRAWEE: XXBANK
43 P PARTIAL SHIPMENT: ALWD
43 T TRANSHIPMENT: ALWD
45 A GOODS: XXGOODS FR A TO B
46 A DOCUMENTS REQUIRED: COML INVO AND B/L IN TRIPILICATE
48 PERIOD FOR PRESENTATION: DOCS TO BE PRESENTED WI 15 DAS
49 CONFIRMATION INSTRUCTIONS: WITHOUT

附式 6.3 SWIFT 信用证式样

6.1.5 关于《跟单信用证统一惯例》

自19世纪80年代银行信用证首先在英国伦敦出现以后，由于它对买卖双方的货款安全保证和便利资金融通的作用，很快在全世界得到推广。20世纪初叶，跟单信用证在国际贸易中已被世界各国普遍使用。但由于各国法律不同，业务操作规则不同，由此引起的信用证纠纷经常发生，影响了信用证在国际贸易中的推广使用，也影响了国际贸易的发展。因此，制定一套能够约束信用证有关当事人并为各方共同遵守的统一、明确的规则，就成了信用证有关各方的共同需要和迫切愿望。

在这种情况下，国际商会根据美国代表的建议，由法国代表执笔编写，在1929年发布了编号为74号小册子(ICC Brochure NO. 74)的《商业跟单信用证统一规则》(Uniform Regulations For Commercial Documentary Credit)，对跟单信用证的含义，有关名词和术语以及信用证业务的有关各方的权利和义务做了解释，并建议各国银行予以采用。但由于这个"规则"仅仅反映了个别国家银行的观点，结果只有法国和比利时两个国家采用。为此，国际商会于1931年着手对之进行修改，并于1933年2月以第82号出版物正式公布，定名为《商业跟单信用证统一惯例》(Uniform Regulations For Commercial Documentary Credit)。

其后随着国际贸易的不断发展，新的运输技术和运输方式的出现和广泛应用，以及在使用惯例过程中所暴露的问题，国际商会先后于1951年、1963年、1974年、1984年、1994年、2007年进行了七次修改。1963年第三次修改后，更名为《跟单信用证统一惯例》(Uniform Regulations For Commercial Documentary Credit)，简称为UCP。2006年10月进行了第七次修订，编号为UCP600，于2007年7月1日正式实施。UCP600是跟单信用证统一惯例的最新版本。这里需特别提出，《跟单信用证统一惯例》只是跟单信用证业务的指导性文件和业务操作规则，不是一项国际性的法律规章，不具有强制执行的效力，按《跟单信用证统一惯例》规定，只有信用证明确表示依据该惯例开立，有关当事人才受其约束。

6.2 信用证的当事人及其相互间的法律关系

信用证的主要当事人有开证申请人、开证行、受益人和通知行，在实际业务中可能还包括保兑行、付款行、偿付行和议付行等。

6.2.1 开证申请人

开证申请人(Applicant)是指向开证行提出开立信用证申请的人。在国际贸易中，一般是货物销售合同的买方，即进口商。当进出口双方签订的贸易合同中规定采用信用证方式结算时，进口商就会向银行提出申请开立信用证从而成为开证申请人。

在信用证业务中，进口商受两种契约关系的约束：一种是与出口商之间的买卖合同；另一种是与开证行之间的开证申请书。其权利和义务如下：

(1)按合同规定及时向银行申请开证。一般出口商会在合同中规定信用证送达的期限，以约束进口商及时开证。如果合同未规定开证时间，开证申请人也应在合理的时间内申请开证，使得出口商能在收到信用证之后，按合同规定的装运期限及时的备货、发货。进口商也有拒绝开立信用证的权利。如果交易合同中规定买方开立信用证是以卖方交付一定的"履约保证金"为前提，但卖方未交付，买方有权拒绝开信用证，其后果与损失由卖方负担。如果信用证开出后，卖方却未能按期装运货物并交出单据，则开证申请人有权没收卖方在开立信用证之前交付的履约保证金，以弥补开证费用与利息损失，如果不足，有权再向卖方索赔。

(2)合理指示开证。贸易合同是信用证的基础，是进口商申请开证的依据。申请人申请开证行开证时要向开证行开具开证申请书。申请书是申请人对开证行具体的开证指示，是开证行开证的依据。申请人填写开证申请书实际上是把合同内容变成信用证条款，而每一条款都有单据要求，即所谓的合同条款化、条款单据化。所以要注意措辞的准确、明确，内容简练而完整。即保持信用证与合同内容的一致，又使得信用证简明且无歧义，而且要避免非单据化条款。非单据化是指没有表明要提供与之相符的单据的条款，因为非单据化条款不是信用证条款，对受益人无约束力，银行不予理会。

(3)提供开证担保(Secured agreement for letter of credit)。担保可以是开证押金、动产或不动产，也可以是第三者提供的担保。开证押金可以高达信用证金额的 100%，也可以较低，银行对各种客户和各种商品有不同的尺度。对于经常往来的客户，银行可根据客户的资信、商品行情和市场动向，考虑给进口商一定的授信额度，开证行金额在授信额度内不需押金，超过授信额度则收押金。押金是冻结不用的，所以不计利息，若以存单担保，则仍按原定利率计息。

(4)支付开证与修改的有关费用。开立信用证及修改信用证的费用应由申请人承担，这些应付费用包括：开证手续费、电报费、信用证修改费、邮费等。

(5)及时付款赎单。信用证项下的付款是以提示与信用证条款相一致的单据为前提条件，开证申请人有审单、退单的权利。如果单据不合格，有权拒付并收回开证担保，当然，如果进口商愿意接受该批货物，即使单证不符也可以付款赎单；如果单据合格但被银行错误地对外拒付，有权提出异议并要求银行赔偿相应的损失。而在付款赎单并提货后，发现货物与单据不符，不能向开证行追究责任，只能与出口商交涉。

6.2.2　开证行

开证行(Issuing bank)是根据申请人的要求和指示，或根据其自身需要开立信用证的银行。开证行一般是进口商所在国的银行。作为信用证的发出者，开证行受三方面的约束：一个是与申请人的代理合同；另一个是对受益人的付款承诺；第三个是与通知行或议付行的代理关系。

开证行的行为要受开证申请书的约束，必须遵照申请人的指示行事并对自己的过失负责；开证行开出信用证后，必须对受益人承担第一性的付款责任。开证行的责任和义务如下：

(1)遵照开证申请人的指示开立和修改信用证。开证行应切实遵照开证申请书指示的条件开立信用证。为使信用证的内容完整明确、简明合理，开证行有义务向开证申请人提供建议和咨询服务。开证行应劝阻申请人在信用证申请书或修改书中罗列过多的细节，同时也要避免非单据化条款。

开证行有向开证申请人收取部分或全部开证押金的权利。如市场变化或开证申请人的资信发生变化，有权随时要求开证申请人补缴押金，直到百分之百为止。但收取的押金不能用于抵冲开证申请人的其他债务而取消开证。

开证行接受了开证申请书和开证担保后，应在合理时间及时开出信用证。如果因自己的责任延迟开证，给申请人造成损害的，应承担赔偿责任。但银行对邮递或电信传送过程中发生的延误、残缺或其他差错，不承担任何责任或义务。

(2)合理、小心地审核单据。开证行在收到受益人(出口商)的单据后，必须小心谨慎地加以审核，确定其是否与信用证条款相符。开证行只需审核单据表面有无不符点(discrepancy)，而对任何单据的形式、完整性、准确性、真实性及法律效力等不负责任。但是，如果受益人出于恶意伪造单据，而银行经审查觉察到单据是伪造的，也可以拒付。

UCP600 第 14 条 13 款规定：开证行应在不超过收到单据次日起 5 个银行工作日内审核单据，以决定接受或拒付单据，并通知交单方。如果因此延误付款，造成对方银行向其索赔利息，开证行必须负责赔偿。

(3)承担第一性、独立的付款责任。信用证是开证行的付款承诺，只要单证与信用证要求相符，开证行就必须按规定付款，不得无理拒付。虽然开证行只是申请人的付款代理人，但信用证开出后，即使申请人倒闭或无力付款，开证行仍必须付款，而不能以申请人“无付款赎单能力”或“拒绝赎单”以及“未交开证押金”或“有欺诈行为”等为理由拒绝付款。开证行开出信用证后即承担了第一性、独立的不可推卸的付款责任。

(4)保管好单据。受益人按信用证规定将全套单据提交给开证行，在开证行审核单据，申请人付款赎单之前的这段时间，开证行作为受益人的受托人有责任保管好单据。开证行必须对这期间单据的残缺、改动或损失等负责。开证行在占有单据期间，不得擅自处理单据。如果开证行认为单据有不符点，就不应将单据正本寄交开证申请人，即使开证申请人宣称需要检验货物，开证行也不能擅自做主。否则，由此引起的后果由开证行承担。当然，在开证行认为单据没有不符点，或受益人通知开证行将正本单据寄交开证申请人的情况下，开证行可以不承担此责任。

6.2.3 受益人

受益人(Beneficiary)是指信用证上指定的按受信用证并享受其利益的人，通常是买卖合同中的卖方(出口商)。受益人受两个合同的约束：与开证申请人之间的贸易合同和与开证行之间信用证。其权利和义务如下：

(1)审核信用证条款和要求改正的权利。受益人收到信用证后，应仔细将信用证内容与合同条款核对，并审核信用证条款能否履行。如果信用证条款与合同不一致或新增加了内容，受益人有权要求进口商指示开证行修改信用证，或拒绝接受信用证。如修改仍不符，且足以造成不能接受，有权拒绝受证，甚至单方面撤销，并提出索赔。如果受益人不要求修改，则只能按信用证规定而不能按买卖合同规定交货,否则无法享受信用证所给予的收款保证,但此时存在违背买卖合同的风险。如果受益人不要求修改,也不交货,则可能被进口商指责违约。

(2)及时提交正确、完整的单据。受益人权利的兑现以提交相符的单据为前提。当受益人接受信用证后,就必须按信用证条款办事,在规定的装运期内发货,并按照信用证条款规定缮制各种单据,做到单证相符,证证相符,即单据与信用证条款相符,单据与单据之间无矛盾。受益人要对单据的正确性和完整性负责。如提交的单据与信用证不符,有义务在规定的时间内更改单据。受益人不得要求银行接受单证不符的单据。

(3)要求开证行承付。受益人向指定银行提交了与信用证相符的全套单据后,即可享受信用证的权益,有权要求相关银行给予承付(Honour)或者议付(Negotiate)。即使进口商认为货物不合格,有向受益人拒付的理由,银行也不能拒付。这是因为依据UCP600的规定,银行依信用证所进行的付款、承兑汇票或议付,或履行信用证项下的任何义务、责任,不受申请人由于他与开证行或受益人之间的关系而提出的索赔或抗辩的约束。当然,受益人应该对货物的全面合格性负责,这是对进口商履行买卖合同的义务。万一开证行倒闭,议付行向受益人追索时,受益人有权凭单据向开证申请人要求付款,即使开证申请人已交押金,遭受了损失,并不影响受益人的权利。

6.2.4 通知行

通知行(Advising bank)是指应开证行要求通知信用证的银行。它与开证行之间是委托代理关系,一般是开证行在出口商所在国的联行或代理行。作为开证行在出口地的代理人,通知行的代理责任仅限于将来证和事后的修改通知信用证受益人,且证明其真实性并及时澄清疑点。当然通知行有权不接受指示通知有关的信用证,但必须无延迟地告知开证行。如果通知行同意通知信用证,就需合理小心地审核信用证的表面真实性。信用证业务中,信用证之所以不是直接寄给受益人,而要通过银行传递,就是要利用银行之间核对真实性的手段,保证让受益人能收到真实的信用证,以保护受益人的利益。所以,通知行必须对信用证的表面真实性负责。具体地说,通知行必须确定印鉴是否相符,密押是否一致。除此之外,并无其他责任。

如果无法确定来证的真伪,必须无延误的告知开证行,进行查询,核定情况,并可暂不通知受益人;如果通知行不能确定信用证表面的真实性而又决定通知受益人时,必须将有关情况告知受益人。至于受益人是否备货发货,由受益人决定。

通知行收到外文信用证,可以不予翻译,直接将原文通知受益人。也可以进行翻译,但有关专业术语的翻译如有错误,银行不负责任。

如果通知行通知受益人的信用证有修改,则有关修改书也必须由这家银行通知。

6.2.5 保兑行

保兑行(Confirming bank)是根据开证行的授权或要求在信用证上加具保兑的银行。保兑行一般是出口商所在国信誉良好的银行,它接受开证行的邀请在信用证加具保兑后,该信用证的受益人就获得了开证行和保兑行双重独立付款保证。该信用证的可接受性大大增强。

一般银行在接到开证行的保兑邀请后，为降低风险，要对开证行的资信状况以及信用证条款研究之后再决定是否加具保兑，除非两个银行之间的代理协议有硬性规定。如果决定不按开证行授权或要求对信用证加具保兑时，必须毫无迟疑的通知开证行。

开证行可以邀请通知行充当保兑行，也可以寻找另一家银行充当。

保兑行对信用证加具保兑后，就承担了与开证行几乎相同的责任，当然也享有相应的权利。

在单证相符条件下，保兑行的付款责任与开证行是完全一样的，都是第一性付款人。但是，保兑行和开证行的承诺是分别独立的，各自承担的责任范围，承诺的内容可以不完全一致，比如，保兑行可以特别约定只负责发票金额的 80%，或者负责的期限不同于信用证的有效期等。另外，保兑行可以被指定为议付行，但保兑行的议付是无追索权的议付。至于受益人或议付行究竟应先向开证行还是保兑行索付，UCP600 没有具体规定，按实务中的一般做法，除非信用证中有明确的规定外，受益人或议付行有权自行选择，开证行和保兑行均不得相互推诿。但如果单据绕过保兑行提交开证行，开证行倒闭或因其他原因不能付款，再行提交到保兑行时，若其保兑已逾期，保兑行将不再承担保兑责任。受益人于规定的时间及有效期内将相符的单据自行或通过指定银行提交到保兑行，保兑行负当然的付款责任。

保兑行是应开证行的请求或授权对信用证加具保兑，保兑行付款后只能向开证行索赔，如果开证行倒闭或无理拒付，保兑行无权向受益人或其他前手追索票款。

保兑行有权拒收有不符点的单据，但必须明确无误地向受益人声明这一态度。在此情况下，保兑行将不再承担保兑项下的任何责任。然而，如果保兑行因为单据存在不符点便想当然地以为自己的保兑责任已自动解除，或默认受益人的请示，电询开证行，或自行电询开证行，或将单据寄开证行求其接受单据而不声明解除保兑，那就误导了受益人，使其产生了开证行一旦接受单据，保兑行仍然继续其保兑的错觉。例如，保兑行收到远期信用证不符点单据一套，经受益人同意向开证行电询，开证行遂接受单据，并承兑了汇票，受益人因资金宽松未要求保兑行贴现或议付。汇票到期时，开证行倒闭，款项未付。受益人与保兑行就保兑行是否应履行保兑责任产生争议。为此。国际商会银行技术委员会提醒银行，不符点单据由保兑行在信用证交易的架构内提交开证行求其认可（For approval），此举可视为实质上是要求信用证加以修改。一旦单据被接受了，不符点便不存在，保兑行仍要承担保兑责任，履行其付款义务。所以，保兑行若想无懈可击地因不符点而解除其保兑责任，无论是自行还是受受益人之托，不论是向开证行寄单试收还是电询，均应向受益人明确表明：由于单据存在不符点，无论开证行接受与否，保兑行均不再继续承担其保兑责任。

UCP600 中对保兑行的定义强调保兑行必须经开证行授权或要求加具保兑，未经开证行授权或要求加具保兑的银行，不是 UCP 定义的保兑行，不受 UCP 的保护。而在未经开证行授权或要求的情况下，一家银行与受益人达成协议（往往在受益人的要求下）对信用证加具保兑的行为，习惯上称为沉默保兑（Silent Confirmation），其本质上是加具沉默保兑的银行向受益人作出的承担开证行履约风险的一种保证或约定，在开证行不履约或无法履约时，沉默保兑银行对受益人予以赔偿。因此，沉默保兑责任是一种担保或风险承担责任，完全不同于 UCP 中“真正”保兑的第一性付款责任。UCP 中的保兑是开证行的授权行为，而沉默保兑则完全是沉默保兑银行和受益人之间的约定，与开证行或其他人均无关。

沉默保兑行并不享有UCP中规定的保兑行的权利，除非在它与受益人达成的协议中另行规定。如果加具沉默保兑的银行是信用证中的被指定银行，在按照开证行的指示承付或议付后，该行对开证行有索偿权；如果索偿未果，其对开证行拥有诉讼权。此时该行与通常被指定银行的不同在于该行的承付或议付行为对受益人没有追索权。由于沉默保兑银行是被指定银行，此时该行的法律地位和风险可以得到较好的控制。如果加具沉默保兑的银行不是信用证的被指定银行，该行通常会与受益人签订信用证项下的款项让渡协议，使自己处于信用证下款项受让人的地位以明确其法律地位，从而使自己获得在信用证下对信用证的索偿权和诉讼权。

如果信用证项下要求提交汇票，那么沉默保兑行不论是否是被指定银行，只要成为持票人（Holder），在开证行承兑后，其有权根据票据法向作为票据付款人的开证行索偿。从这一点来看，信用证是否要求提交汇票，也将影响沉默保兑行的法律地位。此时该行向开证行索款的权利将完全来自于票据法，从而应满足票据法下的所有要件。可以理解为信用证项下的款项让渡通过票据法下流通转让的方式得以承载、完成。但考虑到涉及信用证业务的特殊性，比如信用证项下款项让渡必须及时通知开证行，作为票据的持有人，其提示付款的行为则不能完全按照票据法的规定，而必须在开证行向受益人付款前或在到期日前向开证行提示付款。

6.2.6　付款行

付款行（Paying bank）又称代付行，是开证行的代理付款人，开证行一般将其规定为信用证的付款人或信用证项下汇票的受票人。信用证的第一付款人是开证行，为了付款方便，开证行通常指定受益人所在国的一家银行作为信用证项下款项的代付行，代理开证行付款。开证行通常会委托自己的海外联行或代理行作为付款代理人。开证行与代付行的关系是建立在两家银行的代理合同上的，如果不在代理范围内，开证行指定某银行为付款行，该行有权拒绝代为付款，但这种情况只有在开证行资信极差、付款行没有获得偿付时才会发生。

代付行一经接受开证行的代付委托，它的审单付款责任与开证行一样，也属于“终局性”的，如发现不符点应拒付，但一旦验单付款，不得向受益人追索。代付行付款后无追索权，它只能向开证行索偿。如开证行收到代付行寄来的单据发现有不符点并拒付，代付行就得自负责任，必要时可自行提货并转卖，所受损失自己承担。有时代付行根据开证行指示不必验单，只凭议付行声明单证相符，按信用证要求付款，此时代付行对受益人也无追索权。

6.2.7　偿付行

偿付行在（Reimbursing bank）是信用证中指定的代开证行向代付行或付款行进行偿付（清偿垫付）的银行。偿付行一般是开证行设在信用证结算货币清算中心的联行或代理行。

如果开证行与议付行或代付行没有账户联系，特别是信用证采用第三国货币结算时，开证行会指定另一家与它有账户关系的、在货币清算中心所在地的银行充当偿付行。所以偿付行往往是第三国银行，或由通知行兼任。信用证上规定有偿付行时，开证行开出信用证后应立即向偿付行发出偿付授权书，通知授权付款的金额、有权索偿银行等内容。偿付行收到有权索偿银行发出的索偿书后，如索偿金额不超过授权金额，则应立即向索偿银行付款，然后再向开证行索付。

偿付行是根据它与开证行签订的偿付协议办理支付的，如果开证行没有存款或存款不足，又无透支协议，则偿付行有权拒付。

偿付协定是开证行与偿付行之间的委托代理合同，所以偿付费用一般应由开证行承担。如果偿付费用规定由另一方负责，偿付行一般是直接从偿付款项中扣除。偿付费用如由开证行承担，无须在信用证中说明，如由另一方负担，则开证行必须在信用证中明确说明。

偿付行与信用证无直接联系，信用证项下的单据由议付行直接寄开证行，偿付行不接受单据，不审核单据，不与受益人发生关系，所以偿付行对索赔行的付款，不能视为开证行的付款。由于议付行在向开证行寄单的同时，将索赔指示径直寄偿付行，所以可能会有这种情况：开证行发现单据与信用证不符，但偿付行已经偿付议付行。这时，开证行或保付行有权要求议付行退回已付款项，但不能向偿付行追索。根据惯例，偿付行只管偿付，退款与它无关。

如果索赔行（议付行、代付行、保兑行）因故不能从偿付行那里获得偿付，开证行要负责偿付并支付因迟付的利息损失。因为偿付行并非债务人，而只是受开证行委托代为偿付，所以开证行作为信用证的实际债务人，不能因此解除其在信用证中所做的付款承诺。而且只要迟付原因不在索偿行，由此引起的利息损失，开证行要负责赔偿。

6.2.8 议付行

议付行（Negotiating Bank）是根据受益人的要求和提供的单据，在核实单证相符后向受益人垫款，并向付款行或偿付行索回垫款的银行。

议付是被授权议付的银行对出口商有追索权地购买货权单据的行为。虽然在 UCP600 中没有了“议付信用证”“议付行”的定义，但根据信用证业务的习惯，在实务中“议付”行为仍然存在。在信用证的各种偿付方式中，议付是最常见的一种。开证行可在信用证中指定一家议付银行，这种议付称为限制议付。如果开证行在开出议付信用证时未指定议付行，则受益人可以在任意一家银行议付，这种议付称为自由议付。

议付行为了安全索偿，必须合理小心地审核单据，保证单证一致，以规避开证行因单据不符而拒付的风险。因为即便议付行是开证行设于不同国家或地区的分行，根据 UCP600 的规定，它在信用证业务中是独立于总行之外的另外一家银行。当议付行议付了信用证后，作为总行的开证行也可以因单证不符而拒付。同时，议付行因信用证业务发生的纠纷也不应涉及作为开证行的总行。

议付行有权向开证行、保兑行或付款行、偿付行索偿已向受益人垫付的款项。议付行可以一面向开证行寄单，一面向付款行或偿付行索偿。如果没有付款行或偿付行，就在给开证行的寄单面函中加注付款指示。

如果议付行向开证行的索赔遭拒付，可以向受益人行使追索权，此时议付行相当于汇票的正当持票人，除非议付行是保兑行。但如果议付行接受了受益人交来的“无追索权”的汇票并进行议付后，则应承担“无追索权”的风险，如事后被开证行拒付，议付行应自负责任。

6.2.9　信用证的业务流程

在国际贸易结算中使用的跟单信用证有多种类型，不同类型的信用证的业务程序在具体细节上有所不同，但都要经过申请开证、通知、交单、付款、赎单等环节。信用证业务程序如图 6.1 所示。

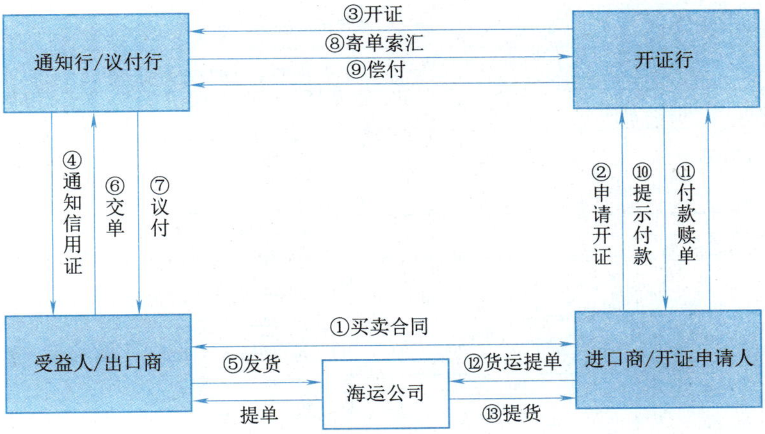

图 6.1　即期跟单信用证业务流程图

图 6.1 中，各个环节的具体内容是：

①进出口商签订买卖合同，并约定以信用证方式进行结算。

②进口商向所在地银行签署开立信用证申请书申请开立信用证。

③开证行开出信用证并送达通知行。

④通知行将信用证通知给受益人（出口商）。

⑤出口商按信用证要求，将货物交予承运人，取得相关单据。

⑥出口商发货后向银行出示信用证项下要求的单据和汇票后向议付行提示，要求议付。

⑦议付行审单无误后，垫付货款给出口商。

⑧议付行议付后，将单据和汇票寄开证行索汇。

⑨开证行收到与信用证相符的单据后，审单付款。

⑩开证行付款后，提示进口商付款赎单。

⑪进口商向开证行付款赎单。

⑫进口商向承运人提示货运提单。

⑬提取货物。

以上业务流程，与银行关联的有十个环节，分述如下。

1. 进口商申请开证

买卖双方如果在其签订的合同中约定使用信用证结算方式后，进口商应当向当地一家银行申请开立信用证。进口商或开证申请人应填写开证申请书，以作为银行开立信用证的依据。

一般的银行都有印就的空白的标准格式的信用证申请书，申请人只要按要求在空白处填写相应的内容，签名盖章即可。开证申请书式样见附式 6.4。

APPLICATION FOR IRREVOCABLE DOCUMENTARY CREDIT

XYZ INTERNATIONAL BANK, LTD.

16 Part Street, Singapore

Mark "X" in appropriate boxes

Please issue □ by full telex □ by airmail

□ with brief telex advise

	Date of application Credit No.
	Date and place of expiry
Applicant (name and address)	Beneficiary (name and address)
Advising Bank	Amount in figures and words

Credit available with Nominated Bank:

Confirmation of the Credit: □ Not requested □Requested		
□ Insurance covered by us		□ by payment at sight □ by deferred payment at □ by acceptance of drafts at □ by negotiation against the documents detailed herein: □ beneficiary's draft(s) drawn on
Partial shipments □Allowed □Not Allowed	Transshipment □Allowed □Not allowed	
Dispatched/Shipped from: To latest on		

Documents required:

Commercial Invoice signed original and copies

Transport Document:

□Multimodal Transport document, covering at least two different modes of transport

Marine / ocean Bill of lading covering a port - to - port shipment

Air/Way bill, original for the consignor

□ Other transport document

□ To the order of

□ Endorsed in blank

□ Marked freight □ Prepaid □ To collect

□ Notify:

Insurance Document:

Policy□Certificate □Declaration under open cover Covering the following risks:

Other documents

Evidencing shipment of

Price terms

Special terms and condition

Documents to the presented days after the shipment but within the validity of the credit.

It is understood that this letter of credit issued by at our request is subject

To the terms and conditions of the Agreement of Pledge signed by us with you and

The Uniform Customs and Practice for Documentary Credit (2007 Revision), ICC Publication No. 600.

Name and signature of the applicant

附式 6.4 开证申请书式样

在开证之前，开证申请人应按银行的要求提供一定比例或全部金额的押金，或要求银行为其提供一定的开证信用额度，同时根据不同国家的规定，有的还应提供必要的批准。填制符合规定条款的开证申请书并交纳开证手续费等。

2. 开证行开立信用证

银行接受进口商的申请后，要对开证申请书的内容进行审阅，如有疑问立即联系申请人，了解清楚申请开证的意图，然后按照开证申请书的要求和指示，开出信用证。开立信用证的银行即为开证行。信用证应交开证行在出口地的代理行进行通知。如果是信开本，一般为一正三副，开证行应送交代理行正本和副本各一份，另两份副本一份留存，一份交开证申请人保存。信开本信用证开出后，开证行以航空信函将其寄给出口商所在地的联行或代理行，要求该行通知(Advise)或转递(Transmit)给出口商。有时开证行为了使自己的信用证有较好的可接受性，就要求另一家银行加具保兑，这家银行称为保兑行，一般是出口地信誉良好的银行加具保兑。

开证行也可以开出电开本信用证或SWIFT信用证。电开本信用证传递速度快，可以节约时间。

3. 通知信用证

出口方银行收到开证行开来的信用证后，凭密押或印签验证信用证的真实性。然后，根据信用证的要求，将信用证通知或转递给受益人。受益人根据信用证备货、发货、交单。

信用证的通知，是针对电开本信用证而言的。电开本信用证是以通知行为收件人的，通知行收到信用证并核押无误后，即以自己的通知书格式照录全文，通知受益人，办理这种业务的银行称为通知行。通知行在通知SWIFT信用证时，必须向受益人特别提及并在信用证中加列UCP600。

信开本信用证在寄送到出口地银行后，由银行核对印签，若相符，银行应直接将原文件转交给出口商即可，办理这种业务的银行称转递行。

4. 发　货

出口商收到信用证后，审核该证是否能接受，主要是审核信用证所列诸条款是否与买卖合同中所列的条款相符。如果信用证经审核无误，出口商应立即以受益人身份按信用证规定备货、发货。

5. 交　单

出口商根据信用证发货后，从承运人处取得货运提单，办妥和缮制信用证所规定的全部单据，签发汇票，在规定的时间内连同全套单据和信用证一并送交一家当地银行，一般是通知行。

6. 议　付

出口商交单的银行一般是通知行，它受开证行的邀请，在受益人交来符合信用证要求的单据后，为受益人垫付货款。由于是从货款中扣除了利息和手续费之后交付货款，故称"议付"。议付同时也是一种汇票的"贴现"行为。议付是银行给出口企业的融资安排，出口商在交单后通过议付可以立即取得货款。

7. 寄单索偿

议付行办理议付后，立即将单据寄给开证行索偿，或者按信用证规定，单据寄开证行而向偿付行发出索偿书(Reimbursemet Claim)。偿付行是开证行指定的对议付行的垫付进行具体付款的银行。如果开证行与议付行没有账户关系，它会指定另一家与之有账户关系的银行充当偿付行,并在开立信用证后立即向偿付行发出偿付授权书。

8. 偿　　付

开证行收到议付行寄来的单据后,对照信用证条款对单据进行审核,审核无误后应在5个银行工作日内按议付行的索汇指示办理付款。有时开证行会邀请一家出口地银行代付,即代付行。如果是偿付行收到索偿书,只要索偿金额不超过授权书金额,就得立即按索偿书的指示偿付。

9. 提　　示

开证行履行偿付责任后,立即通知开证申请人(进口商)付款赎单。

10. 付款赎单

进口商对单据审核无误后,向开证行付款。如开证时曾交付押金,则付款行予以扣减。付款后则向开证行领取全套单据,然后凭货运提单据到承运人处提货。

6.3　信用证的种类及应用

国际贸易活动中,进出口商从事贸易交易的模式多种多样,为了满足客户的不同要求,在遵循信用证基本业务原则的基础上,银行开发出了功能、用途各异的多种类型的信用证。下面介绍国际贸易中常用的几种信用证。

6.3.1　光票信用证和跟单信用证

根据信用证项下的汇票是否附有货运单据,分为光票信用证和跟单信用证。

1. 光票信用证

光票信用证(Clean Credit)是指开证行仅凭受益人开具的不附货运单据的汇票或仅凭发票付款的信用证。信用证要求附有非货运单据,如发票、垫款清单等,也属于光票信用证。光票信用证由于不需要提交货运单据,对进口商风险较大,故光票信用证在国际贸易中较少使用,主要被用于贸易从属费用的清算和母子公司间货款的清偿。

2. 跟单信用证

跟单信用证(Documentary Credit)是开证行凭跟单汇票和规定的单据或仅凭单据付款或议付的信用证。这里的单据是代表货物所有权或证明货物已装运的各种证明文件,如货运提单、保单、商检证明、产地证、航空运单等。国际贸易中所使用的信用证大多是跟单信用证。

6.3.2　不保兑信用证和保兑信用证

根据信用证是否加具保兑分为不保兑信用证和保兑信用证。

1. 不保兑信用证

不保兑信用证(Uncorfirmed Credit)是指未经另一家银行加具保兑而通知受益人的信用证。这类信用证开证行负第一性付款责任。在实务中,不保兑信用证的使用居多,实力雄厚的大银行或资信良好的银行开出的信用证均是不保兑的信用证。因为保兑行对信用证加具保兑要收取保兑费，增加进出口商的经营成本。另外，如果开证行的资信良好，自己开出的信用证由别的银行加具保兑，是对自己信誉的损害。这里特别说明，我国银行不对外开立保兑信用证。因为我国经营国际结算业务的银行，都是实力雄厚的银行，均有足够的偿付能力，故而不需要其他银行保兑。

2. 保兑信用证

保兑信用证(Confirmed Credit)是指除开证行以外还有另一家银行参加负责，保证兑付的信用证。在信用证上加具保兑的银行叫做保兑行，通常由通知行担任，也可以是其他银行。信用证一经保兑，受益人就取得了保兑行与开证行的共同付款的保证。保兑行对受益人独立负责，受益人发货后可直接向保兑行交单索偿，只要在信用证有效期内，保兑行不能撤销保兑责任，即使发生开证行倒闭或拒付的情况，也不能向受益人追索，保兑行与开证行的关系恰似开证行与申请人的关系。

信用证的信用可靠性主要与开证行的实力有关。信誉良好的大银行开出的信用证很容易在世界各地得到议付。通常，由于对开证行的资信不了解，对收取货款没有十足把握，受益人可以要求开证行请求知名的大银行或受益人熟悉的银行对信用证加具保兑。这样，就能使受益人得到双重保证，不管开证行有无偿付能力。

6.3.3 即期付款信用证、延期付款信用证、承兑信用证、议付信用证

受益人交单给指定的银行向它办理结算时，根据兑付方式的不同，可分为即期付款信用证、延期付款信用证、承兑信用证和议付信用证。根据UCP600，信用证必须规定它是否适用于即期付款、延期付款、承兑或议付。

1. 即期付款信用证

即期付款信用证(Sight Payment Credit)是指采用即期兑现方式的信用证，一般不要求受益人开立汇票。开证行或指定的付款行凭受益人提交的与信用证条款相符的单据即予以付款。付款行可以是进口商所在国的开证行、出口商所在国的通知行或任何第三方银行。从受益人角度看，付款行为出口地银行对其最为有利，受益人提交相符单据后马上就可以放心地使用资金，可以节省寄单时间。如单据有问题，受益人还可就近与付款行协商。

2. 延期付款信用证

延期付款信用证(Defferred Payment Credit)是指开证行在信用证中规定货物装船或受益人交单后若干天付款的信用证，它是一种远期信用证，这类信用证一般不要求出口商开立汇票。简言之，延期付款信用证就是远期付款又不要汇票的信用证。信用证上规定的到期日一般有两种情况：或提交单据后若干天付款，或自装运日后若干天付款。延期付款信用证不要求汇票(可减少印花税)，仅要求受益人在规定的日期临时请求付款，因而付款行不需要作出承兑，但在受益人交单时会提供一份延期付款承兑书(Deferred Payment Undertaking)，注明信用证号码、开证日期、信用证金额以及约定的付款到期日与受益人名称，保证到期向受益人支付货款。受益人若想提前收款，可以以此承诺书为抵押向其开户行申请预付款。

延期付款信用证是一种不用汇票的远期信用证。有的国家法律规定，超过半年期的承兑

汇票不能进入贴现市场，在这种情况下，远期汇票不起作用，这也是延期付款信用证产生的主要原因。延期付款信用多用于资本货物的交易，这类交易往往金额较大，付款期限很长，有的超过一年甚至几年。由于延期付款信用证不能以贴现的方式获得资金融通，所以出口商往往得利用当地银行的中长期信贷或政府的出口信贷解决资金周转问题。对进口商来说，使用延期付款信用证可以在付款前取得单据并提取货物，先行安装、调试或进行生产。

3. 承兑信用证

承兑信用证是指信用证规定开证行对受益人开立的以开证行自己为付款人或以其他银行为付款人的远期汇票，在提交单证相符的单据后，保证承兑并承担到期付款责任的信用证。这种信用证，当受益人提交远期汇票附上全套合格单据时，由汇票指定的付款行对汇票进行承兑，承兑后把汇票交给受益人，单据留下。汇票被承兑后，承兑行就不可撤销地承担了远期付款承诺。受益人可以持票到期收款，也可以随时在当地的票据贴现市场将汇票贴现以提前取得资金。

在承兑信用证业务中，远期汇票上的付款期限一般为："见票后××天付款"或"装运后××天付款"。开证行在承兑信用证上通常加列下列文句：We hereby engage that draft drawn in conformity with the terms of this credit will be duly accepted on presentation and honored at maturity.（我行保证对按信用证条款开立的汇票提示时即予承兑，并于到期日付款。）。

根据贴现费用支付方式的不同，在实务中，承兑信用证又可以分为卖方远期信用证（Seller's Usance L/C）和买方远期信用证（Buyer's Usance L/C）。

一般来说，受益人（即卖方）持付款行承兑的远期汇票贴现时，需负担贴现利息和费用，这种信用证称为卖方远期信用证，俗称真远期信用证，这是标准的远期信用证，这种信用证的交易背景是远期付款的交易，出口商签发远期汇票，获得开证行承兑之后自行办理贴现。

买方远期信用证的背景是买卖合同为即期付款交易。由于合同是即期的，进口商有即期付款责任，若资金周转困难，需要融通资金，便要求开证行开立假远期信用证，把即期付款做成远期付款。当付款行在收到合格单据并承兑远期汇票的时候，可以立即按票面金额支付给受益人，但承兑费用、贴现费用和利息均由进口商承担，这种信用证称为买方远期信用证，它实际上是即期支付的远期信用证，故俗称假远期信用证。对卖方（出口商）来说，假远期信用证与即期付款信用证是一样的，都能使卖方即期足额收款；而买方却可在远期汇票到期时，才向银行付款并承担利息和承兑费用，买方在付款之前取得单据，这实际上是银行对进口商的一种融资方式。

进口商要求开立假远期信用证的好处是：①可以推迟付款，解决资金周转的困难；②可以摆脱某些进口国家外汇管制法令上的限制，如某些国家政府规定，凡进口商品一律采取远期付款，当该国商人与外国出口商签订即期付款合同后，只能采用假远期信用证的办法来解决；③由于受益人可随时将远期汇票变现，进口商在贸易谈判时可争取一点让价，尽管贴息由进口商承担，但可得到价格上的好处。开证申请人一般选择贴现率较低的银行为付款行。

承兑信用证和延期付款信用证都属于远期信用证，都是由银行保证在将来时间支付。但两者远期付款的期限不同，前者是从开证行或付款行见票之日算起，后者是按信用证中规定的办法确定付款的具体日期。另外，前者要求开立远期汇票，而后者一般不需要汇票。

4. 议付信用证

这里要特别说明,过去在 UCP500 中将信用证分为四类,除了上述三类之外,还有一类是“议付信用证”,而 UCP600 中删除了“议付信用证”。这样的修改无疑是正确的。因为任何一种信用证无论是即期信用证还是远期信用证,根据开证行的意愿,既可以是允许议付的,也可以是不允许议付的。所以,将议付与即期和远期并列为一种形式,是不恰当的。

关于议付信用证,无论是哪种跟单信用证,如果允许议付,则信用证一般有“Negotiation”或“Negotiable”这个词。在允许议付信用证中,有两种做法:一是自由议付信用证(Freely Negotiation Credit),即任何银行都可以按信用证条款议付的信用证。二是限制议付信用证,即只能由开证行在信用证中指定的银行进行议付的信用证。

议付信用证可以是即期的,也可以是远期的,一般不需要开立汇票。汇票的付款人应为开证行或其他银行,而不能是开证申请人。议付行议付后向开证行或信用证上规定的偿付行索偿。如遭拒付,可以向受益人追回垫款及利息。议付是议付行向出口商的一种融资方式。

6.3.4 不可转让信用证与可转让信用证

根据受益人对信用证的权利可否转让划分,可分为不可转让信用证和可转让信用证。

1. 不可转让信用证

不可转让信用证(Non-Transferable Credit)是指受益人不能将信用证权利转让给他人使用的信用证。根据 UCP600 的规定,除非信用证特别注明“可转让”才属可转让信用证。凡未明确表明为可转让者,均为不可转让信用证。

2. 可转让信用证

可转让信用证(Transferable L/C)是指开证行授权的转让。在受益人(第一受益人)要求时,将信用证的可执行权利(即装运货物、交单取款的权利)全部或部分转让给第三者(第二受益人)使用的信用证。根据 UCP600 第 38 条的规定,可转让信用证必须由开证行在证中注明“可转让”字样。否则不得转让,可转让信用证只限转让一次。如果信用证允许分批装运,在总和不超过信用证金额的前提下,可同时分别转让给几个第二受益人。如信用证禁止分批装运时,信用证只能转让给一个第二受益人。当然,第一受益人也可只转让信用证金额的一部分,余下部分由自己使用。但可转让信用证只限于一次性转让,即作为第二受益人,也称受让人,不能继续将信用证转让给其后的第三受益人。然而,第二受益人将信用证转回第一受益人不在禁止之列,并且可由第一受益人将信用证进行再转让。

信用证的再转让是指原来的第二受益人在信用证尚未到期之前,保留未用金额,将其转回给第一受益人,第一受益人利用该部分金额再转让给新的第二受益人。这是允许的,只要原信用证未过期,被转让的金额确实未用,即可请求转让行办理再转让。但是,转让行应从原先第二受益人那里确认它没有使用,或者将不使用转让信用证项下的可用金额,还应要求他退回转让信用证的正本通知书。

按惯例,信用证转让时,转让行要重新打印信用证,由第二受益人根据新证办理交货,但第一受益人,即原证上的受益人仍需要负买卖合同上卖方的责任,打印新证的银行对新证所负责任与原证相同，不因开立新证有所变化。

转让信用证如遇开证行提出修改，如果信用证已转给几个受益人，各个第二受益人可独立决定是否接受修改，若其中一个或几个第二受益人拒绝接受信用证的修改，并不影响其他第二受益人接受修改，对拒绝接受的第二受益人而言，该信用证视为未作修改，仍按原证执行。

信用证只能按原证规定的条款转让，但 UCP600 第 38 条 9 款规定如下项目例外：

（1）新证的金额、商品单价可以比原证小，以便第一受益人从中赚取差额。

（2）新证的到期日、交单日及最迟装运日期可以比原证缩短，以利于第一受益人有充足的时间替换第二受益人的发票、汇票。

（3）保险加保比例可以增加，以使保险单金额达到原证要求。

（4）第一受益人可以自己的名称为新证申请人，以防止供货商了解国外进口商的名称，但是如果原证要求开证申请人必须出现在除发票以外的单据上时，必须照办。

信用证转让可以是不替换发票转让，也可以是替换发票转让。在不替换发票转让方式下，由第二受益人装运货物并备妥所需单据，通过第一受益人或直接以第一受益人的名义直接向议付行申请办理议付或付款，这种形式比较简便，一般多发生在总公司和分公司之间。如果第一受益人想保密，不让第二受益人与买方直接接触，并且直接从第二受益人处吃到差价，便会采取替换发票的形式。具体做法是：第二受益人按新证规定发货后，按新证条款开出汇票制作单据，并连同新证交议付行（即转让行），议付行照汇票金额议付，将款项交给第二受益人，同时通知第一受益人。此时第一受益人可按原证开出汇票、发票，交给转让行以调换第二受益人所交来的发票、汇票。转让行将两张汇票之间的差额付给第一受益人，此时第一受益人从中赚取利润。

转让行对第一受益人替换发票、汇票只有一次通知的义务，如果第一受益人被通知后迟迟不去办理，转让行有权将第二受益人的单据直接寄开证行，不再对第一受益人负责。有些第一受益人为了避免这种情况，他们在银行通知之前就将自己的空白发票与汇票交给转证行，请银行在第二受益人交单之后代填发票和汇票。可转让信用证的业务流程如图 6.2所示。

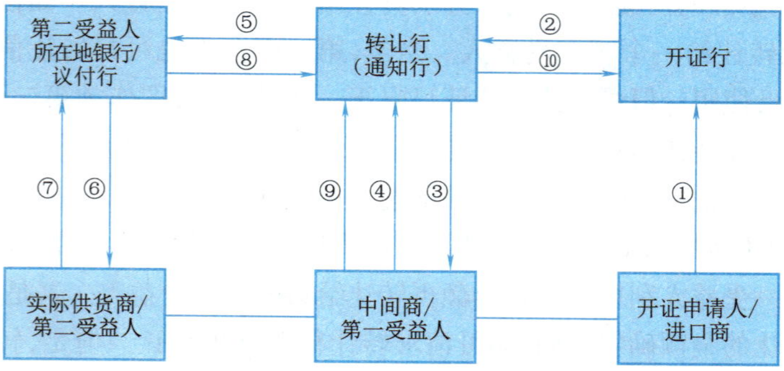

图 6.2　可转让信用证业务流程图

在图 6.2 中，各个环节的具体内容是：

①进口商申请开立可转让信用证。

②开证行将可转让信用证开给中间商所在地银行(转让行)。

③转让行将可转让信用证通知给中间商。

④第一受益人(中间商)向转让行申请,将信用证转让给第二受益人。

⑤转让行按第一受益人指示开立转让证,通过第二受益人所在地银行通知。

⑥通知行将转让证通知给第二受益人。

⑦第二受益人审证无误后,出运货物,按规定交单议付。

⑧第二受益人所在地议付行审单议付后,向转让行寄单索偿,转让行履行付款或议付。

⑨转让行通知第一受益人提供自己的发票、汇票(按原证金额开立的),以替换第二受益人的发票、汇票(按转证开立的),第一受益人取得两者间应得的差额。如果第一受益人未能在首次要求时予以调换,则转让行有权将第二受益人的单据直接寄给开证行,并不再对第一受益人负责。

⑩转让行将第一受益人开立的发票、汇票及第二受益人提供的其他单据一并寄开证行索偿。开证行凭符合信用证规定的单据付款后,通知进口商付款赎单。

可转让信用证通常用于以下3种情形。

第一,总公司从国外进口商处获得大额订单,但发货要由各分公司分别完成,在成交时,就要求进口商开立可转让信用证,以便在各口岸出运。这是同一受益人的内部业务,在业务流转无需替换发票。

第二,实际供货人没有外贸进出口权,委托有进出口权的公司代理出口。代理公司要求进口商开立可转让信用证。

第三,中间商在进口商和实际供货人之间做转手交易从中牟利。中间商与进口商签订买卖合同后,为了保守商业秘密,不愿进口商直接开证给供货人,因为这样做不仅会泄露他的贸易关系,而且也暴露了他的实际利润。但若进口商把信用证开给他,由他再向银行申请转开,则既增加费用,又必须垫付押金,因此,他要求进口商给他开来可转让信用证,这样,他收到信用证后,只要付出少量转让费即可转让给实际供货人,从中获取转让买卖的利润。

6.3.5 背对背信用证

背对背信用证(Back to Back Credit),俗称对背信用证,是指受益人要求原证的通知行或其他往来银行以原证为基础,另开一张内容相似的新信用证给实际供货者,这份新证称为背对背信用证。原信用证和新的信用证虽然是“背对背”的,但第二张信用证的开证行只能按第一张信用证的条款开证,两张信用证除发票和汇票的价格有差异,信用证金额和有效期不一样外,其单据要求和原信用证条款是一样的。在以出口商(中间商)为受益人开立的信用证为不可转让信用证时,或虽可转让但不符合出口商要求的,可以使用背对背信用证。这样,进口商与实际供货商是互相隔绝的,从而使中间商保守住商业秘密。

对背信用证和可转让信用证都用于中间交易,两者的业务程序相似。对背信用证的开立与可转让信用证的新证一样,基本条款与原证相同,只是金额、单价减少,转运期与交单有效期提前,但两者之间亦有不同之处。

(1)信用证性质不同。尽管背对背信用证是在原证基础上开立,但它是一张独立的信用证,表明背对背信用证的开证行对受益人的明确承诺。背对背信用证的开证行与其原证的开立行是两家银行,背对背信用证的开立行与原证的开证行都有第一性的付款责任。而可转让信用证是原证的延伸,原证与新证开证行都为同一家银行,转让行换开新证,但无保证付款的责任。只要所提交的单据与信用证条款相符就只能由原信用证的开证行负责付款。可转让信用证第一受益人和第二受益人都获得同一开证行的付款保证,其地位是平等的,而背对背信用证受益人与其原证受益人由于得到不同开证行的付款保证,其地位是不平等的。

(2)业务性质与当事人关系不同。背对背信用证下,背对背信用证和原证是两笔独立业务,背对背信用证受益人不会和原证申请人发生直接关系。可转证信用证下,第二受益人与原证开证行和原证申请人(进口商)可能发生关系。开证行、进口商、中间商均有可能知道新证受益人及换证业务,若第一受益人不能如期替换发票,转让行还可将第二受益人提供的单据直寄给开证行索汇。背对背信用证的业务流程如图 6.3 所示。

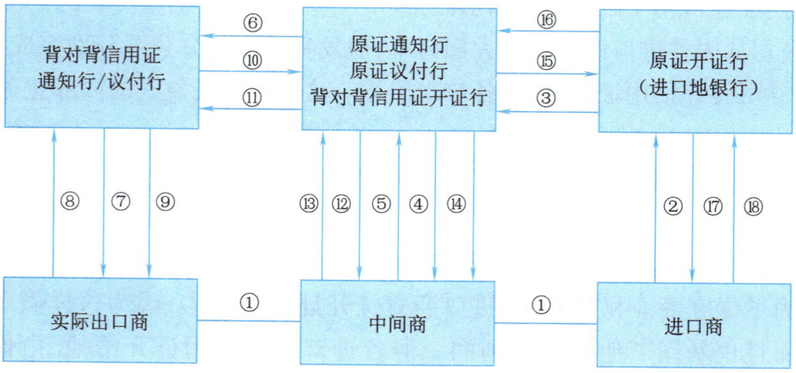

图 6.3　背对背信用证业务流程

在图 6.3 中,各个环节的具体内容是:

①中间商分别与进口商和实际供货商签订贸易合同。

②进口商申请开立信用证。

③进口商所在地银行开立信用证(以下称原证)。

④原证通知。

⑤原证受益人(中间商)申请开立背对背信用证。

⑥原证通知行开立背对背信用证。

⑦通知背对背信用证。

⑧背对背信用证受益人(实际供货商)交单议付。

⑨背对背信用证议付行审单议付。

⑩背对背信用证议付行寄单索偿。

⑪背对背信用证开证行审单偿付。

⑫背对背信用证开证行通知中间商。

⑬中间商换单议付。

⑭原证通知行（背对背信用证开证行）审单议付。

⑮原证通知行（背对背信用证开证行）向原开证行寄单索偿。

⑯原开证行审单偿付。

⑰原开证行通知进口商付款赎单。

⑱进口商付款赎单。

6.3.6 对开信用证

对开信用证（Reciprocal L/C）是指两张信用证的开证申请人互以对方为受益人而开立的信用证。对开信用证多用于易货贸易、来料来件加工和补偿贸易。一国的出口商向另一国的进口商输出商品，同时又向其购进货物，这样就可把一张出口信用证和一张进口信用证挂起钩来，使其相互联系，互相保证，这种做法称为对开信用证。对开信用证的特点是：第一张信用证的受益人和申请人分别是第二张回头信用证的申请人和受益人，第一张信用证的开证行和通知行分别是第二张回头信用证的通知行和开证行。两证金额可相等或不等。两证可同时生效，也可先后生效。生效方式有以下两种。

（1）两张信用证同时生效，第一张信用证先开，但是暂不生效，等对方开来回头证经受益人接受后，通知对方银行两证同时生效。

（2）两张信用证分别生效，第一张信用证开立后不以回头信用证的开立和接受为条件，而是立即生效，回头证另开；或在第一张信用证受益人交单议付时交来担保函，保证若干天内开出第一证申请人为受益人的回头证，在分别生效的条件下，第一申请人存在风险。

对开信用证不同于背对背信用证。背对背信用证是一张信用证背靠着另一张信用证开立，两笔都是进口业务；而对开信用证是一笔进口业务和一笔出口业务挂钩，主要用于易货贸易和来料来件加工装配业务。在这类交易中，双方都需向对方支付款项，但又不是独立的两笔交易。期间，交易双方均担心对方只享受权利而不履行相应的义务，于是就产生了把双方的付款承诺联系在一起的对开信用证业务，在一定程度上可以起到防范风险的作用。

我国来料加工和来件装配贸易中常使用对开信用证。对进口原材料、配件和设备，我方一般开出远期信用证，对成品出口则要求对方开来即期付款信用证，这样我方可在承兑对方汇票后先进口对方原材料、配件和设备进行装配，待成品出口后即期收取货款偿付到期的汇票。远期汇票的到期期限与加工装配的生产周期相吻合，以防回头证下成品不能按时出口收汇而无法如期偿付到期远期汇票。

6.3.7 循环信用证

循环信用证（Revolving Credit）是指信用证被全部或部分使用后，其金额又恢复到原金额，可再次使用，直至达到规定的次数或规定的总金额为止。循环信用证主要用于大宗贸品贸易。大宗商品贸易一般批量大、金额也很大，而且需要在较长时间内分批完成、分批装运，分批付款。由于每次装运条件、金额、提供的单据要求都是相同的，若每装一批开一张信用证，手续烦琐，费用也高，进口商为了节省开证手续和费用，开立一张循环信用证循环使用可以解决上述问题。循环信用证由是产生。

循环信用证比一般信用证多一个循环条款,以说明循环方法、循环次数与总金额。循环信用证可以分为按时间和按金额循环两种。

1. 按时间循环信用证

这种信用证规定受益人每隔多长时间可循环使用信用证上规定的金额。如信用证规定循环使用的时间为 6 个月,按月循环,则每月金额用过之后,下月初信用证金额自动恢复至原金额再次使用。如果上一循环期未用完的信用证金额,可以移至下一循环期合并使用,则称为可积累循环信用证。如果上一循环期金额不能够移至下一循环期使用,则称为非积累循环信用证。

2. 按金额循环信用证

这种信用证在规定的金额用完之后就恢复到原金额,以再次被利用,没有循环周期的限制。其具体的做法有 3 种:

(1)自动循环使用,即每期用完之后不需要开证行通知就自动恢复到原金额。

(2)半自动循环使用,即每期金额用后若干天内未接到开证行提出停止循环使用的通知,信用证自动恢复至原金额。

(3)非自动循环使用,即每期用完一定金额之后,必须等待开证行的通知到达后才能使信用证恢复到原金额。

特别注意,循环信用证因需长时期循环使用,议付行议付后应特别做好信用证的背批。

6.3.8 预支信用证

预支信用证(Anticipatory Credit)是指开证行授权指定银行向受益人预付信用证金额的全部或一部分,由开证行保证偿还并负担利息。预支信用证的特点是进口商先付款、出口商后交货。也就是进口商给予出口商的一种资金融通,允许出口商在装货交单前预支用货款,如果买卖双方欲采用预支信用证结算,申请开证的进口商则要求开证行在信用证中明确预支条款,说明预支金额和方法。

开证行在开证申请人的请求下,在信用证上加列条款,授权出口地银行(如议付行)仅凭出口商签发的光票,在交单前就向出口商预先自行垫付全部或部分货款,以帮助出口商备货装运。等出口商交单议付时,预支行再从议付金额中扣还已垫付的本息,将余额付给出口商。银行预支款项后要求受益人将信用证正本交出,以控制受益人向该行交单。若到期出口商未能装运,则由开证行负责向预支行偿还本息,再由申请人对开证行负责。这是进口商利用开证行信用帮助受益人融资的一种方式,由进口商承担融资风险。

最早的预支信用证主要用于澳大利亚、南非的羊毛进出口贸易。由于过去信用证的开立以信开为主,信用证上的预支条款为了醒目起见,通常用红字打印,故称为“红条款信用证(Red clause credit)”。而预支信用证发展到现在,基本采用电开,预支条款用红字强调的极少了。

这里顺便说一下,预支信用证与打包放款都是出口地银行向出口商提供的资金融通,但两者有所不同。预支信用证是开证行在信用证中授权出口地银行向出口商预支全部和部分信用证金额的款项,故出口地银行对出口商的贸易融资与进口商和开证行有密切关系;若出口商届时不能出运货物及交单议付,出口地银行可向开证行提出还款要求,开证行应立即偿还其垫款本息。而打包放款是由出口商自行凭正本信用证向出口地银行预借一定数量的资金,用于备货、发货,其借款行为与进口商和开证行无关,故贷款银行需自行承担信贷风险。

6.4　信用证的审核与修改

信用证的审核简称"审证",信用证的修改简称"改证"。信用证是由开证行根据进口商提交的开证申请书开立的,受益人同时受到合同契约和信用证契约的约束。如果信用证的条款与进出口贸易合同不符,而受益人仍按原合同行事,开证行就会以单证不符拒绝付款。通过审证,可以发现信用证与合同的不符之处,从而及时改正。另外,通过审证,特别是对一些"软条款"的识别,可以防止国际上一些不法商人的欺诈行为。

6.4.1　信用证的审核

信用证的审核,需要相关业务员有敏锐的洞察力,丰富的贸易知识和有关法律知识,更要求(通知行)与出口商的密切配合。银行和出口商各自审证重点有所不同。

1. 银行审证

银行(通知行)的审证侧重于保证国内货物出口后能安全收汇。通知行收到国外银行开来的信用证后,首先应考虑进口国的政治经济形势与开证行的资信,以决定是否通知信用证。如决定通知信用证,必须小心仔细地审查信用证的表面合理性。银行审证的主要内容有:

(1)对开证行的资信审查。开证行的资信状况是出口商能否安全收汇的基础。影响开证行资信的因素主要有:开证行所在国的宏观经济形势及其对开证行的影响大小;开证行的实力,包括资本额与资产负债总额大小;开证行的信誉与经营作风;开证行与通知行以往的合作关系等。如果发现开证行的资信与来证金额不相称,应根据不同情况采取安全措施,如要求由其他资信好的大银行加具保兑,或要求由付款行确认偿付。

(2)对受益人的审查。受益人是当地有权办理出口业务的企业。受益人的名称、地址应与实际相符。如受益人为外地企业,应转由当地分行通知,如当地不具备条件,可直接通知受益人。

(3)对信用证使用货币的审查。除互相签有贸易协定国家按照协定另有规定外,来证应使用可自由兑换的货币。如信用证规定的计价货币为一种,而用另一种外币偿付者,原则上不接受,如视具体情况需要通融接受者,应注意信用证上的折算时间与折算汇率是否合理。通常的做法是,议付行根据当日的汇率将计价货币折算成支付货币向国外索偿。

(4)对信用证偿付方式的审查。应以国际贸易中通常使用的方式,并且以有利于安全收汇为原则。如果信用证列有货到付款、验货合格付款等特殊条款,因不利于收汇,应在了解成交合同情况后,提出修改意见。

(5)对信用证生效性的审查。有些信用证规定必须取得某种条件或某种文件之后信用证才能生效。如进口商取得进口许可证或当局签发的授权书后，信用证始能生效。例如信用证上有这样的条款：This documentary credit will become effective provided that you received authorization.（本信用证在你收到授权书后才生效），银行通知未生效信用证时，一般应在信用证正本上明显加注“此证暂未生效，应在生效通知到达后再办理出运”字样。

(6)对信用证装运期、有效到期日和有效到期地的审查。银行应当与出口商联系，掌握装运期和有效期的长短合适与合理性。有些信用证规定有效到期地在国外，这种规定受益人不易控制。如不是业务特殊需要，应要求受益人或由银行与开证行、申请人洽商将国外到期修改成境内到期。

(7)对保兑条款的审查。凡信用证由第三家保兑行保兑者，保兑责任必须明确包括保兑行的确认书。同时，应该对保兑行的资信进行审查。如开证行要求通知行保兑者，通知行应根据对开证行的资信状况及其所在国政治经济形势决定加具保兑，只有在认为收汇有把握的情况下才同意加保，否则应予拒绝。

(8)对信用证项下银行费用的审查。信用证应按贸易合同规定声明银行费用的负担者。如果信用证中规定银行费用由受益人承担，银行应与受益人联系以证实是否与合同相符。如果此规定并非合同约定而是进口商强行加列，应要求受益人联系国外进口商修改或向开证行声明银行费用的承担者。

(9)其他注意事项。如对信用证要求的单据、信用证保险条款的审查。信用证要求的单据必须是出口国政策许可、出口商能够取得的；信用证条款与条款之间、单据与单据之间不能有矛盾之处，如价格条件为 CFR，则不能要求提供保险单。如果保险是由出口商办理，应审查信用证所规定的保险险别和保险条款，是否为出口国保险公司所能承保的。

2. 受益人（出口商）审证

受益人的审证侧重于与贸易有关的问题，以保证按合同交货使货物顺利出运。出口商审证的依据有 3 个方面：一是买卖合同。现行的买卖合同大多数是由卖方用事先印就的固定格式，根据某种具体商品，只填写其中的几个主要条款，然后经买卖双方签字而达成的。这种签约方式的优点是简便易行、节约时间，缺点是固定格式的合同留下的空白很有限，又不尽合理，不可能把买卖双方，特别是买方对于某种商品的一些特殊要求都填写上去。等到买方开立信用证时，为了确保自身的利益，就可能在信用证里加列一些合同中没有的条款。二是收证时的政策法令，审查来证有无违反政策法令规定的地方。三是备货和船期等实际情况。来证内容有无我方办不到的地方；有无影响我方安全及时收汇或会增加我方费用开支的地方。如果发现来证与内容不符，必须立即联系申请人要求改证。出口商审证的主要内容有：

(1)申请人、受益人的名称和地址是否准确。通知行是何种身份，即是否为付款行、限制议付行、保兑行等。

(2)信用证的类型。是即期付款信用证、延期付款信用证还是承兑信用证。信用证内是否有“软条款”。发现有限制性付款条件和保留条件，必须要求开证行改证。

(3)信用证的生效性。一些银行收到未生效信用证，并不在信用证上加注“暂不生效”等有关声明，便通知受益人。出口商应认真审证以确认信用证是否为已生效信用证，在信用证未生效前不能发货。

(4)信用证金额。金额应与单价和货量相称,大小写金额应相等。有的金额可能已扣除佣金或折扣。如果货物有溢短装,金额也应有相应的增减幅度,如果没有,出口商可提出修改。有的金额内可能还包括应由买方承担的额外费用等。这些应与合同一致,不一致者可以拒绝接受。

(5)货物描述。出口商根据合同对信用证中货物名称、规格、尺码、花色等仔细地一一核对。如果一些关键性单词拼写错误或者所指不够明确,原则上应当提出修改。因为信用证的条款,要么是提出修改,否则,是丝毫不得改动的。根据 UCP600 的规定,银行应劝阻过于详细的描述,货物描述可在合同基础上加以精简。如合同货名过多过细,信用证可打总称。有的来证只规定货名、数量,甚至有的只写×××号合同(as per contract NO. ××××),这些规定都可以接受。

(6)货物数量、重量。根 UCP600 的规定,除非信用证另有规定,只要信用证未注明货物及包装单位或个数计数,并且总支付金额不超过信用证金额,货物数量可允许有 5% 增减幅度。如果信用证声明了该证受 UCP600 约束,而对溢短装没做任何规定,则可视为可溢短装 5% 以内。一般以重量为计量单位的货物,信用证上都有可溢短装条款的要求,一般条款的规定是:Amount of credit & quantity of merchandise 5% more or less acceptable(信用证的金额和货量均可接受 5% 增减),这样指出金额与货量都比较明确。有些信用证规定:The quantity if shipment 5% more of less acceptable(装运数量允许有 5% 的增减),而在信用证的总金额中包含了 5% 的额度在内,这样也可以。但有些信用证在货物数量上规定允许有增减,却没有规定金额可以增减,出口商应掌握不要增装,否则只好提出修改信用证。

(7)价格条件。信用证内应有价格条件,价格条件应与合同一致。如果信用证价格条件与合同不符,不能接受,除非信用证内同时规定额外费用在证下支取。例如,合同规定的价格条件为 CFR,而信用证则规定 CIF,由受益人办理保险,这时出口商可提出按合同修改价格条件。或者出口商同意办理保险,但提出信用证中加注保险费可与货物一起支取的条款,如果信用证总金额不够,信用证应允许超证支付,或修改增额。

(8)装运港和目的港。装运港(Port of shipment / loading)和卸货港(Port of discharge)应符合合同规定,更改港口可能会引起运费和保险费的变化,如增加我方支出,不能接受,除非开证申请人同意付更改后的费用。如合同中没有对此作出规定,出口商事先也无法确定装船口岸,最好通知进口商开证时在装运港栏目中同时指定几个港口,以供受益人选择,或仅写"中国口岸"(Chinese port)。如来证增加额外条件,例如在指定的码头卸货,这种限制性条款使承运人失去选择的余地,尤其是有些码头情况不清,如水深能靠多少吨位的船只,卸货条件和设备如何等,必要时应向港务局或船运公司咨询,以决定是否要求修改条款,如果来证中规定的目的港与我方无往来关系,不能接受,应与客户洽商修改。

(9)装运期(限)和有效期(限)。信用证应有装运期(latest date of shipment)和有效期限(terms of validity or expiry date),有效期限是指受益人交单取款的最后期限。

无装运期的视有效期为装运期,即装效同期;无有效期的信用证视为无效,应联系申请人请开证行加以证实。

装效日期不能颠倒。有颠倒时可以要求修改,也可灵活掌握。如装运期为 12 月 15 日,有效期为 12 月 11 日之前,出口商只能在 11 月份装船。如果出口商不能在规定的装运期内生产或组织足够的货物,应与开证申请人洽商延展有效期。

修改中只展装运期未展有效期,可理解为装效同展;只展有效期未展装运期,不能认为装效同展。如需展装运期还需联系开证申请人修改。

凡使用 as soon as possible 或 ASAP(尽快)、immediately 或 prompt 等词,应要求修改为具体日期,因为银行将对这类词语不予理会。也有些国家对此理解为自开证日起一月内有效。

凡在日期前有 to、until、till、from、between、by 等词,均包括所述日期;凡在日期前有 after、before 词,均不包括所述日期,on or about 指某日及前后各 5 天;一个月的 begining 指第 1 日至第 10 日,middle 指第 11 日至第 20 日,end 指第 21 日至该月的最后一天,起讫日期计算在内。

在审核信用证的交单议付有效期的同时,应该注意信用证规定的有效地点。如果在规定的日期前交单的地点在国内可以接受。如在国外到期,这样的规定最好不要接受,因为邮程无法掌握,且是否按时寄达只能由对方说了算。

(10)分批装运。通常信用证应表明是否允许分批装运(Partial shipments permitted/Not permitted)。如果来证对此未作规定,但有“本证按 UCP600 开立”条款,则被公认为允许分批装运。

如来证允许分批装运,但对每批货物的货量、品种、装运时间及运输工具等加以限制,出口商应考虑实际可能性,如能否在规定的时间内备齐货物、能否租到船只等,如不能做到,应要求适当修改。

如信用证要求“5 月份装 80 公吨;6 月份装 100 公吨。但两批之间的间隔必须是两个星期。”对这种条款应要求修改。因为第一批和第二批必须间隔 14 天,以各自的提单签发日期计算必须正好 14 天,多一天或少一天都不符合要求。即使两者的船期恰好是 14 天,一般船到港后,还需按船方对装卸港的安排顺序装船,有可能早一天或晚一天实际装上船。这样的条款是苛刻的。

如来证允许分批,又规定若干次装运,则每次还可再分批。但如来证规定 Partial shipments are allowed only in two lots 或 Partial shipments prohibited within two lots,则应理解为只能分两批装运,每次不可再分批。

来证规定允许分批,则必须按期按量出货,不能中断,如果其中一批未能按时装运,则信用证对此批及以后各批均告失效。出口商如果再装,必须做展期修改。

来证不允许分批,出口商应考虑装运期之前能否备齐全部货物。如不能,应要求修改或允许分批,或推迟装运期等。

来证不允许分批,在原证货物尚未出运时又收到增减修改,则增减部分应随原证货物一并出运。如原证货物出运后才收到增减修改,增额部分可另行出运,如货已装船,但单据尚未议付,则应退回修改或与开证人申请人洽商将信用证修改为允许分批装运。

来证不允许分批,但如货发至不同的目的港,应要求修改为允许分批。因为即使货物同船同航次出运,若目的港不同则不能视为同一批。

来证规定 several shipments,应理解为三次或三次以上。如规定 one or several shipments,表示允许分批。

来证规定 Partial shipments prohibited, 同时规定 Three sets of documents are required and one set for 10 M/T, One set for 15 M/T and one set for 12 M/T。按此规定,则须一次装出,分别

制作 3 套单据，分别为 10 公吨、15 公吨和 12 公吨。

(11)对船只和转船的限制。信用证中往往对船只或船龄、是否准许转船以及货物装运船舱的部位加以限制，出口商要根据实际可能性决定是否可接受，是否应做修改。

在 CIF 和 CFR 等价格条件下，按国际惯例是卖方负责租船或订舱，支付运费，卖方有权选择通常适合所运载货物的任何轮船，买方无权干涉。所以如果在 CIF 和 CFR 条件下买方在信用证上列有船只限制或要求，出口商可以拒绝，但为了贸易的顺利进行，如能够办得到且不增加费用的可以接受。对方对船只的限制要求，主要原因不外乎买方与该轮船公司有股份关系，或某些业务关系，或能获得一定的佣金，或考虑其靠港时间快等。也有出于政治目的，比如阿拉伯地区开来的信用证常有要求不装所谓的黑名单船和不靠以色列港口等，这样的条件是可以接受的。

有些信用证上有限制船龄的条款，如 The bill of lading or shipping agent's certificate must certify that the carrying steamer is not over 15 years of age（提单或代理公司的证书必须证明该船不超过 15 年船龄）。阿拉伯地区开来的信用证经常有这样的要求，因该地区港口装卸效率低，船舶周转慢，所以船方多派旧船到该地区。审证时必须与船方联系，如果有直达该港不超过 15 年船龄的船期者才能接受。如果需要转运，还要考虑第二船程的船龄是否符合要求。如果做不到，应与对方洽商改证。

对于货物装运船舱位置的要求，一般只接受货物的特别要求，如易燃、易爆货物和鲜活货物不要靠近锅炉和机舱等，否则不予接受，因为出口商难以向海运公司去要求指定货物装船部位。

凡信用证未明确规定可否转船的，都视为可以转船靠港的。如来证允许转船，但要求在提单上注明二程船船名，或对转船口岸及转船船只加以种种限制，这些条款都比较难办，出口商应及时与承运人联系，看是否能修改。

如果来证不允许转船，但装运港或目的港泊位较少，条件较差，无直达船或固定船期等，可要求修改信用证为允许转船。

信用证规定“Via ××port”，并不等于“transshipment at ×× port”。后者的意思是货物在航行途中在××港口将货从原运输船卸下，再装上另一条船运输；前者只是该船在航程路线中经过××港而已。如果来证规定“Via ××port”，且允许转运或未对是否转运作出限制，则视为可在此港转船；若来证规定 Via ×× port，又规定不准转运者，则途经此处不能靠港，如需转船，应联系开证申请人修改。

(12)汇票。信用证付款方式中有些要求汇票，有些不要求汇票。如要求汇票，对信用证中汇票条款的审查应看规定受益人出具的汇票金额、付款人与付款期。

汇票金额通常为全部发票金额，不一致者应审查是否已扣除佣金或有其他规定。

根据 UCP600 的规定，汇票的付款人只能是银行，不能以开证申请人为付款人。

汇票付款期限应与合同规定的付款期限一致。如果合同规定是即期付款，而信用证规定受益人出具远期汇票，一般说来受益人不能接受。但在开证行或付款行资信良好的情况下，出口商可以接受假远期信用证。

(13)发票。UCP600 第 18 条规定，除可转让信用证外，商业发票应由受益人开立，必须以申请人为抬头，货币与信用证相同，发票也不需签署。但有些信用证规定发票由第三者签署。

由贸促会签署者可以接受,但由进口国驻出口国领事签署者通常无法接受,因出口商所在地可能无领事馆。由国外第三者签署也不能接受,但若是合资企业,外商在国内有派驻人员者可以接受。还有一些信用证要求受益人在发票内加注一些证明词句等内容,通常只要能做到的就可以接受。

(14)货运提单。在对信用证关于货运提单条款的审查中,要特别注意"正本提单径寄开证申请人"的条款,这是在最近几年国际贸易信用结算业务中频频出现的一个新的现象。由于正本海运提单是物权凭证,谁持有它就可以向海运公司提取货物。目前国际航运界的规范做法是不论一套海运提单有几份正本,收货人只要提交其中的一份正本,并经背书后,海运公司就给予放货,而不管收货人是否已经付款。

如果受益人按信用证要求将1/3、2/3或全套正本提单直接寄给开证申请人之后,开证申请人可凭提单背书后直接提走货物,当出口商按信用证要求向银行交单议付时,开证行或申请人可能会对单据极为挑剔,以种种借口提出一些不符点而拒付货款,所以这种条款对出口商是极具风险的。因此,出口商应该根据实际决定是否接受,或要求开证申请人修改。

(15)保险单据。对保险单据条款的审查应注意以下几点:

保险单据通常以受益人为抬头人,即被保险人。如价格条件为FOB或CFR,来证往往要求受益人代替开证人或直接以开证人为抬头人办理保险,这种条款可以接受,但信用证应同时规定保险费可凭保险费收据(Premium Receipt)在证下或超证支取。

保险类别应明确,应与合同相符。有些来证扩大了保险责任范围或增加了新的险别,受益人不能接受,除非信用证同时规定超保费用在证下超证支取。

保险金额加成率应与合同相符,超过合同规定的要与开证申请人商妥处理办法。如果保险费损失不大可通融接受。

在买方投保的情况下,有些来证要求受益人将预保信(装船情况)寄给进口国保险公司,经其签收保险回执(Ackonwledgement of Insurance),受益人凭回执与货运提单一起办理议付。这样的条款一般不能接受,因为受益人无法控制后果,如果收不到或不能在信用证有效期内收到这种回执,受益人无法交单议付。

6.4.2 信用证的修改

信用证的修改是指对已开立的信用证中的某些条款进行修改的行为。开证申请人和受益人都有权提出修改。而修改的程序一般应由开证申请人提出修改(如受益人提出修改,应先取得开证申请人同意),经开证行同意后,由开证行以修改通知书电告通知行,再由通知行转告受益人。

1. 出口商(受益人)提出修改

如前所述,出口商审证后,如果发现信用证有问题或有风险,应与对方洽商修改,只有在货物出运前做好审证和改证工作,才能最大限度地防止"拒付"或"迟付",为早收汇、安全收汇创造条件。一张信用证的修改,并无次数的限制。但在实务中,受益人最好将一张信用证上的修改点一次性提出,避免发生一改再改的情况,这样可以节约改证费用和时间。

出口商提出修改信用证的程序。在实务中,出口商先联系申请人要求改证,申请人若同意,回复出口商表示同意改证的函电,然后由开证申请人以书面的形式向开证行提出修改申请,如果涉及货物、单价、数量、金额、受益人的变更,还需提供变更后的合同副本。

开证行经审核,接受申请人的修改意愿后,以加押电传或SWIFT方式向信用证通知行发出修改通知,修改书一经发出就不能撤回,即开证行对该修改书负有不可撤销的义务。

信用证通知行验明修改通知书的表面真实性后及时转告原受益人。受益人收到由通知行转来的信用证修改书后,原则上应该向通知行明确表态:是接受还是不接受修改。表态的期限没有硬性规定,但在实务中,习惯以三天为限。如果受益人因故迟迟未能作出表态,则以交单情况为准:如所交单据与修改内容相符,则视为已接受修改;如所交单据与修改的内容不符而与原证内容相符,则视为已拒绝修改。在受益人未向通知行作出表态时,原证条款仍然有效,或者说,只要受益人没有表态同意接受修改,原证条款都仍然有效。

信用证修改可以有多次。如果信用证先前曾有修改,而且已为各方所接受,但随后又有新的修改,这样的信用证也作为原信用证看待,受益人对新的修改接受与否,也如上所述。但是,对同一次修改通知中的内容,或全部接受,或不接受,不允许部分接受。UCP600第十条e款明确规定,部分接受修改作无效处理。即使当事人一致同意,接受部分修改也是无效的。

在实际业务中要特别注意:开证申请人回复受益人表示同意改证的函电,并不具备法律效力,受益人必须收到开证行发来的修改书才能发货。例如有些开证申请人收到受益人要求改证的通知后,当即复电表示同意,同时要求受益人放心先行将货装船运出,声称他会立即指示开证行改证,但事实上他并不通知开证行改证。等到受益人发货后,开证行当然因单证不符而拒付。受益人拿出开证申请人的复电作说明,但因无法律效力,开证行不承认。这是因为信用证是开证行与受益人之间的契约,受益人如果要求修改,必须经开证行的同意,由开证行改证。如果只是申请人同意,而开证行未同意,修改是无效的。

2. 进口商提出修改

也有进口商提出修改信用证的情况,这里有主客观两方面的原因:主观原因是进口商可能在签订交易合同时对国内销售形势估计和预测有误,要求根据新掌握的情况修改信用证,比如要求增加或减少货物的数量,改变货物的品种、修改信用证金额、单价等。客观原因如战争爆发使货物运输风险增大,进口商要求增保战争险、改变目的港;或如政府颁布新规定,要求进口货物须具备某种单据才能进口,进口商只得修改信用证,以通知出口商按新规定办理单据等。

进口商要求改证首先要洽商出口商同意后,经开证行办理,程序与出口商要求改证的程序相同。

3. 开证行改证的渠道、方式

UCP600第9条d款规定:“无论银行使用通知行还是第二通知行的服务来通知受益人,其信用证都必须使用同一家银行的服务来通知此信用证的修改。”如果信用证和修改书分别由两家银行通知,不仅不合常理,也极易造成混乱,因此,信用证修改须经原通知行通知受益人。

信开本、简电本或全电本这3种开证方式仍然适用于信用证的修改。另外,预先通知开证的做法也同样适用于改证。开证行一经发出修改信用证的预通知,也就承担了必须立即修改信用证的责任，而且预通知与随后的修改书在条款方面不得有任何出入。如果开证行想免除这一责任，可以在预通知中说明它并不承担一定修改信用证的责任，但这样的预通知可接受性很差。同样，如果通知行收到的修改信用证的通知内容不清楚或不完整，可以一面给受益人一个预先通知，但必须说明由于内容不全或意思不清仅供参考，由此引起的后果，银行不负任何责任；一方面将情况告知开证行，要求开证行发出内容完整、意思清楚的修改书。开证行知道这一情况后，须立即照办。

6.5　信用证项下的贸易融资

由于信用证是开证行的付款承诺，对于出口方来讲，只要按信用证要求发货并且提交单证相符的货运提单就能获得货款；对于进口方来说，只有出口方提交了单证相符的货运提单才能支付货款，因此，在信用证结算过程中，由于信用证连同信用证项下产生的货运提单等单据是信用等级较高的信用保证证明，所以，无论是出口银行，还是进口银行，都能利用结算环节向客户提供贸易融资。对于银行来讲，信用证项下的融资是商业银行一项利润丰厚、风险较小、周转期短的融资业务，各银行都比较重视贸易融资业务。信用证项下的融资可分为出口贸易融资和进口贸易融资。

出口贸易融资是出口地银行或其他金融机构对出口商(信用证受益人)的融资，主要的融资方式有信用证打包放款、出口押汇、卖方远期信用证融资、出口发票融资等。

进口融资是银行对进口商的融资，融资方式有：信用证项下的开证授信额度、进口押汇、买方远期信用证融资。

6.5.1　出口贸易融资

1. 信用证打包放款

信用证打包放款简称打包放款(Packing loan)是指出口银行以出口商提供的进口银行开来的信用证正本作抵押向其发放贷款的融资行为。旨在提供货物出运前的周转资金，解决出口商的资金短缺问题，包括根据预支信用证提供的打包放款和以其他信用证为抵押发放的贷款。

打包放款的发放时间是出口商收到信用证之后，发货和交单之前，金额一般是信用证金额的80%，放款期限一般是自信用证抵押之日至收到开证行支付货款之间。出口商向银行申请打包放款，发货后必须向放款行交单议付，议付行收到出口商交来的单据后应马上寄开证行，收到开证行支付的货款后即可扣除贷款本息，然后将余额付给出口商。

出口商在申请打包放款时要向银行提交《打包贷款申请书》，付款银行要审查其资信，必要时，还需要缴纳保证金，落实担保单位，抵押和质押，最后签订打包放款协议。

由于信用证本身是一个有条件的银行信用保证，如果条件全部得到满足，能够实现收回打包放款的款项。如果由于某种原因，出口商未能满足信用证中的全部条款和条件，或出口商根本就未履约，那么就无法使开证行的付款承诺得以实现，信用证在这种情况下只是一张废纸。

因此,单纯依靠国外开来的信用证作为抵押而叙做的打包放款,对放款银行的风险是较大的。因此,银行对此业务要十分谨慎,为了贷款的安全性,要求出口商具备一系列的条件。例如,需持有效的正本信用证,有些还要求信用证是由资信良好的海外银行开出的;出口商品不违反本国的禁令;信用证条款清楚合理,无"陷阱条款",出口商保证能履行;出口商与银行签订借款合同,明确双方的责任,或要求出口商出具总质权书,以他所采购或存储的商品作抵押;有些还规定该信用证项下的出口单据必须交放贷银行议付,等等。

如果出口商具备了银行所规定的打包放款条件,便可向银行申请打包放款。申请时首先要填写打包放款申请书,规定借款用途,连同信用证正本一起办理申请贷款手续。银行必须审查出口商的资信状况,审查外贸合同和信用证,能否控制物权单据以减少业务风险等,有些还要求出口商提供担保。审查通过后,与出口商签订打包放贷合同,并在贷款发放之前,由银行经出口商在往来账户外另开专用账户,由出口商陆续支用。

2. 出口押汇

出口押汇又称买单或买票(Bill Purchased),正规名称为议付(Negotiation)。信用证项下的出口押汇(Nogotiation under Documentary Credit),是指在信用证项下,受益人(一般为出口商)在发货后并取得货运提单及有关单据后以出口单据作抵押,要求出口地银行在收到国外开证行支付的货款之前,向其融通资金的业务。一般为出口金额的80%,融资银行享有追索权,是银行在出口商发货后对其提供的短期融资。

银行办理出口押汇时,一般都要求出口商出具质押书。质押书是出口商提供给银行的书面保证,它表明了出口商应承担的义务。

银行做出口押汇时,如因非银行原因,招致开证行或进口商拒付、迟付、少付,银行有权根据不同的情况向出口商追索垫款或短收货款、迟付利息及一切损失;出口押汇银行有权向出口商计收利息。如果是由于银行的直接过失造成开证行或进口商拒付、迟付或少付,出口押汇银行应自己承担责任。

3. 卖方远期信用证融资

卖方远期信用证又称真远期信用证,它是付款期限与贸易合同规定一致的远期信用证。采用卖方远期信用证融资主要是通过远期汇票的承兑与贴现实现的。

出口商发货后取得货运单据,并签发远期商业汇票,通过银行将全套单据交开证行,汇票经开证行承兑并退回寄单行(通知行)后,寄单行就可以以贴现方式购买全套汇票并以此向出口商融资,出口商则以贴现所得款项偿还打包放款的融资款项。寄单行因此成为承兑汇票的正当持票人,它可保存汇票并于到期日向开证行(承兑人)索偿,也可将汇票转让,进行再贴现。

在办理贴现时,银行通常要与出口商签订质权书,确定双方的责任和义务。如果到期银行不能从票据付款人处收回票款,有权对出口商追索。此外,银行还应对贴现票据的付款人、承兑人的资信情况进行审查,只有在确认符合条件后才予以贴现。

远期信用证融资方式由于付款周期较长,合同金额较大,因而隐藏着较大的风险,因此,有关各方当事人都必须对交易及融资对方的资信做详细的调查,并采取相应的措施,以降低和防范融资风险。

6.5.2 进口贸易融资

1. 开证授信额度

开证授信额度(Limits for issuing letter of credit),是开证行对于在本行开户且资信良好的进口商在申请开立信用证时提供免收保证金或不要求其办理反担保或抵押的最高资金限额。

通常情况下,在开立信用证时,为了避免进口商破产无力付款赎单或不按期付款赎单,防范风险,银行都会要求开证申请人(进口商)交纳保证金、抵押或反担保。但对于资信良好的长期往来客户,为简化手续,提供优惠服务,增强吸引力和竞争力,银行通常可根据客户的资信、经营状况和业务数量,确定一个限额,即开证额度。银行对开证额度按余额进行控制,只要进口商申请开立信用证的金额不超过这一限额,银行就可以免收押金、抵押品或办理反担保,从而减轻进口商的资金压力。免收押金就等于融资。授信额度有两种类型。

一种是普通信用证额度。指开证行在确定开证申请人的开证额度后,申请人采用“余额控制”的办法,可循环使用。开证行根据客户的资信和业务需求变化随时可以对额度作必要的调整。这种授信额度多用于在银行开立账户并与银行保持良好业务关系的进口商。

一种是一次性使用授信额度,是指开证行为开证申请人一个或几个贸易合同核定的一次性开证额度,不能循环使用。一笔业务结束后,授信额度失效。它主要用于银行对其资信有一定了解,但业务往来不多的进口商。

2. 进口押汇

进口押汇(Inward bill receivable)又称信用证项下进口商凭信托收据借单或借货。是银行在收到信用证或进口代收项下单据时应进口商的要求向其提供的短期融资。进口押汇在信用证项下和托收项下都可以做。

根据信用证的一般规则,开证行在收到交来的单据后,如果单证相符,开证行应立即偿付议付行或交单行。然后提示进口商付款赎单。如果进口商资金周转不灵,资信良好,可以与开证行协商,向开证行开出信托收据(Trust receipt),借出货运提单,提货并销售收回货款之后归还银行。这是开证行对进口商的一种短期资金融通。

押汇银行从垫款之日起收取押汇利息,利率一般高于市场利率,也根据每个客户的不同情况而定,同时按回收期长短而分为几个档次,时间越长,利率越高,以鼓励客户尽快还款。

在进口押汇业务中,进口商要向开证行开出信托收据。

信托收据是进口商承认以信托方式向银行借出全套单据时出具的一种保证书。信用证项下的信托收据和托收项下的信托收据性质是一样的,都是进口商将货物抵押给银行的确认书,是进口商与开证行之间的信托契约,凭信托收据借单,其实质是进口商将货物所有权抵押给银行,以银行受托人的身份提取货物,并在一定期限内,对银行履行其付款职责。在信托收据下,进口商只是作为银行的受托人代保管进口货物,他必须以银行的名义办理货物存仓;或以银行的名义安排出售货物并在规定的期限内用销售收入归还银行全部贷款。信托收据下货物的所有权归银行,银行的权利是:当进口商发生破产倒闭或清盘时,所有信托收据下的货物,均不在债权人可分配资产的范围之内;在进口商出售货物后货款尚未付清的情况下,银行有权向该批货物的买主直接收取货款。

凭信托收据借单是银行为防范贷款风险所作出的一种契约安排。

3. 提货担保

提货担保(delivery against bank guarantee)是指当进口货物早于货运单据到达港口,进口商急于提货,可以向开证行申请,由银行向海运公司出具的请求其凭担保先行放货,保证日后补交正本提单的书面担保。

在正常情况下,收货人(一般为进口商)应凭正本提单向海运公司办理提货手续,但有时因航程短或其他原因,货物比单据先到,如果收货人急于提货,可采用担保提货方式,即由收款人与银行共同或银行单独向海运公司出具书面担保,请其先行放货,保证日后及时补交正本提单,并负责缴付海运公司的各项应收费用以及赔偿由此可能产生的损失。

由于收货人在未付款之前就取得了货物所有权的单据,因此提货担保的实质也是开证行对进口商的一种融资,可以缓解进口商的资金周转困难。对进口商而言,可以节约时间,争取市场机会。

4. 买方远期信用证融资

买方远期信用证(Buyer's Usance L/C)即假远期信用证,是一种以为进口商融资为目的的信用证。买方远期信用证融资,是信用证项下远期汇票付款按即期付款办理。是相对于卖方远期信用证而言的。是出口方银行(议付行)通过开证行向开证申请人(进口商)提供短期融资的一种安排。

进出口双方以即期结算方式签订贸易合同。但进口商要求出口商开出一张以某一指定银行为付款行的远期汇票,如"见票后××个月付款"。同时在信用证中明确规定,出口商凭该远期汇票可以立即收到货款(货款由出口银行支付),付款银行的贴现息及承兑费由进口商承担。这种安排实际上是出口商得到了出口银行的融资。由于银行承兑汇票的流动性和安全性均很好,所以对进口商来说,获得此项融资比较容易。

假远期信用证融资的操作一般要经过以下几个步骤:

①进出口双方银行签订由出口银行以假远期信用证形式向进口商融资的协议,出口银行根据协议开立专门账户。

②进口商申请开立远期付款,银行承兑信用证。

③开证行开证。

④开证行通知信用证。

⑤出口商发货取得货运提单并交单申请议付。

⑥出口银行寄单。

⑦开证行承兑汇票并授权银行由专户内支付货款给出口商。

⑧出口银行按面额支付票款。

⑨开证行凭信托收据向进口商放单。

⑩进口商于到期日还款,包括本金和利息。

⑪进口银行偿还垫款。

真、假远期信用证融资的相同点是其融资都是通过远期信用证项下远期汇票的承兑与贴现实现的,不过也有差别。

一是贸易合同规定的付款期限不同。贸易合同是信用证开立的基础,真远期信用证符合这一条件,信用证与合同的付款期限相同,都是远期付款;但假远期信用证却不符合这一条件,信用证是远期付款,合同却是即期付款,对于与合同付款条款不一致的信用证,受益人通常是不会接受的,受益人接受假远期信用证是给进口商从银行融资提供方便。

二是贴息支付者不同。真远期信用证的融资者是受益人,贴息支付者也是受益人;假远期信用证的融资者是开证申请人,融资成本也由其承担。

6.6 信用证业务中当事人的风险及防范

信用证结算方式是在托收方式的基础上演变出来的一种比较完善的逆汇结算方式。它把托收方式由进口商履行跟单汇票的付款责任转由银行履行,这对出口商来说,如期如数收回货款有了保障;而对进口商来说,只有当单据符合信用证条款才付款赎单,所以他可以利用信用证条款来对出口商提供的货物品质、数量进行控制。由于信用证结算方式能保证进出口双方的货款或单据不致落空,同时使双方在资金融通上得到便利,所以一般来说它比汇款、托收结算方式更易为进出口双方所接受,但是它对进出口双方以及银行方仍然有风险。

6.6.1 出口商的风险与防范

1. 伪造信用证的防范

近年来,一些不法分子伪造信用证进行欺诈具有以下特点:

(1)信用证以电开形式开出且无押。条款中要求通知行与第三家银行核押,同时,通知行会收到自称是核押行不加押的证实电,不法分子利用通知行跟进核实密押的空档,诱骗受益人发货。

(2)信用证以信开形式开出并随附该伪冒开证行的印鉴,若通知行风险意识不强,没有采取必要的措施,便会按正常程序将该信用证通知受益人,日后发生的损失亦由通知行承担。

(3)先交来一份信用证副本或将信用证传真给受益人,甚至将以前类似的旧信用证格式、条款交给受益人,再假称稍后将有一张类似的信用证开出,从而初步取得受益人的信任。受益人可能没有到银行核对该证,就备货发货。

2. 信用证软条款的识别

信用证中有些条款对出口商是很不利的。但由于它们的生效方式表现出来的虚假性和隐蔽性,往往出口商不容易识别而疏于防范,因而落入款货两空的陷阱,所以人们常把这类条款俗称为“陷阱条款”或“软条款”。

一些开证申请人开立软条款是出于诈骗的目的,这往往是和开证申请人要求受益人预先支付履约保证金或开证押金的情况联系在一起,一旦开证申请人收到预付款项,即可以利用信用证的软条款逃避责任。但也有些申请人开立软条款并非出于诈骗的本意,而是为了掌握对信用证的主动权。这种情况一般发生在开证申请人是中间商的时候,开证申请人一方面要控制货源,另一方面可能又无法及时联系好实际供货人或者害怕实际供货人临时毁约。因此利用软条款给自己留有余地,一旦实际供货人无法落实,即可以此免除信用证项下的付款义务。

软条款一般有以下几种:

(1)另加信用证生效的条款。开证申请人要求开证行开出“暂不生效”信用证,规定必须取得某种条件或某种文件之后该信用证才能生效使用。譬如待到货样经开证申请人确认后再通知信用证生效,或待进口许可证签发后再通知生效,或由开证行签发通知后再生效,或由受益人先提供履约担保书,由申请人先通知船名等。这样,信用证虽然已开出,但信用证的主动权完全由开证申请人掌握了。如果出口商没有这方面的经验,对未生效信用证条款不够了解,误认为属于银行业务条款,与受益人无关,急忙装货,就会造成损失。有些出口商虽然知道信用证尚未生效,但以为这些条件不难满足,比如对于由开证申请人检验货物样品合格后才通知信用证生效的软条款,出口商可能认为自己已经按合同规定寄出了符合质量要求的样品,因此也就开始着手准备发货。而即使样品与合同规定的质量要求完全一致,开证申请人可能由于市场变化等原因而拒绝发生效通知。另外,规定以信用证修改方式才能使信用证真正生效,也是类似的软条款。这类条款的例子如下:

Shipment can only be effect upon receipt of applicant's shipping instructions through L/C opening bank nominating the name of carrying Vessel by means of subsequent credit amendent.(只有在收到以信用证修改方式通过开证行发来的申请人装运指示,指定装运船名后方能出运。)

(2)凭证文件规定由申请人或其代理人出具的条款。这类条款常常在货物检验环节出现。一般信用证都规定以卖方所在国检验机构出具的检验证书作为议付单据,但这类条款却规定:品质证书由开证申请人出具,或须由开证行核实,或须与开证行存档之样本相符,或规定以进口国检验标准验货并出具检验证书。这类条款的例子如下:

Cargo Receipt issued and signed by authorized signatories of a applicant, whose signature must be in conformity with our records, certifying that the goods have been received in good order, showing the quantity, value of goods, date of delivery and letter of credit number.(由申请人的授权签字人签发的收货单据上要证明货物符合品质要求,显示货物数量和价值,交货日期及信用证号码,收货单据上的签字样式须与我方记录一致。)

这实际上相当于把接受货物的主动权交给了对方,只能以开证行或开证申请人所说的为准,这样的条款无形中失去了开证行保证付款的作用,与信用证性质不符。例如,买方代表未按时到达装运港验货,即使验货后又不接受等,都会给出口商造成无法按时装运、结汇的后果。如果受益人预付了履约保证金或开证押金,开证申请人可能出于诈骗目的,对货物品质横加挑剔,或称品质证书不符合开证行存档的样本,由此而拒绝签发品质证书,或拒绝及时验货,使信用证逾期而失效。

(3)关于货物运输的限制条款。在货物装船运输方面的软条款有:规定装运港、装船日期或目的港须由开证申请人通知或须经其同意,并以修改书形式通知;规定船舶公司、船名须由开证申请人指定;规定受益人必须提供指定海运公司出具的提单或货物必须装上指定船只,等等。这类软条款使开证申请人掌握了货物是否装船、何时装船的主动权,而出口方可能会陷入两难境地:一方面不能不准备发货,另一方面又无法掌握发货日期,极易造成信用证逾期而失效。这类条款的例子如下：

Shipping advise issued by the applicant whose signature(s) must be in conformity with L/C issuing bank records, showing the name of vessel and approving the date of shipping.（由申请人签发的装船通知书，显示船名，证明装运日期，其签字样式必须与开证行留底记录一致。）

（4）似是而非的条款。信用证中有些条款或条件看似很普通，也很简单，但如不加思索地按惯性思维去理解，并据此制单和处理单据，则很可能犯错，并导致开证行拒付。这些似是而非的条款或条件，使得受益人或出口方银行稍有不慎便有可能陷入其中而上当。

对信用证软条款的防范，首先要注意出口合同条款的拟订。信用证条款应该是根据合同开出的，合同条款规定很严密、无懈可击，并能将各类可能发生事件考虑周全，则出现信用证软条款的机会就会减少；即使开证申请人不按合同要求加入软条款，出口商也可以合同为依据要求修改。反之，如果合同本身不明确，出现了信用证软条款时就无法依照合同要求修改，甚至还会被开证申请人指责为拒不履行合同。其次，对于要求出口方预付货款的合同应谨慎签订，即使签订此类合同，也应该在合同中做出相应的保护性规定，如在审查接受开来的信用证之后才对外预付款项等。再次，对来证要仔细审核，从信用证的生效环节、货物检验环节、货物装船环节到货物验收环节，需一一审查其中是否含有软条款。一旦发现，立即电请申请人修改，同时规定开证申请人修改或提出其他保证的最后期限，并说明由此引起的时间延误应通过信用证展期予以弥补。

3. 信用证中“提单径寄开证申请人”条款的处理

通常情况下，应该是受益人将全套正本提单及单据提交银行，由开证银行通知开证申请人到银行付款赎单，然后向海运公司提货。但如果信用证规定有“提单径寄开证申请人”或类似条款，开证申请人收到提单后就可以在未付款的情况下提货，这对出口商是极具风险的。如果跨国公司的母子公司之间、分公司之间的交易，采用这类条款的信用证，属于授信经营，风险可以控制，否则，出口商面临钱货两空的风险。防范这种风险的最简单办法是坚决不接受这种条款的信用证，但由此也可能失去一次有利可图的贸易机会。在日趋激烈的市场竞争中，这种简单化的处理并不可取。因为从商务角度考虑，开证申请人提出这类条款也是有原因的，主要有两类情况：其一，由于国际航运的迅速发展，货物运输在途时间缩短，而信用证业务的单程流程太慢，有时货已到港，正本提单却未到开证行，进口商无法赎单提货，致使货物压港，由此增加额外费用，同时，由于市场变幻多端，不能早日提货尽快卖出可能会导致机会损失。其二，开证申请人可能是转口商，需尽快办理转船外运手续。有时单证流转时间大大超过货物运输时间，因此，开证申请人希望提单径寄自己，以便办理转口手续能先行提取货物。但是，也不排除不法商人利用信用证中“提单径寄开证申请人”条款进行诈骗。

如果出口商接到有这类条款的信用证，最好是立即致电开证申请人，要求修改此条款，全套正本提单仍交银行议付，而将副本发票、副本提单等单证直接寄开证申请人，由其在货物早于提单抵达港口时办理凭开证银行加签的提货担保向海运公司提货。这样，既保证了受益人的权益，也使开证申请人能提前提货。同时开证申请人办理提货后，不论今后单据有无不符点，开证申请人都不能提出拒付要求，这对受益人更是多了一层保险。

也可以洽开证申请人改证，让受益人通过海运公司出具以开证银行为收货人的“不可转让海运单”，特别是对欧洲、北美和中东等地的贸易商可以更多地采取这种非凭单据提货方式来解决买卖双方及银行、承运人(海运公司)各自的难题。

在我国出口实务中,根据以上两种方法,与客户洽商改证成功且运作顺利的例子很多,但也遇到一些进口商坚决不同意改证。如果出口商不想放弃生意,则可考虑接受这类条款,但必须有两个前提:其一是开证申请人及开证行有良好的信誉,出口商对其很了解,有较长时间的合作关系;其二是确保信用证中所有条款均能做到,且严格按照信用证条款制单,按时按质出货并正点出单,使进口商以后无法以单证不符或信用证失效而拒付。

6.6.2　进口商的风险与防范

1. 提货担保中的风险

提货担保是信用证方式下对进口商的一种融资。开证行应申请人要求,根据出口商发来的提单传真件签发提货担保,就此放弃了对货物的控制权,视同放单。因此当进口商要求开证行出具此担保时,开证行则会要求进口商提供书面保证,保证不论对方银行寄来的单据是否与信用证相符,都得对外付款,甚至要求进口方存入百分之百的保证金。这也就是说,即使进口商提货后发现货物有问题也不能拒付。而根据习惯的制单方法,提单上的货物栏可以只填写货物统称,无具体规格,通过提单传真件只能知道大概的货价和笼统的货名,不知道货物的详细情况,如货物的件数等。也有些不法出口商利用运输航程较短、货物较单据提前到达出口地或有意延迟交单,迫使进口商为避免压港费用而作提货担保。因此,进口商对于航程不远的货物交易,在开证时要注意控制交单期。对于信誉不明的出口商,进口商应静等发票、装箱单、质检证等其他记载详细的关键单据及正本提单到来,经审核认为符合信用证规定再提货,尤其对于大宗货物进口更要谨慎,不能因小失大随便做担保提货。

2. 成组化商品运输的风险

把货物装在托盘或集装箱中,组成较大的装卸单位以提高装卸效率,这种运输方式称为成组化运输。出口商若采用成组化方式运输货物,提单上一般注明 Shipper's Load and Count(托运人装的货并点数),这时托运人对每一个组合货物中的小包装数量并不负责,这种小件数量记载前通常加上 Said to contain(据报),以说明承运人对这个数字不负责任。如果是出口商租用集装箱自己装箱,承运人在提单会记载字样 CY/CFIS(承运人在起运港的货场托运人自己装的整箱货),承运人对箱内装的是什么货物、货物是否完好都不负责任。根据 UCP600 规定,如果信用证没有特别说明,银行可接受表明货装集装箱及其他方式将货物成组化的提单。这样,一些与合同不符的货物也可能通过成组化运输的形式瞒天过海,像进口设备缺乏主要零部件,甚至还有垃圾、危险品等,在进口商受骗上当的贸易案例中,采用的多是成组化装运。因此,除非进口商对出口商很了解,出口商有很好的信誉,否则进口商最好在开证时确定不接受带有上述记载的提单。

3. 提单的真伪

在信用证方式下,银行审单只是依据单证相符的原则,对任何单据的完整性、准确性、真实性和法律效力概不负责,对于任何单据所代表货物的数量、重量、质量、包装、价值存在是否与合同吻合概不负责,对于货物的发运人、承运人、运输行、收货人、保险承兑人或其他任何人的诚信、行为及/或疏忽、清偿能力、执行能力或信誉也概不负责。如果出口商经营道德欠佳,有可能伪造商业发票、质检单、保险单、提单等单据，且在现代先进技术的支撑下，伪造单据几可乱真，进口商就可能在不知情的情况下对空头提单付款赎单，导致损失惨重。

6.6.3 银行的风险与防范

就银行而言，除了要考虑信用证业务的利益外，还要充分考虑银行自身的信誉与经济风险。银行的风险与防范有许多的内容，因为几乎在银行信用证业务的每一个环节都有风险存在，以下只是涉及与前面内容相关的几个方面。

信用证是一种银行保证按证付款的凭证，即银行以自己的信用，保证向单证一致的受益人履行付款责任的承诺，开证行是信用证的第一付款债务人。一般来说，开证行掌握了受益人交来的提单，俟开证申请人付款才放单，但是在两种特殊情况下银行风险陡然增大，这就是前面已提及过的出口商将提单径寄开证申请人和进口商提货担保。

如果开证申请人要求开立“提单径寄开证申请人”条款的信用证时，首先考虑风险的应该是银行。因为一旦受益人接受了此条款，履行了将提单径寄开证申请人的义务，且议付的单证相符，若申请人提货后不予付款，或破产倒闭，开证行是不能免除付款责任的。因此，为了防范风险，银行在接受开证申请人开立“提单径寄开证申请人”条款的信用证时，应具备两个前提：开证申请人有良好的信誉，且已获得银行授信；除收取开证保证金外，一般还要求开证申请人出具信托收据，承认货物所有权属银行所有，万一开证申请人提货后不付款时，可作为诉讼的依据。

当提货单还在邮路上，开证申请人要求银行出具担保提货时，也有利用银行提货担保向开证行行骗的。对开证行而言，担保的做出具有不可撤销性，担保的结清是以开证行以提单换回自己的书面提保为前提。一旦签订了担保书，就丧失对货物的主动权，如果提单到达开证行，开证行就要承担付款责任，这时，开证申请人能否及时付款，就形成了担保提货中的信用风险。往往是开证申请人有一定金额的赔偿担保或信托收据，这样就很容易给出具担保的开证行造成一个所借单据金额未突破赔偿担保金额的假象。行骗者往往还利用相同的货名以蒙骗船方，从而提走别人的货物。因此当开证申请人要求开证行出具此担保时，开证行应该要求开证申请人提供绝对付款的书面保证和保证金，以防届时开证申请人以单证不符为由达到提取货物后不付款的目的。

从信用证的种类来看，议付信用证使用最多，但防范风险的功能较差。遇到受益人诈骗行为，议付行收到受益人单据时往往对欺诈的事实并不知情，便善意地议付，等得知真相时，行骗者早已携款潜逃，议付行不可能行使追索权，必然会寄单向开证行索付。而即使诈骗事实已被确认，但在单证相符的情况下，开证行也不能对议付行拒付。理由是开证行不能对抗善意持票人。所以对一些资信较差的地区，开证行开立议付信用证应该谨慎。

通知行应该说在信用证相关银行中所承担的风险是最小的。但通知行应在核对密押验证信用证真伪中严格把关，提防伪冒开证行印鉴的假证。对于信用证以电开形式开出但无押、要求与第三家银行核押这种途径迂回的核押情况更要谨慎。通知行有责任承担因通知伪证所引起的损失。

本章小结

信用证是开证行有条件的付款承诺。是银行(开证行)根据买方(申请人)的要求和指示向卖方(受益人)开立的,在一定期限内凭提交规定的单据支付一定金额的书面承诺。

信用证是目前国际上使用最普遍的国际贸易结算方式,由于银行承担了第一性付款责任,减少了出口商的收款风险,因此很受出口商欢迎。

信用证的基本当事人有开证申请人、开证行、通知行和受益人,在实际业务中可能还包括保兑行、付款行、偿付行和议付行等。

信用证有信开本、电开本、全电本3种开立形式,不同形式的信用证具有不同的法律效力。

信用证是开证行与受益人之间的书面合同,其记载的基本内容包括当事人、跟单汇票、所要求的单据、装运条款、保证条款及开证行签章等。

信用证业务的基本环节包括出口商申请开证,开证行对外开证、信用证的通知、保兑与修改、出口商的发货交单、出口行议付单据、议付行寄单索汇、开证行审单付款、进口商付款赎单等。

信用证分为跟单信用证和光票信用证;保兑信用证和不保兑信用证;即期付款信用证、延期付款信用证和承兑信用证;可转让信用证、不可转让信用证;背对背信用证;循环信用证;预支信用证(红条款信用证);买方远期信用证(假远期信用证)等。

信用证的审查和修改是信用证结算的重要环节。

信用证结算方式适用的最新国际惯例是UCP600。

信用证结算方式对出口商、进口商和银行各有利弊,各自面对不同的风险。

复习思考题

一、名词解释

开证行　信用证　议付　议付行　保兑信用证　延期付款信用证　承兑信用证　背对背信用证　跟单信用证　循环信用证　信用信用证　电开信用证　预支信用证

二、判断题

1. 跟单信用证业务是一项货物单据的买卖,而非货物的买卖。　(　　)

2. 根据UCP600的规定,信用证有“不可撤销”或“可撤销”两种。　(　　)

3. 开证行在得知开证申请人将要破产的消息后,仍需对符合其所开的不可撤销的信用证的单据承担承兑、付款的责任。　(　　)

4. 在开证行资信较差的时或成交额较大时,一般采用保兑信用证比较好。　(　　)

5. 可转让信用证只可转让一次,因此,可能转让信用证的第二受益人只能有一个。　(　　)

6. 可转让信用证只能按原证规定条款转让，因此，有关信用证金额、商品单价、到期交单日即最迟转运日期等不可以改变。（　　）

7. 循环信用证可以省去开证申请人多次开证的麻烦和费用支出，因此适用于分批均匀交货的合同。（　　）

8. 信用证方式与其他结算方式相比，风险较小，但手续繁杂，费用较高。（　　）

9. 根据 UCP600 的规定，只有开证行在证中注明“可转让”字样的信用证才能转让，否则，不得转让。（　　）

10. 打包放款是在出口商发货之后，银行对出口商的融资。（　　）

三、选择题

1. 跟单信用证是银行有条件的付款承诺，这里所谓的“有条件”指的是（　　）。

A. 出口方必须提交信用证上规定要提交的货运单据及其附属单据

B. 货物的质量、规格、数量符合合约的规定

C. 必须附有货运单据、保险单据

D. 必须附有银行汇票

2. 跟单信用证业务中，负第一性付款责任的是（　　）。

A. 开证行　　B. 通知行　　C. 议付行　　D. 保付行

3. 信用证是一种（　　）。

A. 正式的付款保函　　B. 有条件的付款担保

C. 无条件的付款担保　　D. 没有风险的付款方式

4. 信用证是依据买卖合同开立的，出口商要保证安全收汇，必须做到（　　）。

A. 提交的单据与买卖合同规定相符

B. 提交的单据与信用证规定相符，单据与单据之间一致

C. 提交的单据既要与买卖合同规定相符，又要与信用证规定相符

D. 当信用证与买卖合同规定不一致时，提交的单据以买卖合同相符为主

5. 根据 UCP600 的规定，可转让信用证可以转让（　　）。

A. 一次　　B. 二次　　C. 三次　　D. 四次

6. 某信用证每次用完一定金额后即可自动回复到原金额使用，无须等待开证行的通知，这份信用证是（　　）。

A. 自动循环信用证　　B. 非自动循环信用证

C. 半自动循环信用证　　D. 按时间循环信用证

7. 来料加工和补偿贸易中常使用的信用证是（　　）。

A. 循环信用证　　B. 对开信用证

C. 对背信用证　　D. 预支信用证

8. 保兑行对保兑信用证承担的付款义务是（　　）。

A. 第一性　　B. 第二性　　C. 第三性　　D. A 和 D

9. 下列关于议付的论述正确的是（　　）。

A. 又称作出口押汇　　B. 主要是在信用证项下叙做议付

C. 议付行享有对出口商追回付款的权利　　D. 信用证上规定限制议付者，暂不做议付

10. 根据UCP600的规定，如果信用证声明了该证受UCP600的约束，而对溢短装没做任何规定，则溢短装(　　)以内是能够容忍的。

A. 10%　　B. 3%　　C. 5%　　D. 4%

11. 根据UCP600的规定，在信用证结算方式中，汇票的付款人只能是(　　)。

A. 出口商　　B. 开证行　　C. 通知行　　D. 进口商

12. 下列属于信用证项下对出口商融资的有(　　)。

A. 出口押汇　　B. 开证授信额度

C. 提货担保　　D. 卖方远期信用证融资

四、思考题

1. 什么是信用证？信用证的特点有哪些？
2. 信用证的当事人有哪些？他们各自有哪些权利和责任？
3. 信用证的主要内容有哪些？
4. 可转让信用证与背对背信用证的主要区别是什么？
5. 信用证的修改应注意什么？

第3篇 国际结算中的单据

第7章 单据概述

本章提要

本章主要介绍单据的基础知识。通过本章的学习要求学生理解并掌握单据的含义、作用、种类、要求以及单据的制作与无纸化单据等内容。

教学内容

(1)单据的含义及作用。

(2)单据的分类。

(3)合格单据的要求。

(4)单据的制作与无纸化单据。

教学重点

单据的含义及作用;单据的分类;单据的制作。

教学难点

单据的含义及作用,单据的分类。

开篇案例

我国浙江A公司某年2月12日与英国M公司签订一批出口服装的合同,合同价款300万美元,使用信用证方式结算。2月26日,A公司收到了英国MIDLAND银行开来的申请人为M公司,受益人为A公司的信用证一份。证内规定:有效期4月15日;金额为300万美元;装运港为宁波港,目的港为伦敦港;签署发票一式两份;海关发票一份;中国人民保险公司保险的保险单一式两份;海关发票一份;中国人民保险公司保险的保险单按发票金额加112%保妥下列各险:水渍险;全套清洁“已装运”海运提单,作成我行抬头;产地证明书一份;装箱单;装运日期不得迟于3月25日。

A公司收到信用证,加紧组织生产,于3月22日办妥托运手续,3月23日中国远洋运输公司签发全套清洁“已装运”海运提单。接着,A公司办好了其他信用证规定单据,3月25日到中国银行宁波分行办理结算业务。中行宁波分行经认真审核,单证完全相符,随即寄单给MILAND银行索汇。

(资料来源:根据网络相关资料整理)

这是一个规范的信用证结算方式案例,信用证业务中对单据的要求较多。请思考:单据在国际结算中的作用是什么?单据的种类有哪些?每种单据有什么用途?有什么要求?

7.1 单据的含义、种类和要求

前已述及，银行办理国际贸易结算实行“推定交货”的原则。推定交货原则的实质就是货物单据化，以货物单据代表货物所有权。交单就等于交货。因此，单据在国际结算中是非常重要的。不论是信用证还是托收，多数都是跟单信用证和跟单托收。国际保理业务、福费廷业务等也是单据买卖。由于跟单信用证方式是最重要的结算方式，掌握了信用证方式下的单据知识，对其他结算方式下的单据处理可以融会贯通，所以本篇着重介绍信用证项下的单据。

7.1.1 单据的含义

单据是单据证书的简称，也称货运单据、商业单据，在英文中称为“documents”。在国际贸易结算业务中，单据是反映货物特征及说明交易情况的一系列证明文件或商业凭证。是出口方应进口方和其他有关方的要求必须备妥并提交的，完整地代表货物所有权的各种货运单据。它通常由出口方制作或取得后通过银行转交给进口方，交单是出口方履约的重要环节和内容。在现代国际贸易结算中，出口方的交货是通过交单来完成的。银行根据单据办理结算。比如，UCP600 第 5 条明确规定：在信用证业务中，银行所处理的是单据，而不是单据可能涉及的货物、服务或履约行为。单据的重要性由此可见一斑。单据的意义表现为：

(1)单据代表货物的所有权。在国际贸易结算业务中，出口商交付单据代表了交货，买方取得单据代表收到了货物。银行掌握了货权单据相当于控制了货物。单据的转移就等于货物的转移，同时单据的转移也使货物的转移合法化。

(2)单据是一种履约的证明。从法律意义上讲，单据是出口商用来表示已经履行合同义务的证明。单据中有详细的货物描述及出口商履约情况的相关证明，出口商只有在履行合同义务后，才能取得相应的单据。

(3)单据是付款的证据。在信用证业务中，开证行的付款是以信用证中规定的相符单据为依据，进口商付款也是以取得单证相符的货运单据为目的的。只要单据表面合格，符合信用证条款要求，开证行就必须按时足额付款。至于货物的质量、货物是否确定已经装运，银行概不负责。所以，单据是银行承担付款责任的唯一依据，也是进口商付款赎单的依据。

在托收、汇款等非信用证结算方式中，进口商履行付款义务，一般应在收到货物或单据后，在规定时间以汇票、发票为依据付款。

(4)单据是进出口商报关、纳税的重要凭证。各国海关常常根据进口商提交的发票查验货物、估价征收关税。

7.1.2 单据的种类

单据可分为基本单据和附属单据两大类。

1. 基本单据

基本单据是根据货物成交的贸易条件确定的，必须由出口方提供的单据，包括商业发票、运输单据和保险单据。

2. 附属单据

附属单据是根据贸易合同约定，或者信用证条款中的要求和规定，须向进口方或授权付款银行提供的、除基本单据以外的其他单据。

附属单据可分为两大类：一类是进口商要求的说明货物情况等的单据，如装箱单、重量单、尺码证明、质量检验证明等；另一类是进口国官方要求的报关单据，如海关发票、领事发票、产地证明书、出口许可证、海运公司证明等，用于满足海关盘查的需要或政府有关贸易法令政策的规定。

另外，在基本商业单据和附属商业单据之外，还有一些不需要出口商在结算中提供的非基本商业单据，如先期签订的托运单，代办托运人签发的运输单据、代办保险人签发的暂保单等。

7.1.3 合格单据的基本要求

1. 单据内容完整、真实、合法

单据的完整性，一方面是指单据应按信用证或合同的要求备齐；另一方面，每一单据本身应具有完备的内容，它包括单据应有恰当的格式、完善的书写、顺畅的义理、齐全的签章等。单据的真实性是指单据的表面真实性。在实务中衡量单据是否真实的标准就是要审核单据是否有签发单位有权签字人的签字或签章等。合格单据在内容上必须符合有关法规和常理、符合合同条款规定、符合货物实际，信用证项下的单据应符合特定信用证条款和 UCP600 的规定。

2. 单据的制作准确、及时

(1)制作方法。传统上单据都是使用手写或手工加复写纸复写。打字机直接打印而出来的那一份就算正本(original)，复写纸复写的都叫副本(copy)。UCP600 第 17 条 c 款规定，除非单据另有显示，银行将接受单据作为正本单据。如果该单据：表面看来由单据出具人手工书写、打字、穿孔签字或签章，或表面看来使用单据出具人的正本信笺，或声明单据为正本，除非该项声明表面看来与所提示的单据不符。

(2)签字签章的要求。单据上的签字签章有两个作用：一个是识别真伪；另一个明确签字人的责任。因此，签字盖章必须是“真迹”。UCP600 第 17 条 b 款规定：除非单据本身表明其不是正本，银行将视任何单据表面上具有单据出具人正本签字、标志、图章或标签的单据为正本单据。随着计算机制单和 EDI 技术的运用，单据的制作方法正向无纸化方向发展。在签字方法上，过去一般是手签，为了适应无纸化单据的要求，现在有了机械和电子“签章”，如摹本、穿孔等。所以，UCP600 第 3 条规定：单据的签字可以手签，也可以用签样印刷、穿孔签字、盖章、符号表示或其他任何机械或电子证实的方法处理。

(3)单据的日期。一般来说，单据都应该打出制单日期。对于出单日期，UCP600 第 14 条规定，单据的出单日期可以早于信用证开立日期，但不得迟于信用证规定的提示日期。

7.2 单据的制作与无纸化单据

7.2.1 单据的制作

前已述及,国际结算中的单据是由出口商制作或取得的通过银行交给进口商或开证行的。由此可知,一些单据是由出口商制作的,比如发票;一些单据是由其他机构制作的,如货运提单、保险单、商品检验证明等。这样制单人员必须与有关部门加强合作,互相配合,提交单据质量,保证安全收汇。

单据质量是出口贸易安全收汇的成败关键。出口企业制单人员必须有高度的责任心、细致的工作作风和丰富的工作经验。企业中相应也要有一套严格的组织制度,制单人员制单后要严格复核或互相审核,在互相审核的基础上,再进行一次总复核,最后再送银行预审。预审单据可以进一步把关,使预先发现的问题有足够的时间得到处理解决。如果有关机构出具的单据不合格,可以要求重新制作。

出口商自制单据和有关各方制作的单据要坚持“四个一致”的原则。

(1)“单证一致”,即单据与信用证规定一致。信用证条款落实在单据上,尤其是货运提单要与信用证条款完全一致。

(2)“单单一致”,即单据与单据之间某一相应的项目要互相一致,各种单据的内容只能互相补充,不能彼此矛盾。

(3)“单货一致”,即单据上所叙述的各有关项目必须与实际货物情况完全一致。单货一致体现出口商的信誉。

(4)“单同一致”即单据所表示的内容必须与合同要求完全一致。单据与合同一致表明出口商履约严格。

从安全收汇角度来说,单证一致、单单一致是最重要的。有时即使是某些单据中的一字之差,开证行都会以此为借口提出拒付货款或拒收货物。

此外,结算单据要求清洁、美观、整齐。单据排列合理、清晰整洁,语句通顺简洁,尽量使用相关国际惯例上的语句表述,切忌标新立异。

国际结算中还涉及单据的审核问题,这一问题在信用证一章已论述,这里不再赘述。

7.2.2 单据的无纸化

随着电子商务技术的发展以及一些银行加入 SWIFT 系统,纸制信用证逐步向电子信用证演进,纸质单据也逐步向电子单据演进。

纸制单据是指传统形式的单据,银行通过对纸制单据的审核、议付,采用邮寄方式完成凭单索汇,通过审核纸制单据的格式和内容的统一,为进口商提供国际结算服务。“单证一致,单单一致”的内涵是指数据项内容的一致,外延是指形式和格式的一致。

电子单据相对于传统的纸制单据而言,它是电子计算机和电子通信技术发展的产物,也是国际结算业务未来的一种发展趋势。电子单据是指对交换业务信息的纸制单据中的数据的制作、生成、采集、发送、传输、接受、保存使用电子技术处理,并且可以用特定的输出格式在各种终端上呈现或打印在纸面上。这些结构化、格式化定义的电子数据具有可视性,可以呈现在各种终端或打印在纸面上。

国际商会银行委员会为了适应电子商务的发展,在单据无纸化方面进行了长时期的努力。目前的成果主要是通过 SWIFT 系统传输的 eUCP。2001 年 11 月出版了《跟单信用证统一惯例关于电子交单的附则》(1.0 版本),简称 eUCP。在制定 UCP600 的同时,国际商会也修订了 eUCP,其版本变为 1.1,与 UCP600 同时生效。

eUCP 不是 UCP 的修改。UCP 还将继续在许多年内作为纸单据信用证的规则发挥作用。eUCP 是 UCP 的一个增补,旨在处理电子交单。当与 UCP 联合使用时,它为提交信用证项下的电子单据提供必要的规则。

eUCP 提供定义以便现行的 UCP 术语适应电子交单,以及必要的规则以允许 UCP 与 eUCP 共同使用。

单据无纸化仍在发展之中,还不可能完全代替纸质单据,原因是它要求涉及国际贸易、结算的各部门、各环节都要标准化高效率地运作,自动完成订货、采购、生产、销售、运输、结算等贸易的全过程,要达到这些要求并非易事。另外,无纸化单据还面临风险,不像纸制单据可以做到“白纸黑字,铁证如山”。因此,无纸化单据只能逐步推进。

本章小结

在国际结算业务中,单据是反映货物特征及说明交易情况一系列证明文件或商业凭证。是出口方应进口方和其他有关方的要求必须备妥并提交的,完整地代表货物所有权的各种货运单据。

单据对进口商和银行都具有重要意义。在结算实务中,单据是不可或缺的,因此正确地理解单据的含义、作用和内容是重中之重。

单据是货物所有权的凭证,是履约的证明,是付款的依据,是进出口商报关的重要凭证。

单据可分为基本单据和附属单据两大类。基本单据包括商业发票、运输单据和保险单据。附属单据主要有装箱单、重量单、尺码单、质量检验证明、海关发票、产地证明书等。

合格单据的基本要求是:单据内容完整、真实、合法、制作准确、及时。

出口商自制单据和有关各方制作的单据要坚持“四个一致”原则,即“单证一致”“单单一致”“单货一致”“单同一致”。

随着电子商务技术的发展以及一些银行加入 SWIFT 系统,纸制信用证逐步向电子信用证演进,纸制单据也逐步向电子单据迈进。

复习思考题

一、名词解释

商业单据　　附属单据　　基本单据

二、判断题

1. 货运单据是货物所有权的凭证。（　　）
2. 推定交货的实质是货物的单据化。（　　）
3. 保险单据不是主要的单据。（　　）
4. 进出口贸易中单据一般是由出口商制作或取得并向进口方提供。（　　）
5. 货运提单是货物所有权的凭证。（　　）

三、选择题

1. 下列各项中,属于附属单据的是(　　)。

A. 商业发票　　B. 保险单　　C. 货运单据　　D. 重量单

2. 国际贸易结算,清算结算的实体是(　　)。

A. 货运单据　　B. 保险单　　C. 货物　　D. 信用证

3. 合格单据的基本要求是(　　)。

A. 单据内容完整　　B. 单据的制作准确、及时

C. "单证一致""单单一致"　　D. 签名、签章准确合理

4. 下列各项中,属于基本单据的有(　　)。

A. 商业发票　　B. 运输单据　　C. 保险单据　　D. 重量单

5. 出口商自制单据和有关各方制作的单据要坚持(　　)原则。

A. 单证一致　　B. 单货一致　　C. 单单一致　　D. 单同一致

四、思考题

1. 单据的作用是什么? 它有哪些种类?
2. 合格单据的要求什么?
3. 列出附属单据的种类。

第8章 主要出口结汇单据

本章提要

本章主要介绍几种重要的出口结汇单据,包括商业发票、货运单据及保险单据。通过本章的学习要求学生理解并掌握商业发票、货运单据及保险单据的意义、作用、种类及内容。

教学内容

(1)商业发票的含义、作用、种类及内容。

(2)保险单据的含义、种类及内容。

(3)货运单据的含义、种类及内容。

教学重点

商业发票的作用及种类;货运单据的作用、种类及内容;保险单据的种类及内容。

教学难点

商业发票的种类;货运单据的种类及内容。

开篇案例

2016 年 3 月 3 日我国 A 公司与乙国 B 公司签订一份设备采购合同,由 B 公司向 A 公司提供 10 台设备,价款共计 120 万美元。采用信用证方式结算,3 月 10 日 A 公司申请中国银行向 B 公司出具了信用证。证内规定,B 公司在交单时提供全套已装船清洁提单。A 公司收到中国银行进口信用证付款通知书后,审核议付单据后发现,B 公司提交的单据存在以下疑点:一是提单签署日期早于装船日期;二是提单中没有已装船字样。据此,A 公司断定该提单为备运提单,立即向开证行提出单据不符点,并拒付货款。同时,一面查询有关船运信息,确定货物是否已装船发运,一面向 B 公司发出书面通知,提出疑义要求做出书面解释。B 公司收到 A 公司的通知及开证行拒付电后,意识到问题的严重性,并向 A 公司做出书面解释,但解释中片面强调了海运公司的责任。A 公司出具相关证据后,B 公司承认其未按合同规定时间装运,所提交的单据为备运提单。最后经过双方协商,以 B 公司降价 10% 而结案。

(资料来源:根据相关网络资料改写)

本案例的焦点在于 B 公司提交议付银行的提单不符合信用证规定的已装船清洁提单的要求。请思考:信用证结算中,货运提单的作用是什么?议付行、开证行、受益人审核货运提单的标准是什么?国际结算中所要求的主要结汇单据有哪些?各有哪些内容和要求?

8.1 商业发票

8.1.1 商业发票的含义

商业发票(Commercial Invoice)通常称为发票(Invoice),是出口商向进口商开立的凭以向进口商索取货款的价目清单和货物情况的书面说明。发票全面反映了有关交易的详细内容,是各种单据中的中心单据,也是出口商必须提供的主要单据之一。

就广义而言,发票包括商业发票、海关发票、形式发票、领事发票、样品发票、厂商发票、证实发票。就狭义而言,通常是指商业发票。

8.1.2 商业发票的作用

商业发票主要有以下几个方面的作用:

(1)是全套单据的中心及其缮制和审核的依据。商业发票是出口商制作的,全面说明交易内容的书面文件。其他单据如运输单据、保险单据均需参照它来缮制,在内容上不得与发票的记载相矛盾。在信用证项下,确定各单据是否一致时,主要是看各种单据是否分别与发票一致,因此商业发票是银行重点审核的单据。

(2)是出口商履约情况的书面证明。发票是交易的合法证明文件,在全部单据中,发票是出口商专为说明履约情况提供的单据。从发票可以看出交易的全貌。

(3)是提供进口商了解、掌握、验收和核对货物的品名、规格、数量、重量等的依据,用以确认已发货物是否符合合同规定的条款。

(4)是买卖双方收、付账及记账的依据。出口商凭发票收款,进口商凭发票付款。另外,各国的企业都是依发票作为原始凭证记账并进行会计核算。

(5)是进口商报关完税的计算依据。商业发票中关于货物的描述、货价、产地等是海关进行估价、确定税额的依据。

(6)是索赔的依据之一。正式商业发票上详细列明了所装货物的价目,因此在发生货损时,正式商业发票是受损方向责任方索赔时的主要凭据之一。

(7)在不签发汇票的情况下,发票替代汇票为索汇的凭证。在与计征汇票印花税的国家进行贸易时,常常不使用汇票而用正式商业发票来代替汇票作为货款支付凭证。

8.1.3 商业发票的内容

各国进出口商所使用的商业发票没有统一的标准化格式,一般商业发票应具备首文、正文和结文三个组成部分,但其内容和文字描述必须符合信用证的规定。商业发票的格式如附式8.1所示。

Exporter		INVOICE	
Consignee		Invoice No.	Date
		Exporter's Reference No.	
		Buyer's Order No.	
Buyer		Country of Origin of Goods	Country of Final Destination
Departure Date		Terms of Delivery and Payment	
Vessel	Part of Loading		
Port of Discharge	Place of Delivery by on Carrier		
Marks No. and Container No. and Kind of Package Description of Goods	Quantity	Per Unit	Amount
		Invoice Total	
		(signature)	

附式 8.1　商业发票

商业发票三部分内容详述如下：

(1)首文(Heading)。主要是对于发票自身及当事人的说明部分,其基本内容有以下几个。

①签发人的名称与地址。出票人一般为出口商。出票人的名称与地址在发票正上方表示,要求完整准确。信用证项下的发票,除非另有规定,这一名称与地址必须与信用证受益人的名称与地址严格一致。

②发票名称。发票的首文部分一般都醒目地印着"Invoice"或"Commercial Invoice"。发票名称应与信用证规定一致,如果信用证规定出口商提供"收妥发票",在发票的字样前就需要加注"收妥"(Receipt)字样。

③发票编号。发票编号是出口商统一编制的，一般采用顺序号，以便查询。

④发票签收日期(Date)。UCP600第14条1款规定："单据的出单日期可以早于信用证开立日期，但不得迟于信用证规定的提示日期。"

⑤发票抬头人的名称与地址(To)。即进口商的名称与地址，可根据具体的贸易合同填写，要求完整准确。只有少数来证在发票条款中指出发票抬头人。多数来证都不作说明。因此习惯上将信用证的申请人或收货人的名称、地址填入这一栏。UCP600第18条A款规定：除非信用证另有规定，商业发票抬头必须做成开证申请人。

⑥信用证号码(L/C NO.)和合同号码(Contract NO.)

信用证号码按信用证填写。无论信用证是否有要求，发票都应列明信用证号码，除非结算方式不使用信用证方式。

合同号应与具体成交的合同号一致，若买卖双方各有编号，则应一一列出。如果信用证对合同号码无要求，也可不注。

⑦运输细节。应注明运输工具名称或运输方式，以及装运地点和卸货地点。货物如需转船运输，应加注转运港，转运港应与提单所标明的一致。

(2)正文(Body)部分。正文是说明履约情况的部分，主要是通过对货物和货价的描述提供履约证明。

①唛头(Shipping Mark)及号码。贸易上的唛头是为了识别货物而刷制在包装上面的装运标志，便于承运人和收货人识别货物。在货物上有唛头时，商业发票上一定要有唛头。发票的唛头可以作为依据，分别与提单、保险单、包装单上面的唛头相核对，以确保各项单据的唛头是相符的。唛头的内容通常是：主标志、目的港标志和件号标志。有时也可以加注原产地标志，如"Made in China"。如信用证未规定唛头的具体方案，则出口商可自行设计；如系散装货物而无唛头，则应填写"N/M"(No Mark)。

②货物描述(Description of Goods)。即有关货物的名称、品质、规格、尺寸、颜色等。货物的描述应严格根据信用证及合同的规定填写，必须完全符合信用证，做到一字不差。省略或增加货物规格的字句，都可能造成单据表面不符。

③货物的数量。货物的数量必须根据实际情况在发票中列明，并与其他单据相一致。在实务中，货物的数量会有一定增减幅度，具体见第6章信用证的审核一节中。

④货物的包装和件数。在发票中必须列明商品包装的方式及件数，不仅要与提单等一致，还要与唛头中相符。

⑤货物的单价(Unit Price)和总价(Total Price)。货物单价应与合同相符。在信用证项下，则必须与信用证规定一致，包括货物的计价单位、计价货币、单价金额和价格术语。总价应与汇票金额相同，在信用证项下，除非另有规定，一般不能超出开证金额。

(3)结文(Complementary Clause)。结文部分主要是商业发票开立人即出口商的名称、地址和出口商的签章。在信用证方式下，除非信用证另有规定，一般可以不签字或签章，但若信用证要求发票手签，必须另加负责人的手签，否则被视为无效发票。另外，对于正本发票必须加注"正本"字样。如果信用证规定了发票份数，则出口商提交的发票份数必须与信用证要求一致。

8.1.4 海关发票

1. 海关发票的含义及作用

海关发票(Customs Invoice)是某些国家或地区海关规定的一种固定格式的,由出口商填制供进口商凭以报关的一种特殊的发票。

海关发票往往见之于实行某种特殊形式的关税优惠制的国家。大多数英联邦成员国一般要求出口商填制海关发票。

海关发票的作用主要有:供进口国海关审查货物原产地,以便按不同的国别政策征收不同的关税;供进口国海关审查货物价格,以确定该货物是否为低价倾销和进口商是否虚报价格。作为进口国海关估价完税和海关统计的依据。

海关发票有以下3种形式:①海关发票;②估价和原产地联合证明书(Combined Certificate of Value and Origin, CCVO);③根据某国海关法令签发的证实发票(Certificate Invoice in Accordance)。

2. 海关发票内容

海关发票格式与详细内容因国而异。其内容除商品品名、单价、总值等与商业发票相同外,还包括商品的成本价值(Cost/Value of Goods)和商品的生产国家(Country of Origin of Goods)等内容。

海关发票常见的细目有:①外包装的价值;②货物装入外部容器的工资费用;③内陆运输费与保险费;④码头与港口费用;⑤海运费用;⑥海运保险费;⑦有关交货的其他费用;⑧其他特殊开支;⑨佣金;⑩现金折扣率;⑪出口给买主的价格;⑫现行国内价值或出口国的工厂/仓库/装运港的公开市场价格。

3. 填写海关发票应注意的问题

(1)各国(地区)使用的海关发票,都有专门、固定的格式,使用时应按来证要求,不得误用。

(2)凡是商业发票和海关发票上共有的项目和内容(如唛头、品名、数量、金额等),必须与商业发票保持一致,不得相互矛盾。构成价格的各项费用,如运费、保险费、包装费、国内运费、佣金等其他费用,应认真核算,逐项填写。有些国家的海关发票虽未列明各项费用项目,出口商也应自行计算列明。

(3)如成交价格为CIF条件,应分别列明FOB价、运费、保险费,这三者的总和应与CIF货值相等。

(4)抬头人。应以收货人或提单的被通知人为抬头人。

(5)签署。应以出口商个人名义手签。海关发票如有修改,不可盖校对章,而应由制票人在修改处用钢笔加注小签。

8.1.5 领事发票

领事发票(Consular Invoice)又称领事签证发票,是由进口国驻出口国领事馆认证或出具的发票。领事发票是一种官方的单证,可以从进口国驻出口国的领事馆领取,由出口商填写并经领事签字证实后提供给进口商凭以办理报关手续。

领事发票或领事签证发票的作用主要有：①证明进口货物的产地与原产地相同；②证明领事发票上所填写的货物名称、价格与数量属实；③它是进口商品征税的依据；④控制和限制商品进口；⑤防止出口国廉价倾销出口商品。

8.1.6　形式发票

形式发票（Proforma Invoice）又称预开发票，它是出口商在收到正式订单之前或货物出运前预先向进口商开立的供其申请进口许可证和外汇的发票。形式发票在外表上与商业发票的唯一差别是格式上有“形式（Proforma）”字样。它的作用是：作为出口商向进口商报价的一种形式，供进口商参考；在外汇管制较严的国家，进口商要用形式发票来申请外汇及进口许可证。形式发票不是表示债务的单证，出口商不能凭形式发票托收或在信用证下议付货款。

形式发票上除必须写明抬头人、品名、数量、单价、总值、交货期、有效期外，有时还会注明“此发票仅供申请进口许可证用，本交易以卖方最后确认为有效”，以此条款来约束进口商。

形式发票不是正式发票，不能凭以办理结算，票面上注明的价格也是根据当时市场行情估计价，对买卖双方均无约束，只供买方参考，因其徒具发票形式，故称形式发票。正式成交时，出口商仍需另行开具商业发票。

8.1.7　厂商发票

厂商发票（Manufacturer Invoice）是由出口货物的制造厂商所出具的以本币计价的，用来证明出口国国内市场出厂价格的发票。来证要求厂商发票，其主要目的是供进口商海关核查出口交易中是否存在倾销，以便确定是否征收“反倾销税”。

8.1.8　样品发票

样品发票（Sample Invoice）是出口商为了说明推销商品的品质、规格、价格，把样品寄给进口商时出具的价目清单。样品发票不同于商业发票，只是为了便于客户了解商品的价值、费用等，便于向市场推销，便于报关取样。

8.1.9　证实发票

证实发票（Certified Invoice）实际上即为海关发票。之所以叫做“证实”，是由于发票上列明货价和产地这两项主要内容，其中货价部分须经卖方以个人名义签名证实之故。

8.2　货物运输单据

货物运输单据（Transport Documents）是指货物的承运人已将承运货物装上运输工具或已将货物发运或已接管货物待运时向托运人签发的单据。单据表面的记载具体反映了货物被接管或装运时的状况，已装运货物所要经历的运程，货物的有关当事人及其相互之间的权利、义务关系，是货物的物权凭证。托运人将货物交给承运人，承运人签发货运单据后，货物与单据发生分离，货物由承运人运往托运人指定的港口，托运人凭货运单据通过银行办理结算。进口商付款后凭货运单据到承运人处提货。

运输单据是货物运输业务中最重要的证明文件，也是国际贸易结算中最重要的单据之一。

运输单据按运输方式不同，可以分为海运提单、公路运单、铁路运单、航空运单及联合运输单据等。由于在国际贸易中，80% 以上的货物是通过海运方式来运输的，所以本节重点讲述海运提单。

8.2.1 海运提单的概念及作用

1. 海运提单的概念

海运提单（Marine Bill of Lading 或 Ocean Bill of Lading，B/L），简称提单。《中华人民共和国海商法》采用了《汉堡规则》对提单的定义，其第七十一条规定："提单是指用以证明海上货物运输合同和货物已经由承运人接收或者装船，以及承运人保证据以交付货物的单证。提单中载明的向记名人交付货物，或者按照指示人的指示交付货物，或者向提单持有人交付货物的条款，构成承运人据以交付货物的保证。"简单地说，海运提单是承运人在收到货物或货物装船后签发给托运人的，约定将该项货物运往目的地交予提单持有人的物权凭证。

2. 海运提单的作用

（1）货物所有权凭证，即物权凭证。提单是货物所有权的凭证，谁持有提单，谁就有权要求承运人交付货物，并且享有占有和处理货物的权利，提单代表了其所载明的货物。提单经背书或交付就可以进行转让，提单的转移就构成了货物所有权的转让。

（2）货物收据。海运提单是承运人确认从托运人处收到托运货物后签发的书面证明。承运人向托运人签发提单后，就有责任在正常情况下，按提单上列明的情况，向收货人交付货物。

（3）运输契约的证明。如果承运人与托收人之间定有运输合同，提单往往是运输合同成立的证明。如果双方没有另外订立运输合同，提单就是双方之间的运输合约的证据。提单背面印就的条款，即视为双方共同接受的运输合约条款，承运人和托运人分别对此承担合约规定的责任。

8.2.2 海运提单的基本当事人

海运提单涉及的基本当事人是承运人和托运人。由于提单有时出现交接、背书、转让等情况，还会出现收货人、受让人、持单人等当事人。

1. 承运人

承运人（Carrier）指承运货物的那一方，也称船方（海运公司），它是接受托运人委托，将货物运往目的港的一方。承运人一般拥有运输工具。承运人对按时、安全地将货物运至指定目的港负责。因此，如货物在运送过程中发生损失与灭失，应由承运人负责。承运人的主要权利是要求托运人或收货人按约定支付运费。如果托运人或收货人不付运费，承运人可以行使留置权，扣压货物或出卖货款以抵偿欠款。

2. 托运人

托运人(Shipper/Consignor)是指委托承运人(海运公司)将特定货物运往目的港的当事人,也称货方。根据不同的贸易条件,可能是发货人(出口商),也可能是收货人(进口商)。FOB、CIF、CFR等条件下,出口商是发货人、托运人;EXW等条件下,进口商是托运人、收货人(也可以转让给他人)。信用证项下提单的托运人一般是信用证的受益人。

3. 收货人

收货人(Consignee)即有权在目的港凭提单向承运人提取货物的当事人,也称为抬头人,一般是进口商,但也可能是第三方。

4. 受让人

受让人(Transferee)是经过背书或交付转让接受提单的人,有向承运人要求提货的权利。只要抬头许可,提单是可以转让的。

8.2.3 提单的签发

有权签发提单的人有承运人及其代理、船长、船主及其代理。代理人签署时必须注明其代理身份和被代理方的名称及身份。签署提单的凭证是大副收据,签发提单的日期应该是货物被装船后大副签发收据的日期。

提单有正本和副本之分。正本提单一般签发一式两份或一式三份,这是为了防止提单在流通过程中万一遗失时,可以应用另一份正本。各份正本具有同等效力,但其中一份提货后,其余各份均告失效。副本提单承运人不签署,份数根据托运人和船方的实际需要而定。副本提单只用于日常业务,不具备法律效力。

8.2.4 有关提单的国际公约

货运提单是国际贸易中十分重要的单据。但由于提单的利害关系人常处于不同国家,而提单又是由海运公司根据本国有关法规自行制定的,其格式、内容和词句并不完全相同,一旦发生争议或涉及诉讼,就会产生提单的法律效力和适用法规的问题,因此统一各国有关提单的规则,一直是国际贸易界努力的目标。从20世纪20年代起,在国际货物运输提单的管辖方面先后产生了三个国际公约。

1.《海牙规则》

《海牙规则》(Hague Rule)的全称是《统一提单若干法律规定的国际公约》(International Convention for the Unification of Certain Rules of Law Relating to Bill of Lading),1924年8月25日由26个国家在布鲁塞尔签订,1931年6月2日生效。公约草案是1921年在海牙通过的,因此简称为《海牙规则》。包括欧美许多国家在内的50多个国家先后加入了这个公约。1936年,美国政府以这一公约作为国内立法的基础制定了《1936年海上货物运输法》。《海牙规则》使得海上货物运输中有关提单的法律得以统一,在促进海运事业发展、推动国际贸易发展方面发挥了积极作用,是最重要的和目前仍被普遍使用的国际公约。我国于1981年加入了该公约。《海牙规则》的特点是较多地维护承运人的利益,在风险分担上很不均衡,因而生效以来一直受到代表货方利益和航运业不太发达国家或地区的反对,纷纷要求修改《海牙规则》。

2.《维斯比规则》

《维斯比规则》(Visby Rules)的全称是《修改统一提单的若干法律规定的国际公约的议定书》。它是在《海牙规则》基础上所作的修改,但并未对《海牙规则》的基本原则作出实质性修改,只是提高了货物损害赔偿的最高限额,明确了集装箱和托盘运输中计算赔偿的数量单位,扩大了公约的适用范围。《维斯比规则》是一些保守的海运国家为阻碍根本性修改《海牙规则》的产物。该公约草案是在瑞典的维斯比拟定的,1968 年 2 月 23 日在布鲁塞尔通过并于 1977 年 6 月生效。生效至今,只有英、法、丹麦、挪威、瑞典等 20 多个国家和地区采用这一规则。

3.《汉堡规则》

《汉堡规则》(Hamburg Rules)全称为《1978 年联合国海上货物运输公约》(United Nations Convention on the Carriage of Goods by Sea,1978). 鉴于《海牙规则》过于偏向承运人的利益,各国特别是发展中国家积极主张对其进行全面实质性的修改;同时,随着近年来海洋运输技术的迅速发展,特别是集装箱运输的广泛使用,《海牙规则》的某些规定已不合时宜。联合国国际贸易法委员会经过多次讨论,于1976 年草拟,1978 年3 月在汉堡召开了有71 个国家参加的全权代表会议上审议通过了《汉堡规则》。该公约已于 1992 年正式生效。

《汉堡规则》将《海牙规则》中偏袒承运人利益的 17 项免责条款全部废除,承运人承担的责任扩大。承运人既要对管理货物的过失负责,又要对驾驶和管理船舶的过失负责。此外,还对承运人的责任期间、赔偿责任、责任限度等作出了重大调整和修改。可以说,《汉堡规则》是广大发展中国家在国际经济与航运领域中争取自身权益的一项重大成果。尽管其受到船方利益代表者的批评与反对,仍然获得许多国家特别是货主国家的欢迎。但是到目前为止,签字国为埃及、尼日利亚等非主要航运国,因此《汉堡规则》对国际海运影响不大。

8.2.5 海运提单的内容

海运提单由各海运公司自行设计制作,其内容虽不完全相同,但主要内容基本相同。一般全式海运提单分正反两面记载着相关的信息。海运提单正面内容见附式 8.2 。

1. 海运提单正面内容

(1)货物的品名、唛头、包装和件数、重量和体积以及运输危险货物时对危险性质的说明。在信用证业务中,唛头的记载应与信用证及发票上的唛头完全一致,当货物为散装货无唛头时,应标出“N/M”。

(2)承运人的名称和地址。

(3)托运人的名称和地址。

(4)船舶名称。

(5)收货人的名称。

(6)装货港和在装货港接收货物的日期。

(7)卸货港。

(8)多式联运提单还要增加接收货物地点和交付货物的地点。

(9)提单的签发日期、地点、编号和份数。

(10)运费的支付。

Shipper	B/L No.
Consignee or order	中　国　对　外　贸　易　运　输　总　公　司 CHINA NATIONAL FOREIGN TRADE TRANSPORTATION CORP 直达和转船提单 BILL OF LADING DIRECT OR WITH TRANSHIPMENT
Notify address	SHIPPED on board in apparent good order and condition (unless otherwise indicated) the goods package specified discharged or as near thereto as theVessel may safely get and be always afloat. The weight, measure, marks and numbers, quanlity , contents and value, being particulars furnished by the Shipper , are not checked by the carrier on loading. The Shipper ,Consignee and the Holder of this Bill of Lading here by Expressly accept and agree to all printed ,written or stamped provision , Exceptions and conditions of this Bill of Lading ,including those on the back here of. In WITNESS where of the number of original Bill of Lading stated Below has been signed one of thembeing accomplished ,the other(s) to be void.

Pre-carriag by	Port of loading
Vessel	Port of transhipment
Port of discharge	Final destination

Container,sea l No. Or Marks and Nos.	Number and Kind and Description of goods packages	Cross Weight	Measurement(m3)

Freight and charges			REGARDING TRANSHIPMENT INFORMATION PLEASE CONTACT
	Prepaid at	Freight payable at	Place and date of issue
EX.rate	Total Prepaid	Number of original Bs/L	Signed for or on behalf of the Master As Agent

附式 8.2　海运提单式样

（11）承运人或其代表的签字。

2. 提单背面的条款

海运提单的背面全部是事先印就的运输条款和规定承运人与托运人责任的条款。

（1）首要条款。说明该提单所适用的法律条款或规则 。

（2）定义条款。对提单所涉及的当事人、船方和货方作出明确界定的条款。

(3)司法管辖权条款。规定当事人之间的争执或纠纷受哪一国法律管辖。

(4)承运人责任和免责条款。责任条款明确承运人承运货物过程中应承担的责任;免责条款则说明了在约定情况下,承运人对货物所遭受的损失不予负责,无须赔偿。

(5)承运人责任期间条款。明确承运人对货物运输承担责任的开始和终止时间。

(6)赔款条款。有关货物灭失或损坏赔偿事项的规定。

(7)包装和唛头条款。规定货物的包装要求和唛头印制要求等事项。

(8)费用条款。有关运费、驳运费及其他费用,以及迟付运费的罚息等事项的规定。

(9)特定货物条款。明确承运人对运输一些特定货物时承担的责任和享有的权利,如危险货物、散装货物、高价值货物、舱面货物等。

此外,还有其他多样条款,如有关碰撞、共同海损、舱面货、鲜活货条款,转运、换船变更航线条款,集装箱货物条款,战争、检疫、冰冻、罢工、港口拥挤条款等诸多规定。

8.2.6 海运提单的种类

海运提单的种类较多,不同的海运提单效力是不同的。具体分类如下。

(1)按提单签发时货物确定已经装上货船,分为“已装船提单”及待运提单。

已装船提单(Shipped on Board B/L)是指托运人把货物交付承运人,承运人收到货物装上货船后所签发的提单。提单必须表明货物所装船的船名、装船日期、船长或其代理人签字。已装船提单表示货物已出运,收货人可以根据提单日期推算货物的到岸日期,以便及时提货,这类海运提单在国际贸易业务中被广泛使用。

待运提单也称备运提单,是指海运公司已收到托运货物等待装运期间所签发的提单。提单不写明装船日期和肯定的船名。因为货物装船之前仍存在遭受损失的风险,而承运人对此不负责。且进口商也无法确定货物的实际出运日期和到岸日期。因此,进口商一般不接受这类提单。信用证一般规定提供已装船提单,银行不接受待运提单。当备运提单上载明的货物确定装船出运时,可由承运人的授权人在原备运提单上加注装船批注“On Board Notation”(已装船),并加打船名、航班、装运港、批注日期和批注人签字或盖章,则此待运提单即和已装船提单具有同等效力,银行可以接受。

(2)根据提单上有无承运人对货物包装状况的不良批注,可分为清洁提单和不清洁提单。

清洁提单(Clean B/L)是指未载有明确宣称货物或包装有缺陷的条款或批注的运输单据,表明货物装船时,表面状况良好。

不清洁提单(Unclean or Dirty B/L)是指带有承运人附加的关于货物外表状况不良或包装不当或存在缺陷等批注的提单。

当托运人将货物交予承运人运输的时候,承运人方面理所当然要对货物的状况,特别是对货物的外表和包装情况作大致的观察和检查。一旦发现货物包装有瑕疵情况就在海运提单上加注批语,如:“包装渗漏”“包装破裂”等文句。凡带有此类批注的提单,就叫不清洁提单。

承运人对不良包装下货物的损坏不承担责任。除非信用证另有规定,否则银行拒收不洁净提单。但是按照国际航运分会规定,下列3种内容的批注不能视为“不清洁”:一是没有说明货物或包装不能令人满意,只是批注“旧包装”“旧箱”等;二是强调承运人对货物或包装性质所引起的风险不负责任;三是否认承运人知悉货物内容、重量、容积、质量或技术规格等。

(3)按运输过程中是否转船,分为直达提单、转船提单和联运提单。

直达提单(Direct B/L)是指货物用同一艘货船直接由装运港运达目的港,中途不在任何港口转船所签发的提单。这类提单下承运人及实际运输人为同一海运公司,权责明确,运输业务也容易处理。提单上只注明装货港和卸货港名称,没有“途中转船”等批注。若信用证内明确规定不准转船,则受益人要求议付时必须提供直达提单。

转船提单(Transshipment B/L)是指货物在装运港装载后。将在中途转船转运时签发的提单。转船提单由第一承运人签发,还要注明“转船”或“在……港转船”字样。为节省转船附加费,减少货运风险,收货人一般不同意转船。但有时直运不可能,必须转船,没有哪个港口能直接通往全世界各港口,所以国际贸易中转船运输方式是常见的。

联运提单(Through B/L)是指经过海运和其他运输方式联合运输时由第一承运人(通常为海运承运人)向托运人签发的,表明货物将经过两种或两种以上的运输方式运至最终目的地的提单。当托运人委托承运人承担全程运输,但实际运输往往须经海路、铁路或公路,或者海陆空联运,才能将货物最终运达目的地者,就是联合运输。全程运输方式的特点是第一承运人签发联运提单,其他运输人不签发提单。货到目的港或目的地后可凭第一承运人所签发的联运提单提货,第一承运人虽然签发全程提单,但他只对第一运程负责。

(4)按提单可否转让及如何转让,提单可分为记名提单、不记名提单和指示提单。

记名提单(Straight B/L)是指在提单收货人这一栏内填明特定收货人名称的提单。这种提单又称收货人抬头提单,不得转让。在实务中很少使用记名提单,银行也不愿对记名提单进行议付。一般用于高价值商品或特定商品如原油、矿砂等。

不记名提单(Open B/L)又称来人提单,是指在提单上收货人这一栏里仅仅写上持单来人字样。这种提单也可转让,但无须背书,仅凭交付即可转让。任何人持有这种提单,都可向承运人提取货物。如果提单丢失,货物被提走,承运人不负责任,对买卖双方都不利,所以风险很大,实务中很少使用。

指示性提单(Order B/L)是指抬头带有“order”的提单。指示性提单又可分为记名指示和不记名指示,前者如“to the order of…”,后者如“to order”,由托运人背书后可转让。这种提单在国际贸易中使用比较普遍,一般信用证方式和托收都采用。指示提单的转让必须背书,提单背书有空白背书、记名背书和指示背书 3 种做法,具体与汇票方式相同。

(5)按提单上运输条款的详细差异情况,分为简式提单和全式提单 。

简式提单(Short form B/L)是指仅有正面提单内容和正面条款而无详细记载承运人与托运人的责任、权利和义务的背面条款的提单。简式提单在美国比较流行,美国海运公司一般签发简式提单。根据海上运输法,承运人只要能使公众都知道提单条款,并能随时索取他的提单条款,就可以出具简式提单。简式提单对货方无不利影响,因此,银行一般都接受简式提单。

全式提单(Long form B/L)是指不但有齐全的正面条款,而且在背面详细记载了承运人与货方的责任、权利和义务的完整条款的提单。全式提单并不是在提单上印有“全式”字样,只要提单正面、背面条款完整、齐全,就是全式提单。在国际贸易中目前使用的提单大多数是全式提单。

(6)按承运人船舶营运方式的不同,可分为班轮提单、租船提单和运输代理行提单。

班轮提单(liner B/L)是指货物由班轮承运时,由班轮运输公司作为承运人向托运人签发的提单。如果信用证中在价格条件后加注了班轮条件,则受益人必须提交班轮提单。

租船提单(Charter Party B/L)是指由货主向船东租赁船只,将货物运往目的地、船东根据租船合约签发的提单。由于租船提单不是一个独立而完整的文件,仅从提单上银行无法看出它受租船契约约束的情况,加上租船契约条款复杂,且必须受到租船契约的约束。所以除非信用证另有规定,一般银行和收货人不接受租船提单。

运输代理行提单(Horse B/L)是指运输代理行以承运人身份签发的运输单据。出口商将小批量货物委托运输代理行,代理行则将卸货港或目的港相同,但属于不同托运人的货物集中在一起向承运人办理托运,以节省费用。

(7)根据提单签发日与交单日、装船日的关系,可分为正常提单、过期提单、倒签提单和预借提单 。

正常提单(Unstale B/L, Fresh B/L 或 Curent B/L)是指在货物运达目的港之前已交给收货人的提单。提单只有在信用证规定的有效期及最迟交单期内提交银行议付,才是正常提单。

过期提单(Stale B/L)是指晚于 UCP600 所规定的提单签发之后 21 天内或信用证规定的最迟交单日,才向银行提交的提单。除非信用证另有规定,银行不接受过期提单。

倒签提单(Anti-dated B/L)是指承运人应托运人要求,在货物装船以后,以早于该批货物实际装船完毕的日期作为签发日期所签发的已装船提单。这属于伪造单据行为,具有欺诈性质,货主或银行一旦发现提单签发日期早于货物装船日者,有权拒收货物或拒办业务。

预借提单(Advanced B/L)又称无货提单,是承运人应托运人要求,在货物尚未装船或装船尚未完毕的情况下预先签发的"货已装船"提单。托运人可以借此在信用证有效期结束前交单结汇。这种提单同样具有欺骗性质,可能会遭受收货人起诉索赔。

(8)集装箱运输提单。集装箱运输提单(Container B/L)是指货物采用集装箱装载运输时,由承运人签发的提单。集装箱运输是将一定数量的单件货物装入特制的标准规格的集装箱内,以集装箱为运送单位而进行的运输。此种运输方式的优势是:运量大、成本低、效率高、节省货物包装费用、货损价差小、缩短货物装卸及船舶停泊时间等。由于货物是由托运人自行装货加封,故在提单上注明"托运人自行装货点货点数"等字句。集装箱运输时,承运人只按箱收货,箱内货物承运人一般不查验,这样收货人存在一定的风险。

集装箱运输提单多属于收讫备运提单。集装箱货物在装箱后,承运人收到货物后就向托运人签发备运提单,待货物装船后再加注装船批注使之成为已装船提单。信用证业务中,银行一般只接受加注了装船批注的集装箱备运提单。

在集装箱提单上常见的术语有以下 4 种。

①FCL(Full Container Load)即整箱货,集装箱内所装的货物属于同一个货主。

②LCL(Less than Container Load)即拼箱装,箱内所装的货物不是属于同一个货主。

③CY (Container Yard) 即专门堆放集装箱而不办理装拆业务的场所。托运人自己装拆箱的货物,在货场收货或交付。

④CFS(Container Freight Station)即货站,是办理集装箱货物装拆箱业务的场所,由承运人装拆箱的货物,均在此收货或交付。

8.2.7　其他运输单据

在国际贸易结算中,除了以上讲的海运提单外,还有航空运单、铁路运单、公路运单、邮政或速递收据、不可转让海运单、多式联运单据等其他运输单据。

1. 航空运单

航空运单(Airway Bill)是作为承运人的航空公司接受托运人之委托以飞机装载货物开立的凭证。航空运单与海运提单是两种具有不同法律性质的文件。

(1)航空运单不是货物所有权凭证,不能凭以提取货物,收货人凭航空公司的提货通知单提货。

(2)航空单是收货凭证而不是物权凭证,不能背书转让,是不可转让单据。信用证对此也不能有要求。

(3)航空运单不能控制买方付款。D/P 托收项下航空运单不能控制买方付款,信用证项下航空运单不能作为提供给银行的抵押品。

(4)必须做成记名收货人。航空运单是直交给记名收货人。当申请人作为航空运单的收货人时,银行无法控制申请人在信用证下的偿付,可以征得开证行的同意,以开证行作为航空运单的收货人,便于控制,申请人偿付后,开证行才能交货给申请人。

(5)航空运单提交银行只提交一张正本提单。信用证不应要求提交银行的正本空运提单多于一张。

2. 铁路运单

铁路运单(Rail Transport Documents)是国际铁路运输中使用的单据,是铁路运输方作为承运人或其代理人签发证明托运人与承运人运输合约的凭证。

铁路运输是目前运量仅次于海运的国际货物运输方式。在出口货物采用铁路运输的情况下承运人向托运人签发的货运单据就是铁路运单。同航空运单类似,铁路运单只是货物收据和运输合同,也是铁路方与货主间核收运杂费、索赔和理赔的依据,但不能作为物权凭证,一律作记名抬头,也不得背书转让。

铁路运单的主要项目包括:发货人和收货人名称和地址,发货车站和收货车站名称,货物的名称与性质、唛头、包装、数量、重量说明。

这里特别说明:在中国提出"一带一路"倡议以来,中欧、中亚之间开通了多条铁路货运专列。货运专列采用货物封闭运输的方式,铁路货运采用海运规则。这些铁路货运承运人签发的货运单据不但是货物收据和运输合同,是铁路方与货主间核收运杂费、索赔和理赔的依据,也可以作为货物所有权的凭据,和海运提单具有同等的效力。

3. 公路运单

公路运单(Roadway Bill)是在利用汽车运输时,由承运人或其代理人签发的,作为收到货物的收据和运输合同的证明。

公路运单与铁路运单基本相同,也是货物收据,不能作为物权凭证,一律作记名抬头,不得转让。

4. 邮政或速递收据

邮政或速递收据(Post/Courier Receipt)是邮局或速递公司出具的承认收到货件并负责将

货件送至目的地交收件人领取的证明文件。邮政或速递收据不是物权凭证，不能凭以提货和背书转让。收据上一般要有寄、收件人的名称和地址，寄件物品的名称、价值等内容。货件是按地址直接投送收件人或凭通知书由收件人自行去邮局领取。

5. 不可流通转让的海运单

不可转让的海运单(Non-negotiable Sea Waybill)简称海运单，是承运人收到托运人交来货物而签发的证明海洋运输合同和货物已由承运人接管或装运并负责将货物送交指定收货人领取的证明单据。

海运单于1997年开始被北大西洋国家之间部分运输采用，它是现代运输高速化的产物。目前不可流通转让的海运单在欧洲、斯堪的那维亚半岛、北美和某些远东贸易区域使用。我国尚未采用。

不可流通转让的海运单是一种比海运提单更简便快捷的提货方式，它的出现解决了信用证项下海运提单滞后于货物到达给进口商带来的额外费用问题，并且与电子数据交换(EDI)相适应，因此上国际越来越倾向于使用不可流通转让的海运单。

海运单是承运人收到货物的收据，不是物权凭证，是运输合约的证明，不得转让流通；不能用于提取货物；收货人栏内必须写上明确的收货人，而且只能由收货人提货。

不可流通转让海运单不能用于提货，当海运公司将货物运抵目的港后，便向收货人发出"到货通知"。收货人凭通知和证明身份的证件办理提货手续。不可流通转让的海运单的收货人办理提货的程序如下：

(1)签发一份正本给托运人。

(2)在船到达卸货港前，海运公司向不可流通转让的海运单的发货人发出到货通知单。

(3)收货人在目的港出示身份证明，并将已签署的到货通知单交给海运公司的代理机构。

(4)海运公司代理据以签发取货单交给收货人。

(5)海运公司查明收货人已将运费结清，办妥海关的相关手续，就可提货。

信用证项下使用海运单，银行不能控制货物的所有权，因而对银行的债权是没有保障的，对银行风险较大。在实务中，银行为了规避，通常有两种做法：

其一，在使用跟单信用证时，可规定海运单上注明的收货人为开证行，这样开证行就拥有了对货物的支配权。进口商若向银行付款，银行可在货物到达后将收货人的名称改为进口商；如果进口商不付款，银行可将货物另行处理。

其二，在海运单指明收货人为进口商的情况下，进口商即对货物具有支配权，他无须向银行付款赎单即可提货，此时的结算可作为光票托收，而在托收项下，银行只以委托人的代理人身份行事，只提供服务，不提供信用，从而避免风险。

6. 多式联运单

多式联运(Multimodal Transport)是指根据多式联运合同，至少由两种不同的运输方式，将货物从一国境内接管货物的地点运至另一国境内指定交付货物的地点，并签发单一的、包括全程的运输单据的运输方式。

《联合国国际货物多式联运公约》(United Nations Convention on International Muti_modal Transport of Goods)(1980年5月在日内瓦通过)对此下的定义是：国际多式联运是指按照多式联运合同，以至少两种不同的运输方式，由多式联运经营人将货物从一国境内接管货物的地点运至另一国境内指定交货地点。为履行单一方式运输合同而进行的该合同规定的货物接送业务,不应该为国际多式联运。

国际多式联运方式主要用于集装箱多式联运,即全程运输由干线集装箱船,支线集装箱船、航空、公路、铁路、内河等不同运输工具分段协同完成的联合运输。实行多式联运经营人全程单一负责制,全程单一的运输费率。多式联运经营人必须与托运人订立多式联运合同,并且使用国际多式联运单据。其优越性在于:不论货物路程有多远,使用几种运输方式来完成,也不管途中经过多少次转换,所有一切运输事宜均由多式联运经营人负责办理,当货物发生损失,多式联运经营人对全程运输负责,每一运输区段的承运人对本段运输负责,责任专属,实行单一的运输费率,手续简便。由于减少了中间环节,能缩短货运时间、降低货损和货差,节约运输成本。由于不同的运输业者参与国际多式联运,其经营范围可大大扩大,最大限度地发挥运输设备的作用,可以选择最佳运输路线,提高运输效率。

多式联运单据(Multimodal Transport Document)是在货物的运输过程中使用一种以上的运输工具,由联运经营人签发的证明联运合同及证明联运经营人接管货物并按合同条款妥善交付货物的单据,又叫联合运输单据(Combined Transport Document)。签发此单据的人叫联运经营人,其一般不掌握运输工具,一方面以承运人身份向货主承揽货物,另一方面以托运人的身份向实际承运人托运。对托运人来说,他是总承运人,负责完成全程运输并负责赔偿货物在运输过程中发生的灭失和损坏。

多式联运单据的特点和内容:

(1)全程运输只需多式联运经营人一人签发一份运输单据,而不需要每个承运人签发,即一份单据管全程。

多式联运是至少包含有两种不同运输方式的运输,同一运输方式,不同运输工具的联结不能视作多式联运。在多式联运中,尽管使用几种运输工具,但仍作为一个航程对待,由联运经营人签发一份单据。

(2)多式联运单据分为可转让和不可转让的两种。可转让的多式联运单据与提单一样,可做成指示性抬头,通过交付或背书后交付完成转让手续。可转让的多式联运单据可以签发一套一份以上的正本,联运业务经营人凭其中一份交付货物后,其责任就告解除。不可转让的多式联运单据,必须列明收货人,收货人不能转让单据,经营人把货物交给收货人或凭收货人的通知交给他授权的收货人后,经营人的责任即告解除。

(3)多式联运经营人的责任是从接受货物起到交付货物止,因此多式联运单据正面有货物已收妥待运的表述,是备运提单。待货物装上船后,再加上已装船批注,则可转为已装运或已装船提单。

(4)多式联运单据一般记载有收货地至装运港所使用的工具、承运人收货地、海运段的装货港、船名、卸货港、内陆交货地等运输事项。

多式联运单据与海运提单、联运提单相比有许多相似之处,也有区别。

(1)从单据涉及的运输方式比较。多式联运单据适用任意两种以上的运输方式。海运提单只能适用单一的海运运输。联运单据是一种海运提单,适用于由海运同其他运输方式所组成的联合运输,且第一程一定是海运。在海海联运方式中,一般被视为转船提单。

(2)从单据的性质和作用比较。联运提单是一种海运提单,它和海运提单一样,只有三个作用,即货物收据、运输契约证明、物权凭证。海运提单和联运提单均可以背书转让。

多式联运单据也是货物收据和运输契约证明,但不一定是物权凭证。只有可转让的多式联运单据才具有物权凭证的作用。不可转让的多式联运单据不具有物权凭证的作用,它只能由列明指定的收货人收货,而不能通过背书把货权转让给他人。

(3)从单据签发人及其所承担的责任比较。海运提单由海运公司或其代理人签发并对货物全程运输负责。联运提单由海运公司或其代理人签发,签发人就是承运人,只对第一程海上运输负责。当货物从第一程运输转至第二程运输工具后,他即处于发货人或代理人地位,并不代表第二程承运人向发货人负责。

多式联运单据由多式联运经营人签发,信用证下可由承运人或多式联运经营人签发。签发人要对货物全程运输负责,而不论它实际承担运输的是哪一段。

(4)从 UCP600 关于三种单据受理原则的规定比较。海运提单、联运提单,适用于 UCP600 中所有关于海运提单的规定。多式联运单据则在 UCP600 第 19 条作了专门的规定。多式联运必然意味着转运。为与多式联运情况相一致,第 19 条 c 款规定:运输单据可以表明将要或可能被转运,只要同一运输单据包括运输全程。即使信用证禁止转运,银行也将接受注明转运可能发生或将要发生的多式联运单据。

(5)从信用证项下两种运输单据的业务处理比较。海运提单和联运提单的签发地在收到货物的装船港,并在货物装船后签发,所以海运提单、联运提单都是已装船提单,银行只接受表示"货已装船"的提单。

而多式联运单据可由有权控制多式联运的任何人签发,其签发有时不在装运港,签发的时间也并不一定是在货物装船后,所以多式联运单据可以是待运单据。银行对多式联运单据只要求表明"货已收到"或"货已发送",并不一定要求得有"on board"标注,除非多式联运单据代替提单使用。

如果信用证要求的是联运提单,而受益人提交的是多式联运单据(联合运输单据),在不违背信用证其他条款的情况下,只要联合运输单据是由海运公司或其代理人所签发的,且注明"货已装船",银行也可以接受这种单据。

8.3 保险单据

在国际贸易中,货物要经过长途运输才能抵达目的地,货物在运输途中可能遭到无法预料或无法控制的风险,造成损失。所以绝大多数货物都要通过办理货物运输保险来防范风险,减少损失。由于国际贸易货物大多通过海运方式。因此,本节重点介绍海运保险和保险单据。

8.3.1 可保险的海上风险

可保险的海上货物运输风险主要包括海上风险和外来风险。海上风险也称为海难,它包括在海上发生的自然灾害和意外事故。前者是指由自然力量所造成的灾害,如恶劣气候,海啸、雷电、海上风暴等;后者如搁浅、触礁、碰撞、沉没等意外事故。外来风险是指由特殊外来原因引起的风险,比如偷窃、钩损、雨淋、串味、霉烂以及战争、动乱、港口罢工等造成的风险。

8.3.2　可保险的货物损失

在海上运输途中,因意外事故或自然灾害所造成的各种损失,叫做海损(Average)。按损失程度和性质,海损可分为全损和部分损失。

1. 全损

全损(Total Loss)指海洋运输途中整批货物(即保险标的物)全部毁损。全损又可分为实际全损和推定全损两种情况。实际全损(Actual Total Loss)指货物全部灭失,或已失去原来用途,如轮船沉没、失火、雨淋后霉烂变质等。推定全损(Constructive Total Loss),指货物虽未全部灭失但已完全失去原有的性质、形态和使用价值,通过维修等手段要把它恢复到原有形态和用途,所需费用将超过货物原来的价值。

2. 部分损失

部分全损(Partial Loss)指货物损失未达到全部损失的程度,只受到一部分损失。部分损失又分为两种情况:共同海损与单独海损。

共同海损是指载货船只在海上出险,船长为了人、船、货的安全,减轻船只的载重量,当机立断把部分货物抛往大海,这一部分弃于海洋的货物所造成的损失通常应由船方、货方等相关各方分摊。这种分摊叫做共同海损。

单独海损指共同海损外的部分损失,这种损失仅属于特定方面的特定利益方,是仅由各损失方单独负担的一种损失。

8.3.3　海运保险的险种

1. 基本险

基本险是保险人对承保货物所承担的最基本的保险责任,是投保人必须投保、并且是可以单独投保的险种。基本险有以下 3 种:

(1)平安险(Free from Particular Average ,FPA)。英文原意为"单独海损不赔","平安险"是我国保险业的习惯叫法。最初承保范围只针对全损和共同海损,对于非共同海损的部分损失,原则上不予保障。平安险是海运保险中保险人责任范围最小的一种基本险。但随着实践的发展,保险业竞争加剧,平安险的承保范围已经超出了全损和共同海损的限制。目前平安险的一般责任范围包括:海上风险造成的全损;海上风险造成的共同海损;意外事故造成的单独海损。

(2)水渍险(With Particular Average,WPA)。英文原意为"包括单独海损","水渍险"也是我国保险业界的习惯叫法。水渍险是在平安险的承保责任范围之外,增加单独海损的赔偿责任的险别。保险人的承保范围大于平安险,除平安险包括的责任范围外,还包括自然灾害所造成的单独海损。

(3)一切险(All Risks ,AR),这是保险人保险责任范围最大的一种基本险,包括由自然灾害、意外事故以及一切外来因素所造成的各种损失。但一切险并非承保一切风险,它不包括特殊外来原因造成的损失。

由以上的叙述可以看出,3 种基本险别是层层包含的关系:一切险包含了水渍险的承保范围;水渍险包含了平安险的承保范围。投保人办理货物运输保险时,只需任选一种基本险投保即可。

2. 一般附加险

一般附加险(Additional Risks)承保由一般外来因素造成的损失。它不能单独投保,必须附属在基本险之上。只有在投保了基本险之后才能投保附加险。基本险只能任选一种,附加险则可以根据情况选择多种。若已投保一切险,则不必再投保一般附加险。

一般附加险承保一切外来风险。一般有以下 11 种具体险别:偷窃、提货不着险、淡水雨淋险、短两险、碰损破碎险、混杂沾污险、串味险、受潮受热险、钩损险、锈损险、包装破裂险、渗漏险。

3. 特殊附加险

特殊附加险(Special Additional Risks)承保由特殊外来原因引起的特殊风险造成的损失。它也必须附加于基本险之上。任何一种基本险,都可以附加投保特殊附加险。常见的特殊险有以下 8 种具体险别:战争险、罢工暴动骚乱险、交货不到险、进口关税险、舱面险、拒收险、黄曲霉素险、存仓火险。

8.3.4 其他货物运输保险险别

1. 陆上货物保险险别

陆上货物保险承保陆运途中因自然灾害或意外事故造成的货物损失。陆运险别也可分为基本险和附加险两类。基本险包括陆上运输货物基本险(包含一切险)和陆上运输冷藏货物基本险。附加险也分为一般附加险和特殊附加险。

2. 航空货物运输保险险别

航空货物运输保险承保航空运输途中因自然灾害或意外事故造成的货物损失。其基本险别为航空运输险和航空运输一切险。

3. 邮运包裹保险险别

邮运包裹保险承保邮件邮递途中因自然灾害或意外事故造成的货物损失,包括邮包险和邮包一切险。

8.3.5 有关货物运输的保险条款

保险条款是指保险人制定的用以约束各种运输方式下的承保险别及其责任范围的公告文件,保险人据此确定其保险责任。在货物运输保险方面,目前国际上还没有统一的规则。在实际业务中,运用较广且在国际上具有一定权威性,并为众多国家承认的主要是英国伦敦保险协会 1982 年实施的《协会货物条款》(Institute Cargo Clauses,ICC)。

我国保险公司对于出口货物的运输保险一般采用的是中国人民保险公司于 1981 年修订的《海洋运输货物保险条款》。但是如果国外客户有特别要求,我国保险公司也可接受伦敦保险协会的《协会货款条款》。

无论是伦敦保险协会的《协会货物条款》还是我国的《海洋运输货物保险条款》,对于保险人承保责任的起止期限一般采用"仓对仓"条款,即保险责任自被保险货物运离保险单所载明的起运地发货人的仓库时生效，直到货物到达保险单所载明的目的地收货人的仓库为止；或到被保险货物最后卸离海轮后满 60 天止；或货物在运到保险单所载明的目的地之前，或运到非目的地的任何其他仓库时，由被保险人用作分配和分派，或用作该运输过程之外的货物储存时为止。

8.3.6　保险单据的含义及作用

保险单据，简称保单，是保险公司接受投保人的投保后出具的明确其承保责任的书面证明。

保险单据的作用主要有以下两个方面：

(1)是保险合同的证明。按保险业惯例，保险人只要在被保险人填写的保险单据上签字，保险合同就告成立，保险合同具体规定了双方之间的权利和义务关系。

(2)是赔偿证明。保险合同是一种赔偿性合同，而非买卖性合同。投保人与保险人订立保险合同，缴纳保费后，一旦保险危险发生，保险人在保险合同范围内对损失负赔偿责任，保险单据是赔偿权的证明文件。

8.3.7　保险单据的内容

保险单据记载和印定的内容包括正面和背面两部分。

正面内容主要有：保险人名称；被保险人的名称；保险金额；保险单的编号；保险标的物；运输工具名称；承保险别；保费和费率；检验代理；赔款偿付地点；签发日期和地点；保险人签字或盖章。

背面通常印有货物运输保险基本险别的契约条款，必要时还可以在背面另外粘贴附加条款，以表明某些附加险别的契约条款。

8.3.8　保险单据的形式

1. 保险单

保险单(Insurance Policy)也称正式保单，俗称大保单，是保险人向被保险人签发的单独保险单，包括保险契约的全部内容。它对保险公司和被保险人的权利、义务须详细描述，故而又称为正式保险单。

2. 保险凭证

保险凭证(Insurance Certificate)俗称小保单，是一种简化的保险单据，包括保险单据的基本内容，但不附有保险条款的全文。保险凭证与保险单有相同的法律效力，但保险条款仍以保险单的保险条款为准。

3. 联合保险凭证

联合保险凭证(Combined Insurance Certificate)又称承保证明，是一种发票与保险单相结合的比保险凭证更为简化的保险单证，是在商业发票内加注保险的内容，并由保险人签章表示发票内货物已经按所注内容投保。这种单据只有在我国采用，仅适用于对港澳地区的业务，而且不能转让。

4. 预约保险单

预约保险单(Open Policy)又称预保合同,是一种长期性的、总括性的货物运输保险合同。合同中规定承保货物的范围、险别、责任、赔款处理等项目。凡属于合同约定的货物运输,在合同有效期内自动承保。预约保险单的优点是可以减少逐笔签订保险合同的手续,并可以防止因漏保或迟保而造成的无法弥补的损失。保险公司通常对使用预约保险单的投保人提供更优惠的保险费用。预约保险单往往和保险陈述书一起使用。当交易以 FOB、CFR 或其他类似价格条件进行时,由进口商根据出口商的装船通知办理投保。一般情况下,出口商和保险公司订有较长期限的预约保险单,每当货物装船后,由出口商将货物装船的详细情况,如品名、数量、重量、金额和运输工具、运输日期以及列明在信用证中的预约保险单号码直接通知保险公司或进口商,并以此作为正式保险单生效的标志。出口商的这一通知行为的书面证明将作为议付单据之一,向议付行提交。

5. 暂保单

暂保单(Cover Note)又称临时保险单,是保险人签发正式保险单前所出具的临时证明。相当于简化的预约保险单。被保险人接到国外出口商装船通知前,先将保险货物的大概情况通知保险公司,预订保险契约,保险人先行开立暂保单,待接到被保险人货物起运通知后再签发正式保险单。暂保单不是保险契约的证明,不为银行所接受。

8.3.9 银行对保险单据的审核要点

银行对保险单的审核要点包括 4 个方面。

第一,按信用证核对保险单据,是否单证一致。重点审查保险单据的名称、保险单的份数、保险单的背书、保险金额、索赔条款、保险险别等内容。

第二,将保险单据与发票和其他单据核对,是否单单一致。重点审查保险单内注明的发票号码、保单抬头、唛头、包装及数量、货名、运输工具名称、开航日期、启航港、目的港及转口港等,是否与发票和运输单据一致。

第三,对保险单据自身的审查。审查保险单各项内容是否齐全、保险单编号、出单日期、出单人签章等。

第四,审查保险单的背书是否符合信用证的规定。

本章小结

国际结算中,主要的出口结汇单据有商业发票、货运单据及保险单据。

商业发票是货运单据的中心和装运货物的总说明,是进出口商付款、记账、报关纳税的依据。

发票就广义而言,除商业发票外,还包括海关发票、形式发票、领事发票、样品发票、厂商发票、证实发票等。

货运单据根据货物运输方式的不同,可分为海运提单、航运提单、公路、铁路或内河运输单据以及多式联运提单等多种形式。

海运提单是重要的运输单据，不仅因为它使用最普遍，而且因为它具有物权凭证性质。在众多的海运提单中，银行只接受已装船的清洁提单；信用证不禁止时，可接受分装与转运提单、租船提单。

海运保险保障范围是保险单的核心内容。保障的危险有海上风险和外来风险两类。保障的损失分为全损和部分损失。

保险险别分基本险与附加险。基本险包括平安险、水渍险、一切险；附加险分为一般附加险、特殊附加险。

保险单通常指内容完整、规范的大保单。但内容简单的小保单——保险凭证也是合格保单。另外，还有联合凭证、预约保单等特殊保单。

复习思考题

一、名词解释

商业发票	海关发票	形式发票	领事发票
样品发票	证实发票	运输单据	海运提单
清洁提单	保险单据	平安险	水渍险

二、判断题

1. 商业发票是各种单据中的中心单据。（ ）
2. 海运提单是货物所有权的凭证。（ ）
3. 水渍险包含了平安险的承保范围。（ ）
4. 可保险的海上货物运输风险主要包括海上风险和外来风险。（ ）
5. 海运单不是货物所有权的凭证。（ ）
6. 多式联运单据由联运经营人签发一份单据，而不需要每个承运人签发，签发人要对货物全程运输负责。（ ）

三、选择题

1. 向以下国家出口货物时，必须提交海关发票的是（ ）。

A. 德国　B. 日本　C. 澳大利亚　D. 法国

2. 发票的正文不包括（ ）。

A. 买方　B. 卖方　C. 银行　D. 船公司

3. 商业发票的正文部分包括以下（ ）项目。

A. 唛头及号码　B. 货物的描述

C. 货物的单价和总价　D. 商品的包装和件数

4. 可以是有价证券的单据包括（ ）。

A. 海运提单　B. 保险单

C. 商业发票　D. 普惠制产地证明书

5. 国际结算中商业发票的作用是(　　)。

A. 是出口方履行合约的证据

B. 是进出口双方收汇的依据

C. 是货物的物权凭证

D. 是进出口双方报关时凭以纳税的依据

6. 海运提单的作用有(　　)。

A. 货物所有权凭证　　B. 货物收据

C. 运输契约　　D. 索赔的依据

四、思考题

1. 什么是商业发票？它的作用是什么？

2. 海运提单的作用是什么？有哪些种类？

3. 多式联运单据与海运提单、联运单据相比有何异同？

4. 保险单据的种类有哪些？

5. 海上货物运输的损失种类有哪些？海上运输的险别有哪些？

第9章 其他出口结汇单据

本章提要

本章主要介绍产地证明书、重量单、包装单、商品检验证明、装箱单等附属单据的含义、作用、内容、种类等知识。

教学内容

(1)产地证明书的含义、作用、种类、内容。

(2)商品检验证明的含义、作用、种类、内容。

(3)包装单据的含义、性质、内容。

(4)装箱单的含义、作用及内容。

(5)重量单的含义、作用及内容。

教学重点

产地证明书的含义、种类及内容;商品检验证明的含义、种类、内容。

教学难点

产地证明书的种类及内容。

开篇案例

我国F公司与美国FM公司签订一批进口3 000公吨冷冻鸡的合同。合同签订后,F公司申请中国银行签发了信用证,证内规定:货物装运港为洛杉矶港,目的港天津港;受益人出具商业发票一式两份;投保平安险保险单一式两份;货物原产地证明书一份;卫生检验检疫证明书一式两份;温度检验证明书一份。

(资料来源:根据网络相关资料整理)

根据以上资料请思考:为什么进口食品要求出口方提供卫生检验检疫证明书和温度检验证明书?国际结算中的附属单据有哪些?这些单据的作用是什么?

9.1　产地证明书

9.1.1　产地证明书的含义

产地证明书(Certificate of Origin),简称产地证,就是证明货物原产地或制造地的证明文件。是出口商应进口商的要求提供的单据。

9.1.2　产地证明书的作用

随着国际贸易对国别贸易统计的需要,原产地规则应运而生,并在当代各种贸易政策措施(如反倾销、国别配额)的实施中起着重要作用。进口国往往对来自不同国家的同类货物实行不同的关税税率,以体现差别待遇,贯彻本国与别国订立的贸易协定。这样,判定进口货物的原产地就成为必要,产地证明书就产生了。产地证明书的作用主要表现在以下几个方面:

第一,进口国实行差别关税的依据。有些国家为了实行国别贸易政策,往往会对来自不同国家地区的商品实行不同的进口关税税率。

第二,进口国控制进口配额的依据。有些国家会针对不同的出口国分别设定不同的配额限制,所以要求进口商报关时必须提供产地证明书证明货物的来源以便进行统计。

第三,进口国确定商品品质的依据。特别是农产品,同一农产品,产于不同地区,品质有很大差异,通过原产地证明可以确定农产品的品质。

9.1.3　产地证明书的种类

1. 普惠制产地证明书

普惠制产地证明书(Generalized System of Preferences ,GSP),简称 GSP 证明书或者 FORM A 证明书,用于证明某产品可以享受普惠制给惠国的普惠关税待遇。

普惠制产地证书与普遍优惠制(普惠制)相适应。普惠制是工业发达国家给予发展中国家制成品与半制成品的一种关税优惠制度。是由关税与贸易总协定(WTO 的前身)缔约国于1971 年6 月25 日通过,是工业发达的缔约国做出让步给发展中国家普遍优惠待遇的一种制度安排。

为了确保发展中国家得到普惠制的好处,普惠制实行原产地规则。为了证明货物的原产地,给惠国(进口国)要求受惠国(出口国)在向其出口商品时签署普惠制产地证。普惠制产地证由联合国贸易与发展组织规定统一格式,称为普惠制格式 A(GSP FORM A),其尺寸、版面、图案、图纸等都有严格的规定。我国普惠制产地证的签发机构是各地进出口商品检验检疫局。

2. 一般产地证

向给惠国以外的国家出口商品,出口商只需提供一般的产地证(Certificate of Origin)。如果信用证未规定产地证的签发人时,出口商甚至可以自己签发产地证。

大多数信用证都要求产地证由有权机构出具,以体现准确性和权威性,如我国的出入境检验检疫局、中国国际贸易促进委员会与中国国际商会并列名称的产地证。

3. 区域经济集团互惠产地证明书

区域经济集团互惠产地证明书,用于证明某产品可以享受区域贸易优惠关税待遇。例如,中国—东盟自由贸易区的原产地证明书就属于区域经济集团互惠产地证明书,专用于证明中国—东盟自由贸易区产品享受自由贸易区优惠关税待遇。

4. 专用原产地证明书

专用原产地证明书,用于某些国际组织或国家对烟草、纺织品等特定产品的规定。

9.2 商品检验证明

9.2.1 商品检验证明的含义及作用

商品检验证明简称商检证(Inspection Certificate),是指商品经检验后由检验机构出具的商品品质、规格、质量、数量、包装、检疫等情况给予鉴定的书面证明文件。

在国际贸易中,进出口双方往往地处遥远,货物不能当面清点验收。进口商为了保证进口商品的品质和数量等符合贸易合同的规定,同时防止进口商品带进病菌、病毒或者其他有害于环境保护和人、畜、作物的物质,往往要求出口商提供商品检验证书。出口国为了维护本国商品在国际市场的信誉,只有当出口商提供了商品检验证书海关才放行。所以商检证是国际贸易中的重要单据。

9.2.2 商检证的签发

商检证可以由以下机构签发:

1. 政府商检部门

政府商检部门是代表国家的最有权威的检验机构。在我国是国家质量监督检验检疫总局及其分支机构。

2. 民间检验机构

民间检验机构如同业公会、协会或私人开设的公正行,是独立的检验机构。国际上一些民间检验机构有很高的信誉,出具的检验证书也有较高的权威性。

3. 生产厂家及出口商

一些大的制造商都有自己的产品检验部门,为自己的产品出具检验证书。一些专营出口的大型商社也可以对货物进行检验并出具检验证明书。

4. 进口商或其代理人

进口商或其代理人为了保证质量,亲自到产地对货物进行实地检验,并出具检验证明书。

9.2.3　商品检验证明的内容

商品检验证明的主要内容包括：

(1)发货人的名称。填写时要符合信用证的规定。

(2)收货人的名称。一般是进口商,应注意与信用证及其他单据中的收货人名称保持一致。

(3)货名、重量、唛头。应与商业发票、提单上相应内容完全一致。

(4)出具商检证明的日期。应不迟于提单日期,最好在提单之前一两天或与提单日同一天。

(5)提供检验证书者签字。一般而言,盖章与签字一样有效,但有些国家要求一定要手签,盖章无效。

9.2.4　商品检验证明的种类

常见的商品检验证明主要有以下几种：

(1)品质检验证书(Inspection Certificate of Quanlity),用以证明进口商品的品质、规格、等级等实际情况。

(2)重量或数量检验证书(Inspection Certificate of Weight or Quantity),用以证明进出口商品的重量或数量等情况。

(3)包装检验证书(Inspection Certificate of Packing),用以证明进出口商品包装等情况。

(4)卫生或健康检验证书(Sanitary/Healthy Inspection Certificate),用以证明可供人类食用的出口动物产品、食品等经过卫生检疫或检验合格等情况。适用于对肠衣、罐头、蛋品、乳制品、冻鱼等动物产品或食品的检验。

(5)兽医检验证书(Veterinary Inspection Certificate),用以证明出口活动物或动物产品经兽医检验,符合卫生要求的证书。

(6)温度检验证书(Inspection Certificate of Temperature),用以证明出口冷冻商品在冷藏库保管的温度情况和冷藏船舱的温度情况。

(7)消毒检验证书(Disinfection Inspection of Certificate),用以证明出口动物产品如马尾、羽毛、山羊皮、骨粉等的消毒检验情况。

(8)熏蒸检验证书(Inspection Certificate of Fumigation),用以证明出口粮食、油籽、木材以及包装用的植物填充物等已经经过熏蒸灭虫的证书。

9.3　包装单据

包装单据(Packing Documents)是指记载或描述商品包装情况及数量等的单据,是商业发票的附属单据,也是货运单据中的一项重要单据。有些商品如谷物、矿砂、煤等原材料不需要包装,此类货物称为“散装货物”。而大多数货物,必须加以适当的包装以保证其在运输途中的安全，这些商品称为“包装货物”。除散装货外，包装单据是必不可少的文件。进口地海关验货、公证行检验、进口商核验货物时，都以包装单据为依据。

包装单据有装箱单、包装说明、详细装箱单、包装提要、重量单、尺码单等。常见的有两种，介绍如下。

1. 装箱单

装箱单(Packing List)是说明货物每一件包装明细情况的单据。它的作用是说明出口商品的花色、规格和包装情况。装箱单可以合并在发票上，也可以单独制作，但信用证上作为独立凭证分别要求者不应合并。若每件货物的花色品种不同，则须在装箱单上逐件载明。如果整批货物的花色相同而重要不同，则可用重量单来代替装箱单。包装单的内容一般包括合同号、发票号、唛头、货名、体积、进口商或收货人名称、地址、船名、目的港等。装箱单由出口商制作，其内容应与货物实际包装相符，并与发票、提单相应项目相一致。

2. 重量单

重量单(Weight List)是用以说明每个包装单位中重量情况的单据。凡是按照装货重量成交的货物，出口商在装运货物时，均须向进口商提供重量证明书。货到目的港，如果短缺，出口商不负责任。凡是按到岸重量成交的货物，到岸时如有短缺，进口商必须提出重量证明书，才能向出口商、海运公司或保险公司索赔。海运公司计算运费时，须由出口商提供重量证明书，这项证明书一般由商检机构出具，或由公证行、重量鉴定人出具。

本章小结

国际结算的附属单据有产地证明书、商品检验证明书、包装单据、出口许可证、船公司证明、受益人声明等。

产地证明书是证明货物原产地或制造地的证明文件，一般进口商要求出口商提供。进口国依据货物原产地证明在征收关税时对来自不同国家的同类货物实行不同的关税税率，以体现差别待遇，贯彻本国与别国订立的贸易协定。

普惠制产地证对发展中国家向发达国家出口有利。普遍优惠制具有普遍的、非歧视的、非互惠的 3 个基本原则。

商品检验证明用来证明货物的品质、规格、重量、数量、包装、检疫等情况符合某种标准的证明文件。有政府商检部门出具的商检证和民间检验机构出具的商检证。

包装单据是记载或描述商品包装情况及数量等的单据，包括装箱单、尺码单、重量单等。

复习思考题

一、名词解释

产地证明书　原产证　商品检验证明　普惠制产地证　重量单　包装单

二、判断题

1. 产地证明书一般是由进口商应出口商的要求提供的。（　）
2. 普惠制产地证用于证明某种产品可以享受进口国的普惠制待遇。（　）
3. 我国最主要的官方商品检验机构是中国进出口商品检验检疫局。（　）

三、选择题

1. 下列关于产地证明书的论述正确的有(　　)。

A. 是用来证明货物原产地或制造地的证明文件
B. 进口国控制进口配额的依据
C. 进口国根据产地证明书来体现关税差别待遇
D. 是出口商应进口商的要求而提供的

2. 产地证明书包括(　　)。

A. 普惠制产地证　　B. 一般产地
C. 专用原产地证书　　D. 区域经济集团互惠产地证

3. 主要包装单据有(　　)。

A. 装箱单　　B. 包装单　　C. 重量单　　D. 尺码单

四、复习思考题

1. 产地证明书的作用是什么？它有哪些种类？
2. 商品检验证明的作用是什么？它有哪些种类？
3. 包装单据的作用是什么？它有哪些种类？

第 4 篇　国际结算的其他方式

第 10 章 银行保函与备用信用证

本章提要

本章主要介绍银行保函和备用信用证的基本知识，包括银行保函的含义、分类、业务流程。通过本章的学习要求学生理解并掌握银行保函的含义、分类、银行保函的业务流程以及备用信用证等内容。

教学内容

(1)银行保函的含义及作用。

(2)银行保函的当事人。

(3)银行保函的业务流程。

(4)银行保函的种类。

(5)备用信用证。

(6)银行保函与备用信用证的比较。

教学重点

银行保函的含义及作用；银行保函的分类；银行保函的业务流程；备用信用证。

教学难点

银行保函的含义、分类，备用信用证。

开篇案例

2017 年,我国甲公司拟向国外某银行借款 7.84 亿日元用于支付进口设备款项。国外银行的贷款条件是:必须由中国国内的大型银行出具借款担保函担保。为此甲公司找到了 A 银行,并向其提供了当地某信用担保公司出具的反担保函。A 银行审查无误后,便对外开出了不可撤销的借款保函,为了获取信用担保公司的反担保,甲公司已把全部设备抵押给了担保公司。

在贷款期内,甲公司因经营不善,出现亏损,只付了第一期本金和利息,余下的无力偿还。国外银行便根据保函向担保银行索赔。A 银行找到反担保公司要求赔偿。反担保公司提出,要求拍卖甲公司的抵押设备后再赔偿。A 银行为了维护银行的信誉,不得已偿还了国外银行的贷款。

(资料来源:根据相关网络资料整理)

你认为 A 银行是否应该偿还国外银行的贷款?银行保函的性质是什么?如何运作?

10.1 银行保函概述

在国际经济交易中，交易双方不同程度地对对方的资信产生怀疑。在商品买卖中，买方怀疑卖方的交货能力，卖方怀疑买方的支付能力。又比如在国际工程承包业务中，工程业主对承包人的履约能力产生怀疑，而承包人则担心工程完工后业主能否按时支付工程款等。在商品贸易中信用证可以解决这一矛盾，但在工程承包这类业务中，信用证则不合适，于是产生了担保业务，即由实力雄厚、信誉卓著的银行、保险公司、专业担保公司特别是大银行出具担保文件，以此消除交易双方不信任而产生的摩擦。这里提及的担保文件就是保函。出具保函的机构即担保人可以是商业银行、保险公司、专业担保公司等。其中实力雄厚的商业银行出具的保函叫做银行保函。

10.1.1 银行保函的定义与作用

银行保函（Letter of Guarantee ，L/G）或银行保证书，是指商业银行根据申请人的请求，向受益人开立的担保履行某项义务的、承担经济赔偿责任的书面承诺文件。由于银行信用代替或补充商业信用，保函的信用性更好，可接受性更大，因此被广泛地应用于国际结算的众多领域中，诸如商品买卖、工程承包、租金支付、资金借贷等。

保函从本质上说具有两大作用：第一，保证合同价款的支付；第二，发生违约时，对受害方进行补偿，并对违约责任人进行惩罚。

严格来说，保函只是一种金融信用工具，并不是一种国际支付手段，它是一种履约担保，或关于款项支付的信誉保证。它的担保功能是信用证等结算方式所不具备的，这样，保函的使用范围要远远大于信用证。正因为如此，保函的使用几乎遍及任何一种交易和商务活动中，在某些场合，它比信用证更为灵活和方便，因而成为重要的国际结算方式。

10.1.2 银行保函的当事人

银行保函除了申请人、受益人、担保行这 3 个基本当事人以外，根据具体业务，通常还涉及几个当事人：通知行、转开行、保兑行、反担保人。

1. 申请人

申请人（Applicant/Principal），又称委托人，是向担保行申请开立保函的人。申请人的主要责任是：严格按照合同规定履行自己的义务，避免保函项下发生索偿和赔偿；一旦发生索赔，在担保行按照保函规定向受益人作出赔付后，申请人应当立即偿还担保行所做的全部支付；承担保函项下的一切费用和利息；在担保行认为必要时，预支担保保证金，提供反担保或财产抵押。

保函的申请人因业务不同而不同，可以是投标人、供货人、买方、卖方、签约人、承租人等。

申请人向担保行申请开立保函时必须提交书面申请，该申请书是担保银行与申请人之间的契约，也是银行对外开立保函的法律依据。申请书一般包括以下几项内容：申请人和受益人的名称、地址；保函的类别；保函的金额、币别；与保函有关的文件（协议、合同等）的名称、日期及号码；有关商品或工程的名称、数量等；保函的开立方式及相关事项（如是否自行选择通知行、是否加具保兑等）；保函的有效期；申请人的责任保证，即保证偿付担保人履行担保责任而做出的任何支付及支付方式；担保人免责事项的申明；申请人的联系电话、开户行及账号；申请书附件的名称及件数；申请书必须经申请人的法人代表签字并盖章。

2. 受益人

受益人（Beneficiary）是接受保函并有权按保函规定的条款向担保行索偿的人。受益人的责任和权利是：履约合同义务；在申请人未能履约合同规定的义务时，可凭索偿文件向担保行索偿并得到赔付。受益人可以是招标人、买方、卖方、雇主、签约人、出租人等。

3. 担保行

担保行（Guarantor Bank）又称保证人，是受申请人的委托向受益人开立保函的商业银行。担保行的责任是促使申请人履行合同的各项义务；在申请人违约时，根据受益人提出的索偿文件和保函的规定向受益人作出赔偿；并有权在赔偿后向申请人或反担保人索偿。担保行有权要求申请人提供保证金、抵押和反担保，有权向申请人收取手续费。

4. 通知行

通知行（Advising Bank），又称转递行（Transmitting Bank），即受担保行的委托将保函通知或转递给受益人的银行。通常为受益人所在地银行。通知行的责任是：负责核实保函表面的真实性，并严格按担保行的要求和指示及时将表面真实的保函通知或转递给受益人；转递保函后，可按规定向担保行、申请人或受益人收取转递费用；如果因某种原因不能通知或转递给受益人，应将情况及时告知担保行，以便担保行采取其他措施。通知行对保函内容正确与否不负责任，对保函在邮递过程中可能出现的延误、遗失等不负责任。

5. 转开行

转开行（Reissuing Bank）是指根据原担保行的要求，向受益人开立的以原担保行为申请人，以自己为担保行的保函的银行。转开行转开保函后，成为新的担保行，原担保行便成为保函的指示行。转开行一般是指示行（反担保行）的联行或代理行。转开行一般为受益人所在地的银行，而指示行一般为申请人所在地银行。在跨国交易中，受益人由于对申请人所在国银行的不了解以及保函受签发地所在国法律约束等原因，往往只接受以本国银行为担保行的保函。这样，通过转开保函将境外担保变为国内担保，一旦产生争议和纠纷，受益人可在国内要求索赔，不仅索赔迅速，而且还可利用本国法律来进行仲裁或诉讼。

在受益人只接受本国银行保函的情况下，原担保行不得不在受益人所在国寻找转开行转开保函，以保证交易正常进行。

6. 保兑行

保兑行（Confirming Bank）是根据担保行的要求在保函上加具保兑，承诺当担保行无力赔偿时，代其履行付款责任的银行，亦称第二担保行。当受益人认为担保行的资信状况不足以信任时，可要求担保行寻找一家国际知名的大银行作为保兑行对保函进行保兑。

当担保行不能按保函规定赔付时，保兑行就必须代其履行付款义务，从而使受益人得到双重担保。当保兑行替担保行赔付后，有权向担保行索偿。

7. 反担保行

反担保行（Counter Guarantor Bank）是指接受申请人的委托向担保行出具不可撤销的反担

保，并承诺在申请人违约且无法付款时，负责赔偿担保行全部支付义务的银行。反担保行是与申请人有经济业务来往的其他银行。反担保行负有向担保行（或转开行）赔偿的责任，同时也有权向申请人索偿。

10.1.3 银行保函的基本内容

银行保函的基本内容主要有以下几个方面：

1. 保函当事人的完整名称和详细地址

保函当事人诸如受益人、申请人、担保行、通知行或转开行的名称和详细地址必须完整、明确。其中担保行的地址涉及保函的法律适用性问题，以及受益人的交单地点和保函本身的到期地点。受益人的名称和地址不得有误，否则，通知行或转开行无法及时通知或转开。

2. 保函的性质

保函的性质即保函的种类，如投标保函、质量保函或履约保函等。不同种类的保函有特定的职责和义务。

3. 合同的主要内容

因为交易双方的责任义务是根据交易合同来确定的，因此，交易合同是保函担保的标的物。所以保函中必须说明交易合同的内容、合同编号、开立日期、签约双方、有无修改等。

4. 保函的编号和开立日期

保函编号的作用是为了便于内部管理工作。保函的开立日期一般情况下即为保函的生效日期，有利于确定银行的担保责任。

5. 保函金额

保函金额是银行担保的限额，通常也是受益人的最高索偿金额。保函金额可以是具体的金额，也可以用交易合同金额的一定百分比表示，一般要写明货币种类。金额的大小写要完整、一致。

6. 保函的有效期限和终止到期日

保函的有效期限是受益人索偿要求送达担保行的最后期限。保函的终止到期日，是担保行解除其担保责任的最后期限。

7. 当事人的权利和义务

保函应明确申请人、受益人、担保行及涉及的各当事人的责任和权利，如规定担保行在受益人证明申请人违约、提出索偿时，有责任支付受益人的合理索赔，并有权向申请人或反担保人索偿等。

8. 索偿条件

索偿条件即判断申请人是否违约和凭以索偿的条件，对此有几种不同意见：

（1）以担保行的调查意见作为是否付款的依据。

（2）凭申请人的违约证明付款。

（3）凭受益人提交的符合保函规定的单据或证明文件付款。

目前的保函多采取第三种意见为索偿条件。

9. 其他条款

其他条款包括与保函有关的转让、保兑、修改、撤销和仲裁等内容。

10.1.4　银行保函使用的国际惯例

银行保函使用的国际规则主要有以下两个：

1.《合约保函统一规则》

《合约保函统一规则》(Uniform Rules for Contract Guarantee)即国际商会 325 号出版物，于 1978 年制定。该规则主要针对国际大型项目的招标、投标、承包、签约、履约等环节制定了相关的保函种类及业务规则，其所倡导的基本原则为“在保函的各有关当事人之间谋求利益均衡”，强调担保人有条件地支付担保项下的利益，故不能及时补偿受益人，实施效果不理想，所以未被商业社会广泛接受。

2.《见索即付保函统一规则》

《见索即付保函统一规则》(The Uniform Rules for Demand Guarantee，URDG758)即国际商会 758 号出版物，2009 年 12 月国际商会银行技术与实务委员会与国际商业惯例委员会通过，2010 年 7 月 1 日生效。URDG758 是在 URDG458 的基础上，引入全新的术语系统，借鉴 URDG458 实施以来保函业务实践发展的经验，经过广泛征求意见修订的。

URDG758 是对 1991 年开始生效的 URDG458 的完善和升级。

该规则明确规定了银行保函独立于基础合同，避免银行卷入合同纠纷。URDG758 适用于任何在文本中表明适用于本规则的见索即付保函或反担保函，也可以作为贸易惯例加以应用。在适用法律允许的情况下，URDG758 也适用于保函和反担保函相关方之间持续的交易过程。

10.2　银行保函的业务流程及保函种类

10.2.1　银行保函的开立

在实际业务中，银行保函的开立方式有三种。

1. 直接开给受益人

直接开给受益人是指担保行应申请人的请求直接将保函开给受益人，不经过其他中间当事人，其业务流程如图 10.1 所示 。

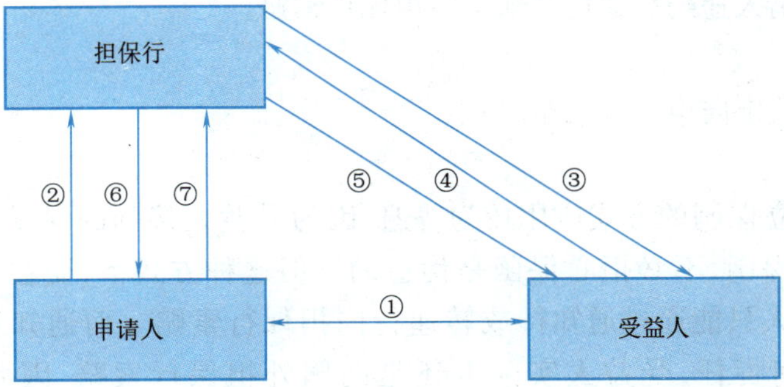

图 10.1　担保行直接向受益人开立保函的流程

在图 10.1 中,各个环节的具体内容是:

①申请人和受益人之间签订合同协议。

②申请人向担保行提出开立保函的申请。

③担保行向受益人直接开出保函。

④受益人在发现申请人违约后,向担保行提出索赔。

⑤担保行向受益人进行赔付。

⑥担保行在赔付后向申请人索赔。

⑦申请人赔偿担保行损失。

保函直接开给受益人这种方式,受益人接到保函无法辨别真伪,而且索偿不方便。即使申请人违约,受益人具备索偿条件,但要求国外担保行进行赔偿有诸多不便。受益人的权利不能得到有效的保证,故不愿意接受这种保函,因此在实务中很少使用。

2. 通过通知行通知

通过通知行通知是指担保行开立保函后通过受益人所在国的银行通知受益人。通知行一般为担保行在受益人所在国的联行或代理行。通过通知行开立保函的流程图如图 10.2 所示。

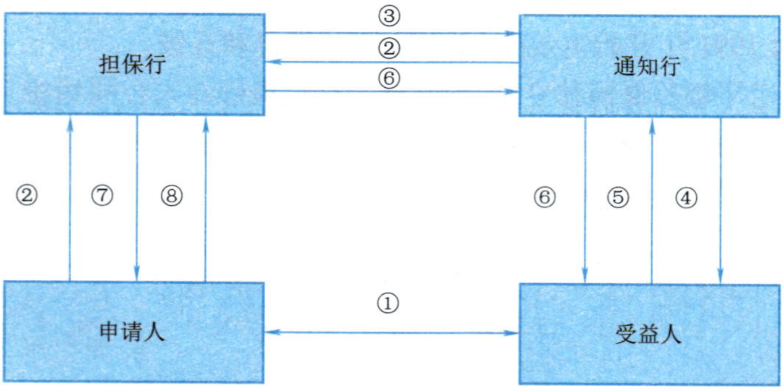

图 10.2　通过通知行开立保函的流程

在图 10.2 中,各个环节的具体内容是:

①申请人和受益人之间签订合同或协议。

②申请人向担保行提出开立保函的申请。

③担保行开出保函后;将保函交给通知行通知受益人。

④通知行将保函通知给受益人。

⑤受益人在申请人违约后通过通知行向担保行索赔。

⑥担保行赔付。

⑦担保行赔付后申向申请人索赔。

⑧申请人赔付。

通过通知行开立保函的方式应用较为普遍,因为受益人接到的保函是经过通知行或转递行验明真伪后的保函,不必担心保函是伪造的。但这种方式下,受益人仍然面临索偿不方便的问题。受益人只能通过通知行或转递行向担保行索赔。而通知行或转递行只有转达义务,不承担任何责任,受益人实际上还是向国外担保行索赔,因此面临索赔不便的问题。

3. 通过转开行转开

如果受益人要求保函必须由本国银行转开时,原担保人请求受益人所在地的一家银行作为转开行,转开保函给受益人。这样,原担保人就变成了反担保人,而转开行则变成了担保人。转开行一般是原担保行在受益人所在国的联行或代理行。通过转开行开立保函的流程图 10. 3所示。

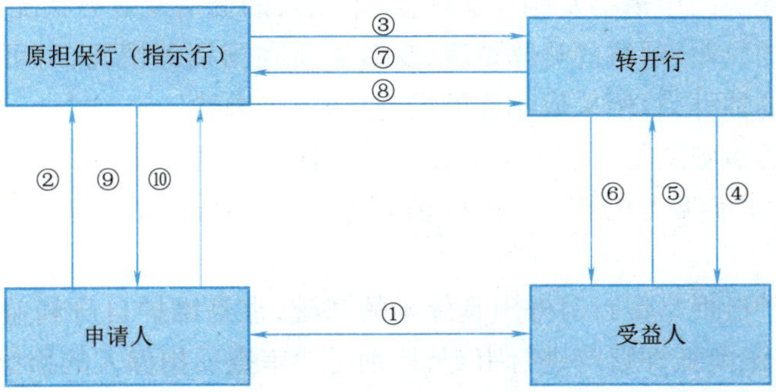

图 10. 3　通过转开行开立保函的流程

在图 10. 3 中,各个环节的具体内容是:

①申请人和受益人之间签订合同或协议。

②申请人向原担保行(指示性)提出开立保函的申请。

③原担保行(指示行)开立反担保函并要转开行转开。

④转开行转开保函给受益人。

⑤受益人在申请人违约后向转开行索赔。

⑥转开行赔付。

⑦转开行根据反担保保函向原担保行(指示行)向申请人索赔。

⑧原担保行(指示行)赔付。

⑨原担保行(指示行)向申请人索赔。

⑩申请人赔付。

通过转开行转开保函,转开行是受益人所在地的银行,受益人比较了解和信任,而且索赔方便,真伪易辨,对受益人最为有利,在国际交易中应用最为普遍。

10. 2. 2　银行保函的业务处理

1. 申请人向银行申请开立保函

申请人根据业务需要请求银行为其出具保函时,应填写书面的保函申请书,并按银行的要求提交项目的有关批准文件、交易合同副本或招标书副本、反担保文件或财产抵押书、保函格式等文件。保函申请书一般银行都有事先印就的格式文本。

保函申请书是申请人与担保行之间权责关系的书面契约,因此申请书应逐项认真地填写。

银行在收到申请人提交的开立保函的申请书及有关文件证明后要严格的进行审核,以决定是否受理该项申请,对外出具保函。

2. 担保行审查

如前所述,保函是担保行应申请人请求为其向受益人所做的付款保证。在保函业务中,担保行面临很大的风险。一旦保函项下发生赔付行为,他将偿还申请人的欠款。虽然申请人在保函业务中对担保行承担偿付的责任,但若申请人因资金链断裂或破产倒闭,无力偿付担保行,按保函条款的规定向受益人赔付款项时,银行将蒙受经济损失,因此,银行在开立保函时,要认真审核申请人提交的申请书及相关文件,对申请人的资信及财务状况进行分析评估,特别是根据保函有效期的长短、项目的具体情况,受益人所在国别等情况,对可能出现的风险及风险的大小做出正确的估计,以便采取相应的措施,防患于未然。

最常用的防范的措施就是要求申请人提供反担保函及财产抵押。

反担保函一般由有实力的银行、担保公司出具;财产抵押一般用申请人自己的财产抵押。

反担保函或财产抵押是银行对外出具保函的基础,也是维护自身利益不受损害的基本保证,银行要对反担保函及抵押财产进行审查,特别是要审查反担保人的担保能力。

3. 担保行开立保函

银行对申请人提交的保函申请书及有关资料审查认可后,便可正式对外开立保函,并按规定的收费标准向申请人收取担保费。在日常业务中,与信用证的开立方式相同,保函的开立方式分为电开和信开两种。在电开方式下,担保行一般将加押的保函正本及通知指示发至受益人当地的通知行,该行收到保函经核押相符后将保函通知给受益人;或者担保行以电传方式将保函直接开给受益人。在信开方式下,担保行以航空信函方式直接向受益人开出,或通过通知行通知受益人。国际银行界对银行保函并没有规定统一的范式,但由于保函的性质和特点,各银行开出的保函基本相近,这样一般保函具有基本相同的内容。值得注意的是,国际商会新修订的《见索即付保函统一规则》(URDG758)的附录中给出了保函的格式指南。从中不难了解一份保函所具有的基本内容以及填写的基本要求。在实际业务中,银行一般都事先起草并印刷好了各种保函格式,留下了一些空白处,在出具时只要根据申请人的要求填上即可。预留的空白处诸如,申请人、受益人、担保行、通知行、转开行、保兑行、开函日期、金额、期限、生效日期等,填好后签名盖章。附式 10. 1 是一份投标保函式样;附式 10. 2 是一份履约保函式样; 附式 10. 3是一份预付款保函式样。

目前在国际经济技术交易中,通常使用"见索即付"保函。担保行在开立此类保函时,应对保函索赔条款的制定高度重视。这是因为受益人的索赔要求是否成立,关键在于他的索赔是否满足保函索赔条款的规定。为了防范受益人无理或恶意索赔,维护申请人的正当权益,同时也为了避免使银行卷入复杂的商务纠纷,维护自身信誉,担保行在对外开立保函时,要十分注意保函索赔条件的单据化。

4. 保函的修改

银行保函开出后在有效期内可以进行修改。保函的修改必须经过当事人各方一致同意后方可进行,任何一方单独对保函条款进行修改都视作无效。保函确需修改时,先由申请人与受益人协商就保函修改取得一致后,由受益人出具要求或同意修改的意见书给担保行,再由申请人向担保行提出书面申请并加盖公章,注明原保函的编号、开立日期、金额等内容。担保行在审查申请并同意修改后,由主管负责人签字后向受益人发出修改函电。

TENDER GUARANTEE

Beneficiary: ______________________________ Date: ______________________________

(name and address)

TENDER GUARANTEE No. ______________________________

We have been informed that __________, (herein after called " the Principal"), has entered into contract No. __________ dated __________ with you , for the supply of (description of goods and/or services) , has submitted to this offer No. __________ dated __________

Furthermore , we understand that, according to the conditions, offers must be supported By a tender guarantee.

At the request of the Principal , we (name of bank) __________ hereby irrevocably undertake To pay you any sum or sums not exceeding in total amount of __________ (say : __________) upon Receipt by us of your first demand in writing and your written statement stating:

i) That the Principal is inbreach of his obligation(s) under the tender conditions; and

ii) The respect in which the principal is in breach.

Your demand for payment must also be accompanied by the following document(s):

(specify document(s) if any , or delete)

This guarantee shall expire on __________ at the latest.

Consequently , and demand for payment under it must be received by US at this office on or before that date.

This Guarantee is subject to the Uniform Rules for Demand Guarantees, ICC Publication No. 458.

____
Signature(s)

附式 10.1　投标保函式样

PERFORMANCE GUARANTEE

Beneficiary : ______________________________ Date: ______________________________

(name and address)

PERFORMANCE GUARANTEE No. ______________________________

We have been informed that __________, (hereinafter called " the Principal"), has entered into contract No. __________ dated __________ with you , for the supply of (description of goods and/or services) , has submitted to this offer No. __________ dated __________

Furthermore , we understand that, according to your conditions of the contract, a Performance guarantee is required.

At the request of the Principal , we (name of bank) __________ hereby irrevocably undertake to pay you any sum or sums not exceeding in total amount of (say : __________) upon receipt by us of your first demand in writing and your written statement stating:

i) that the Principal is in breach of his obligation(s) under the underlying contract ; and

ii) the respect in which the principal is in breach.

Your demand for payment must also be accompanied by the following document(s):

(specify document(s) if any , or delete)

This guarantee shall expire on __________ at the latest.

Consequently ,and demand for payment under it must be received by US at this office on or before that date.

This Guarantee is subject to the Uniform Rules for Demand Guanrantees, ICC Publication No. 458.

____
Signature(s)

附式 10.2　履约保函式样

ADVANCE PAYMENT GUARANTEE

Beneficiary : ______________________ Date: ______________________

(name and address)

ADVANCE PAYMENT GUARANTEE No. ______________________

We have been informed that ____________ , (hereinafter called "the Principal") , has entered into contract No. ____________ dated ____________ with you , for the supply of (description of goods and/or services) , has submitted to this offer No. ____________ dated ____________

Furthermore , we understand that, according to your conditions of the contract, an Advance down payment in the sum of ____________ is to be made against an advance Payment guarantee.

At the request of the Principal , we (name of bank) ____________ hereby irrevocably undertake to pay you any sum or sums not exceeding in total amount of

________(say : ____________) upon receipt by us of your first demand in writing and your written statement stating:

i) that the Principal is in breach of his obligation(s) under the underlying contract ; and

ii) the respect in which the principal is in breach.

Your demand for payment must also be accompanied by the following document(s):

(specify document(s) if any , or delete)

It is a condition for any claim and payment to be made under this guarantee that the advance payment referred to above must have been received by the Principal on his account number ____________ at (named address of bank) ____________

This guarantee shall expire on ____________ . at the latest.

Consequently , and demand for payment under it must be received by US at this office on or before that date.

This Guarantee is subject to the Uniform Rules for Demand Guarantees, ICC Publication No. 458.

____

Signature(s)

附式 10.3 预付款保函式样

5. 保函的索赔

在保函的有效期内,担保行若收到受益人提交的索赔单据及有关证明文件,应以保函的索赔条款为依据对索赔是否有效进行审核,若索赔单据及有关证明文件与保函索赔条款的规定完全相符后。及时按保函规定的担保金额进行支付或赔偿受益人的损失。担保行对外赔付后,可立即行使自己的权利,向保函的申请人或担保人进行索赔,要求其偿还银行所支付的款项。

6. 保函的注销

保函到期后或在担保行赔付保函项下全部款项后。担保行应立即办理保函的注销手续,要求受益人按保函的有关规定将保函正本退回担保行。至此,保函业务的程序结束。如果不及时注销,担保行仍然承担着被索赔的风险,申请人仍然负担着担保费用,抵押财产也处于抵押状态,所以,不仅是担保行,申请人也应重视保函的注销问题。

10.2.3 银行保函的种类

在国际经济交易中,银行保函的使用范围十分广泛,实务中,保函有各种不同种类。

1. 根据保函是否独立于基础交易合同划分

根据保函是否独立于基础交易合同,可分为独立性保函和从属性保函。

(1)独立性保函。独立性保函是与基础交易合同相脱离的保函。保函根据基础交易合同开立,但一旦开立后其本身的效力并不依附于基础交易合约,而是与合约分离,相互独立,其付款责任仅以其自身的条款为准。目前,国际银行界的保函大多数属于独立保函,而不是传统的从属性保函。

(2)从属性保函。从属性保函是指效力依附于基础商务合同的保函。这种保函是其基础交易合同的附属性契约或附属性合同,担保行只能以基础合约条款及交易的实际执行情况来确定保函项下付款责任的成立与否。所以,这类保函本身的法律效力乃是依附于基础合约关系的存在而存在的。合同与保函的关系是一种主从关系,传统的保函大都属于这一类型。现在国际结算中的保函大多使用独立性保函。

2. 根据保函项下支付前提不同划分

根据保函项下支付前提不同,可分为付款类保函和信用类保函。

(1)付款类保函 。付款类保函是指银行为有关合同价款的既定支付义务提供担保所出具的保函,或者说只要受益人履行了自己应尽的合约义务,担保行就要支付相应价款的保函。在这种保函项中,只要受益人履约,担保行的支付义务必然发生。

(2)信用类保函。信用类保函是指银行对那些具有在合同的一方有违约行为而使其在合同项下承担了赔偿责任时,支付才可能发生的经济活动所开立的保函。在这种保函项下,只要不出现保函申请人作为合同一方的违约事件,支付就不会发生。或者说支付是或有的。所以,信用类保函支付的前提是申请人的违约。

3. 根据保函索赔条件划分

根据保函索赔条件,可分为有条件保函和无条件保函。

(1)有条件保函。有条件保函是指担保行在保函的条款中对索赔的发生与受理设定了若干的限制条件,或规定了若干能客观反映某种事实发生、条件落实的单据要求。只有这些条件得到满足后,或所规定的单据提交给担保行后,担保行才会履约其支付义务。这种保函有利于保护申请人的利益,防止受益人的无理索赔和欺诈。

(2)无条件保函。无条件保函主要是指"见索即付"保函。在这类保函项下担保行承担了无条件的支付义务。即无论基础合约的执行情况如何,也不论受益人本身是否履行了合同中规定的义务,只要担保行在保函的有效期内收到了受益人所提交的符合保函条款规定的书面索赔,就应该立即付款。在这种保函项下,申请人及担保行所承担的风险很大。不过,从目前国际保函业务来看,无条件保函的使用还是占较大的比例。

4. 根据担保行付款责任的属性划分

根据担保行付款责任的属性,可分为第一性责任保函和第二性责任保函。

(1)第一性责任保函。第一性责任保函是指担保行在保函中明确承诺,只要索赔条件符合保函中的规定,则既无需受益人先行向申请人索要,也无需理会申请人是否愿意支付,担保行将在受益人首次索要后立即予以支付的保函。

(2)第二性责任保函。第二性责任保函是指那些在保函项下明文规定了担保行只有在受益人索赔而申请人拒绝支付时方予付款的保函。在这类保函项下,受益人应首先向申请人要求赔付,只有在申请人未付或拒付时才能向担保行索赔。

5. 根据保函的使用范围划分

根据保函的使用范围划分,可分为出口类保函和进口类保函。

(1)出口类保函。出口类保函是银行应出口方的申请向进口方开出的保函,是为满足出口货物和劳务的需要而开立的保函。这类保函主要适用于国际承包业务和商品出口业务。

(2)进口类保函。进口类保函是银行应进口方的请求向出口方开立的保函,适用于货物、技术进口;补偿贸易及来料加工等业务。

6. 根据保函的具体用途和担保的内容划分

根据保函的具体用途和担保的内容划分,可分为投标保函、履约保函、预付款保函、质量保函和维修保函、关税保付保函、账户透支保函、付款保函、延期付款保函、补偿贸易保函、租赁保函等。

(1)投标保函。投标保函(Tender Guarantee)是银行应投标人的要求向招标人出具的保证投标人中标后履行标书规定的责任及义务的保函。在以招标方式成交的国际贸易或劳务承包业务中,招标人为防止中标者不遵守在投标书中做出的承诺,会要求投标人提供一份银行保函,保证投标人履行招标文件规定的权利和义务,若投标人违约,则担保行在受益人提出索赔时,需按保函规定履行赔款义务。投标保函的金额一般为投标报价的2% ~5%,有效期从开立保函日期到开标日期后的一段时间为止,视招标文件具体而定。若投标人中标,则保函的有效期自动延长,直到投标人与招标人签订合同并提交履约保函为止。

(2)履约保函。履约保函(Performance Guarantee)是银行应出口方或承包商(即中标方)的请求向进口方或接受承包的业主(即招标方)出具的保证文件。在该保函中,担保行向受益人保证出口方或承包商一定履行其在所签合同项下的责任义务,否则担保行将负责赔偿一定的金额。履约保函的担保金额一般为承包工程的10% ~25%,失效期一般为工程全面竣工并获得现场工程师签署的合格证书后。履约保函是使用最广泛的一种保函。

(3)预付款保函。预付款保函(Advanced Payment Guarantee)是进口方或接受承包的业主在预付定金时要求出口方或承包商提供的银行担保。在承包工程项目中,一般在签订项目承包合同后,按合同规定,工程业主要向承包人支付一笔工程预付款,用于购买有关物资。工程业主为防止承包人收到预付款后不履约,故要求承包人提供银行担保,保证承包人收到预付款后一定履约。如果承包人不履约或未能按合同规定使用预付款时,工程业主便可凭此预付款保函向担保银行提出索赔。预付款金额一般为合同总金额的10% ~25%,预付款保函失效日期为业主从支付给承包人的工程款中扣除该笔预付款为止。这种保函也可用于一般性的进出口贸易。

(4)质量保函和维修保函。质量保函(Quanlity Guarantee)和维修保函(Maintenance Guarantee)是银行应出口方或承包方的要求,就合同标的物质量向进口方或工程业主所出具的保证文件。

在大型成套设备、飞机、船舶交易的买卖合同中,买方要求提供银行担保,保证如货物质量不符合合同规定,而卖方又不能更换或维修时,担保行将赔付保函金额给买方。质量保函金额一般为合同金额的5% ~10%,保函有效期一般至合同规定的质量保证期满,再加3~15天索偿期。

维修保函主要应用于劳务承包工程。工程完后业主扣留一部分款项作为补偿工程质量缺陷而承包人不予维修所造成的损失。承包人为提前得到这部分款项,要求银行出具担保函,保证在工程质量与合同规定不符、承包人又不能维修时,担保行按保函金额赔付业主。

(5)关税保付保函。关税保付保函(Customs Guarantee),又称海关免税保函,是银行应承包商的请求向工程所在国海关出具的保证前者在工程完工之后一定将施工机械撤离该国的保证文件。

关税保付保函的金额为各国海关规定的税金数额。保函的有效期为合同规定的施工机械或展品撤离该国日期再加半个月。

(6)账户透支保函。账户透支保函(Overdraft Guarantee)是银行应承包商的请求就其融资款项的偿还向工程所在国某家银行出具的保证文件。

在国际工程承包中,承包商在外国施工时,为了能够得到当地银行的临时资金融通,以便在当地购买一些商品物资,往往需要在当地银行开立一个透支账户。在申请开立透支账户时,承包商须向当地银行提供由其本国银行出具的透支保函。在该保函项下,担保银行保证若申请人未按透支合约的规定及时向账户补足透支金额,担保行将代为补足。

账户透支保函的金额一般为透支合约规定的透支限额。保函的有效期为透支合约规定的结束透支账户日期再加上半个月。

(7)付款保函。付款保函(Payment Guarantee)是银行应进口方要求就其在某项合同项下的付款责任向出口方出具的保证文件。在该种保函项下,担保行向出口方保证在收到有关货物或技术资料后,进口方一定付款,否则担保行将代为支付。付款保函金额一般为合同金额。保函的有效期按合同规定为付清价款日期再加上半个月。

(8)延期付款保函。延期付款保函(Deferred Payment Guarantee)是银行就进口方在合同下的延期支付或远期支付责任向出口方出具的保证文件。

采用延期付款方式进口货物时,出口商要求银行出具担保函,保证进口商不能按照约定方式延付部分货款时,由担保行代为付款,延期付款保函主要应用于大型机电产品、成套设备、船舶等贸易及大型工程项目的交易中。保函的有效期为最后一期货款及利息付清日再加半个月。

(9)补偿贸易保函。补偿贸易保函(Compensation Guarantee)是银行应进口设备方的请求向设备提供方出具的旨在保证进口设备方履行其在合约项下责任义务的书面保证文件。在这种保函中,担保银行保证进口设备方在收到与合同相符的设备后,用该设备生产的产品会按合同要求返销给设备供应方或指定的第三者用以偿付进口设备的价款;若设备进口方未能履行上述义务,又不能以现汇偿付设备价款及利息,则担保行向设备供应方进行赔付。

补偿贸易保函的金额为设备价款加利息。保函的有效期为合同规定的设备进口方以产品偿付设备价款之日加上半个月。

(10)租赁保函。租赁保函(Lease Guarantee)是银行应承租人的要求对其在租赁合同项下的付款义务向出租人出具的保证文件。它适用于用租赁方式进口机械设备、运输工具等经济交易。担保行向出租人保证其一定代承租人按租赁合同规定交付租金;或保证承租方一定履行合同,按时交付租金,否则由担保行代交。租赁保函的金额就是租金总额,有效期为按租赁合同规定的全部租金付清日期再加上半个月。

除了上述这些保函之外,其他种类的保函还包括赎销保函、保释金保函、借款保函、票据保付保函、费用保付保函、来料加工保函等,各有各的用途,在此不一一详述。

10.2.4　银行保函与跟单信用证的比较

1. 银行保函与跟单信用证的相同点

(1)两者都是银行应申请人要求,向受益人开立的有条件的支付担保或承诺,都是用银行信用代替或补充商业信用,使受益人避免因申请人不履约而遭受损失。

(2)保函中的担保行和跟单信用证中的开证行对于单据真伪及其法律效力、寄单中遗失等不负责任。

2. 银行保函与跟单信用证的不同点

(1)性质和作用不同。信用证是开证行有条件的付款承诺,银行保函是担保行有条件的付款担保。

(2)两者的使用范围不同。银行保函可以运用于任何一种国际经济活动中,如商品买卖、资金借贷、工程承包、物资租赁等,而跟单信用证只能运用于商品买卖合同中。

(3)两者适用的国际惯例和规则不同。跟单信用证有国际通行的惯例即 UCP600,而银行保函至今没有统一的惯例,只有可供参考的《合约保函统一规则》即 URCG325。

(4)银行的责任不同。保函业务中担保行承担的付款责任有第一性的,也有第二性的。若是第二性付款责任的保函,仅仅是备用性质的,支付行为不一定会发生。跟单信用证业务中,开证行承担的是第一性的付款责任,一旦信用证开出后,开证行就必须凭合格单据付款,即付款行为一定会发生。

(5)受益人的索偿程序不同。在保函项下,若是第二性责任保函,受益人应首先向申请人进行索偿,若拒绝支付,再向担保行索偿。而在信用证业务中,受益人凭单直接向开证行索取货款而不必向申请人索款。

(6)对单据的要求不同。在保函项下,一般只要求受益人提交书面索偿文件,可以不附其他单据,但有时也要求受益人提交货运单据。而在信用证项下,受益人要提交全套货运单据。

(7)银行保函项下,受益人的索偿权利是不可转让的,而跟单信用证项下,受益人使用信用证的权利可以转让。

(8)银行保函手续简单、费用低,对受益人没有融资作用。跟单信用证业务手续繁杂,银行收费较高,受益人可以利用信用证获得有关银行的融资便利。

10.3 备用信用证

10.3.1 备用信用证概述

1. 备用信用证的含义

备用信用证(Stand - by Letter of Credit, SL/S)又称担保信用证(Guarantee L/C),是指开证行根据开证申请人的请求对受益人开立的承诺承担某项义务的书面凭证。即开证行保证在开证申请人未能履行其义务时,受益人只要凭备用信用证的规定并提交开证人违约证明,即可取得开证行的偿付。

备用信用证实际上是银行的一种担保书,也可以看作是信用证的一种特殊形式。

美国联邦储备银行给备用信用证的定义是:任何或类似的协议,不论其如何命名或怎样叙述,只要开证行对受益人承担如下义务即为备用信用证。

(1)偿还开证申请人的借款或预收款。

(2)支付由开证申请人承担的任何债务。

(3)赔偿因开证申请人在履行合同中的违约所造成的任何损失。

备用信用证适用的国际惯例是跟单信用证统一惯例,但又不同于通常的跟单信用证。对受益人来说是备用于开证申请人发生违约时,如果开证申请人按期履行合同的义务,受益人就无需要求开证行在备用信用证项下支付货款或赔款,这就是称作"备用信用证"的由来。因此,备用信用证作为一种付款承诺,虽然形式上开证行承担第一性付款责任,但意图上却只是在申请人违反基础合同的情况下使用,具备防备之意。因此备用信用证本质上发挥的是银行保函的功能和作用,实质上是一种银行保函。

2. 备用信用证的产生和发展

备用信用证起源于 19 世纪中叶的美国。1879 年,美国联邦法律只允许担保公司开立保函,而禁止商业银行为客户提供担保或出具保函的服务。为了拓展业务,满足客户对金融担保的客观需要,同外国银行竞争,美国商业银行绕开美国法律,创立了这种特殊形式的支付承诺——备用信用证,以作为其保函业务的一种合法的替代,逃避法规的管制。日本的立法也是禁止银行从事担保业务的。因此,备用信用证在美、日两国使用较广。

作为独立的凭单付款承诺,备用信用证只是在申请人未能履约时担保行才付款。虽然从概念上说,备用信用证应遵从商业跟单信用证的规则,但从属性和作用上说,备用信用证与银行保函相同,因而在美国也称为担保信用证。

由于备用信用证通常仅要求受益人提交汇票和简单的文件就可索赔,具有独立性、单据化和见索即付的特点。对申请人来说既方便又节省费用,而且开出的备用信用证多半是备而不用的,因此与保函相比,备用信用证很受进出口商的欢迎,银行也乐于接受。虽然后来美国有关的法律限制已被撤销,但随着国际贸易和金融的发展,备用信用证不仅在美国沿用至今,且逐步为世界大多数国家认可和采纳。从 1983 年的 UCP400 起,备用信用证被正式纳入《跟单信用证统一惯例》,成为国际结算的一种重要工具。

10.3.2 备用信用证适用的国际惯例

备用信用证盛行于世界,但长期以来,备用信用证却没有一个统一的独立的规则,而是依附于国际商会制定的《跟单信用证统一惯例》。由于备用信用证与通常的跟单信用证相比有其特殊性,这样,《跟单信用证统一惯例》对备用信用证不能完全适用,也不适合,这一点在 UCP600 第 1 条所承认,它规定"只在可以适用范围内"予以适用。由于备用信用证的作用和性质与银行保函一样,而国际上已单独为银行保函制定了《合约保函统一规则》和《见索即付保函统一规则》,所以,尽管 UCP500 规定该惯例适用于所有银行信用证,但仍然不断有金融机构询问国际商会,备用信用证究竟应被当作信用证,适用《跟单信用证统一惯例》,还是应被当作银行保函而适用于《合约保函统一规则》,这样,为备用信用证专门制订一套独立的国际惯例就成为一种迫切需要。

在美国国际金融服务协会、国际银行法律与惯例学会和国际商会银行技术实务委员会的共同努力下,于 1998 年 4 月 6 日公布了《国际备用信用证惯例》(International Standby Practices,ISP98,国际商会 590 号出版物),并于 1999 年 1 月起正式实施。

事实上,备用信用证是一种特殊的信用证,UCP600 中,对跟单信用证给出的定义中包括了备用信用证。按照 ISP98 的规定,只有在明确注明依据 ISP98 开立时,备用信用证方受 ISP98 的管辖。一份备用信用证可同时注明依据 ISP98 和 UCP600 开立,此时 ISP98 优先于 UCP600,即只有在 ISP98 未涉及或另有规定的情况下,才可依据 UCP600 规则解释和处理有关条款。

10.3.3 备用信用证的内容

备用信用证的内容与跟单信用证大体相似，只是单据的要求远比跟单信用证简单，一般包括以下10个要素：①开证行名称；②开证日期；③开证申请人的名称和地址；④受益人的名称和地址；⑤声明不可撤销的性质；⑥备用信用证的金额，使用的货币种类；⑦对单据的要求；⑧备用信用证的到期日（有效期）；⑨保证文句；⑩表明使用的惯例等。附式10.4是一份商业备用信用证式样。

Commercial Standby Letter of Credit Form

Issuing Bank

____

Beneficiary　　　　　　　　　　Date of issue

______________________　　　　______________________

Dear Sirs,

We hereby issue our irrevocable standby letterof credit No. __________ by order of __________ for an amount of ______________________ (say ______________________)

Which expires at our counter on ______________________

This credit is available by ______________________ against presentation to us of the following documents:

i. Your draft __________ for the amount of your claim.

ii. Your certificate stating that ______________________

____

iii. Copy of ______________________

iv. Copy of ______________________

Partial drawings are allowed.

All charges under this standy letter of credit are for account of the beneficiary ,Except where Otherwise expressly stated. This standby letter of credit is subject ______________________

Please quote our reference number on any correspondence.

Yoursfaithfully

____

(Signnature)

附式10.4　商业备用信用证式样

10.3.4 备用信用证的业务程序

备用信用证的业务程序包括以下几个环节：

(1)开证申请人（基础交易合同的债务人）向开证行申请开出备用信用证。

(2)开证行严格审核开证申请人的资信能力、财务状况、交易项目的可行性与效益等重要事项。若同意，即开出备用信用证，并通过通知行将该开出的备用信用证通知受益人。

(3)若开证申请人按基础交易合同的约定履行了义务，开证行就不必因开出备用信用证而必须履行付款义务，其担保责任于信用证有效期满而解除，受益人可按照备用信用证的规定提交汇票，申请人违约证明和索赔文件等，向开证行索赔。

(4)开证行审核并确认相关索赔文件符合备用信用证规定后，必须无条件地向受益人付款，履行其担保义务。

(5)开证行对外付款后，向开证申请人索偿垫付的款项，后者必须予以偿付。

10.3.5　备用信用证的种类

备用信用证大体上可以分为 8 种类型：

(1)履约备用证。担保一项非款项支付的履约义务，包括对申请人在基础交易中违约而造成损失进行赔偿的保证。

(2)预付款备用证。担保申请人对受益人预付款后所应承担的责任和义务。

(3)投标信用证。担保申请人中标后执行合同的责任和义务。

(4)反担保信用证。为其受益人所开立的另外备用证或其他承诺提供担保。

(5)融资备用证。担保付款义务，包括保证偿还借款义务的任何证明文件。

(6)直接付款备用证。担保一项基础付款义务，尤其是与融资备用证有关的基础付款义务的到期付款，而不论是否涉及违约。

(7)保险备用证。担保申请人的某一保险或再保险之义务。

(8)商业备用证。在申请人未以其他方式对货物或服务作出支付时，保证申请人的付款义务。

10.3.6　备用信用证的法律性质

备用信用证在开立后即是不可撤销的、独立的、跟单的及具有约束力的一种承诺，并且无须如此说明。

1. 不可撤销性

所谓不可撤销，是指在未明确指明的情况下，备用信用证开出后，未征得有关当事人同意的情况下，开证行就不能修改和撤销，无论是适用 UCP600 规则，还是适用 ISP98。

因为备用信用证是不可撤销的，除非在备用信用证中另有规定或对方当事人同意，开证行不得修改或撤销其在该备用证下的义务。

2. 独立性

独立性，是指备用信用证一经开立，就独立于基础合同，不受交易合同的约束。这与跟单信用证是一样的。

3. 跟单性

备用信用证是跟单的，单据化也是备用信用证独立性的具体表现，这使得开证人无须介入交易便可履行自身义务，依据就是单据。“单证相符”的要求与一般跟单信用证是一致的。开证人履行其责任和义务基于对受益人提交的全部备用信用证所要求的单据其表面状况的审核，但并不负责单据的精确性、真实性或有效性。

ISP98 对备用信用证的单据的定义是广泛的，是指汇票、索偿书、权利证明、投资证明、发票、违约证明以及其他法律、权利证实文件。

4. 约束性

备用信用证一经开立并脱离开证行控制，立即具有约束力，不论申请人是否授权开立，开证行是否收取了费用,或受益人是否收到或接受备用信用证,它对开证行都是强制性的,开证行应承担证下的责任和义务。

10.3.7 备用信用证与银行保函的比较

1. 备用信用证与银行保函的相同点

(1)性质和作用相同,都是开证行根据申请人的要求对受益人做出的付款担保。

(2)信用基础和开立目的相同,都只是为了担保申请人的履约能力和资信,给受益人提供银行信用以弥补商业信用的不足,并不是为了支付(直接付款备用证除外)。

(3)单据的处理相同。都只是对单据表面真实性负责,而对单据真伪不负责任。且只处理单据不处理货物,对申请人与受益人之间的纠纷并不参与。

(4)两者都不能作为融资的抵押品,也不能办理议付。

2. 备用信用证与银行保函的区别

(1)适用的惯例和规则不同。备用信用证适用于 ISP98 或 UCP600,而银行保函至今没有被世界各国所认可的通行惯例,只能参照《合约保函统一规则》,如 URCG325。

(2)在实务中,银行可能开立见索即付保函,使银行承担第一性的付款责任,但也可能开立第二性付款责任的保函。但备用信用证一经开出,开证行就得承担第一性付款责任。

(3)对单据的要求不同。备用信用证一般要求受益人在索赔时提交即期汇票及申请人未能履约的书面声明。而保函并不要求受益人提交汇票,通常担保行仅凭受益人提交的书面索偿及证明申请人违约的声明付款。

本章小结

银行保函作为国际结算的一种重要方式,其主要作用是银行通过借出自己的信用来为商业活动中不被信任的一方担保,从而使交易活动顺利进行。

由于以银行信用代替或补充商业信用,保函的信用性更好,灵活性更强,因此被广泛地应用于国际结算的众多领域中,诸如贸易支付、工程承包、租金支付、资金借贷等。

银行保函的基本当事人是申请人、受益人、担保行,根据保函开立方式的不同,还可能涉及通知行、转开行、反担保行、保兑行等当事人。

银行保函的业务处理流程主要包括申请人申请、担保行审查、担保行开立保函、保函的修改、保函的索偿和保函的注销等环节。按照不同的标准可以把银行保函分为不同的种类。

作为商业信用的替代或补充,银行保函与跟单信用证和备用信用证有许多异同点,而备用信用证是一种信用证形式的保函。

复习思考题

一、名词解释

银行保函　　备用信用证　　有条件保函　　履约保函　　投标保函　　预付保函

二、判断题

1. 有条件保函担保行负第二性的付款责任。（　　）
2. 银行保函的使用范围要比跟单信用证的使用广泛。（　　）
3. 银行保函设计的反担保是银行为了避免风险，要求申请人自身对担保行的再担保。（　　）
4. 备用信用证是信用证的一种，具有信用证的形式和内容，但实质上是一种保函。（　　）
5. 银行保函的主要作用是以银行信用为手段来保护受益人的经济利益，促使交易顺利进行。（　　）
6. 银行保函不适用于国际商品贸易。（　　）

三、选择题

1. 无条件保函的第一性付款人是（　　）。

A. 担保行　B. 通知行　C. 申请人　D. 受益人

2. 下列关于银行保函的论述正确的是（　　）。

A. 银行保函是开证行的信用担保　B. 有条件保函银行负第一性付款责任

C. 实行“见索即付”的原则　D. 使用范围比跟单信用证广泛

3. 下列属于进口类保函的有（　　）。

A. 付款保函　B. 补偿贸易保函

C. 来料加工保函　D. 投标保函

4. 备用信用证的开证行承担（　　）。

A. 第一性付款责任　B. 第二性付款责任

C. 保证付款责任　D. 担保付款责任

5. 在保函基本内容中，保函的有效期包括（　　）。

A. 生效日期　B. 失效日期

C. 最迟交单期　D. 最迟装运日

6. 银行保函适用于以下（　　）业务。

A. 工程承包　B. 资金借贷

C. 租金支付　D. 关税保付

四、思考题

1. 银行保函的当事人有哪些？其各自的责任和权利是什么？
2. 开立银行保函的具体业务过程有哪些？
3. 按照不同的标准，银行保函可分为哪几种？
4. 银行保函与跟单信用证的区别是什么？
5. 银行保函与备用信用证的相同点和不同点有哪些？
6. 备用信用证与银行保函、跟单信用证相比有何异同？

第 11 章 国际保理

本章提要

本章主要介绍国际保理的含义、内容及业务操作流程。通过本章的学习要求学生理解并掌握国际保理的含义、国际保理的服务项目、国际保理业务的操作等内容。

教学内容

(1)国际保理的含义、产生和发展。

(2)国际保理的当事人及服务项目。

(3)国际保理业务的类型。

(4)国际保理业务操作程序。

教学重点

国际保理的含义;服务项目;国际保理业务流程。

教学难点

国际保理的含义;国际保理的业务流程。

开篇案例

英国 Tex UK 公司主要经营日用纺织品，几年前，当该公司首次从我国进口商品时，采用的是信用证结算方式。最初采用这种结算方式对初次合作的公司是有利的，但随着进口量的增长，他们越来越感到这种方式的烦琐与不灵活，而且必须向开证行提供足够的抵押。为了继续保持业务增长，该公司开始谋求至少 60 天的赊销付款方式。虽然他们与我国供货商已建立了良好的合作关系，但是考虑到这种方式下的收汇风险过大，因此我国供货商没有同意这一条件。之后该公司向英国保理商 Alex Lawrie 公司寻求解决方案。Alex Lawrie 公司核定了一定的信用额度，并通过中国银行通知了我国出口商。中国银行答应只要出口商按合同规定发货，至少提供发货金额 80% 的贸易融资。通过这种安排，进口商得到了赊销的优惠付款条件，而出口商也得到了 100% 的风险保障。目前 Tex UK 公司已将保理业务推广到了 5 家中国的供货商。

（资料来源：根据相关网络资料整理）

这是一个国际双保理业务的范例。进口商通过保理业务这种方式获得了赊销的优惠付款条件，而出口商则获得了 100% 的风险保障及发票金额 80% 的贸易融资。省去了开立信用证的麻烦。

根据本案例，请思考：什么是国际保理？国际保理对出口商和进口商有什么好处？国际保理业务如何运作？

11.1 国际保理业务概述

11.1.1 国际保理的含义

国际保理(International Factoring)是国际保付代理的简称,在我国大陆又称为代理融通、承购应收账款业务,在香港地区称为销售保管,在台湾地区一般称为应收账款收买业务。它是指承做保理的一方(保理商)从其客户(出口商)手中,购进通常以发票表示的对债务人的应收账款,并负责信用销售控制、销售分户账管理和债款回收业务。它既是一种可供选择的国际结算方式,又是一种贸易融资方式。它主要是为赊销方式而设计的集结算、管理、担保和融资于一体的综合性金融业务。

关于保理,英国牛津简明词典中下的定义是:从他人手中以比较低的价格买下属于该人的债权并负责收回债款,从而获得盈利的行为。英国人 Freddy Salinger 在其所著《保理法律理论与实务》一书中给出的定义是:保理是指以提供融资便利,和/或使卖方免去管理上的麻烦,和/或使卖方免除坏账损失为目的,而承购应收账款的行为。

在美国,保理的定义是:保理业务是指承做保理业务的一方(Factor,保理商)与以赊销方式出售商品或服务的一方达成一个具有连续性的协议,由保理商针对供方由出售的商品或提供的服务而产生的应收账款提供以下服务:

(1)以即付的方式买下卖方的应收账款。

(2)负责有关应收账款的会计分录及其他记账工作。

(3)到期收回债款。

(4)承担债务人的信用风险。

11.1.2 国际保理业务的产生和发展

国际保理的理念可以追溯到5 000多年以前的古巴伦时期。初期的保理业务只是一种国内业务活动,其具体做法和业务程序都比较简单,类似于商业上的代理销售业务。其先由经营保理业务的公司向卖方无追索权地预付一部分货款,从而取得在一定期限内向买方收取货款的权利,并从中扣除一定比率的服务费用作为收益。当货款到期时,若买方不能支付货款时,保理商也不能向卖方追索预付的货款。

现代国际保理业务的形成背景可追溯到18世纪工业革命时期英国及欧洲国家与北美的贸易。在欧洲国家殖民统治北美时期,美国成为欧洲工业国家的主要消费品市场,尤其成为英国发达的纺织工业品的销售市场。由于远隔大洋,信息沟通不便,出口商对进口商的资信和当地市场情况不了解,因而出口商多采用寄售方式向海外出口,委托进口商所在地的代理商负责货物的仓储、销售和收账,并在某些情况下提供坏账担保和融资服务。为了解决出口商的资金周转困难,一些金融中介机构以买卖中的货物作为抵押或担保,预付给卖方一定比例的货款。通过这种方式,使购销业务得以继续进行。这样,原来采用寄售方式的商务代理制逐渐演变成为提供短期贸易融资的保理业务。出口商在发货后，可将有关单据售给经营保理业务的机构，以便及时收回销售货款，继续扩大经营规模。

现代保理业务在第二次世界大战之后得到了快速的发展。从 20 世纪 50 年代开始。欧洲经济迅速恢复，国际市场竞争日益加剧，买方市场形成。各国出口商为了在贸易活动中扩大自己的出口份额，纷纷向进口商提供赊销便利，而进口商一般都要求出口商接受承兑交单或赊销的商业信用付款方式。这种结算方式对于卖方来说，不但存在着很大的风险，而且容易形成大量的资金占压。在这种情况下，保理商愿意买进出口商的应收账款并提供坏账担保，正好可以满足出口商的愿望和需求，使出口商可以放心大胆地采用这一付款方式。因此，在这样的贸易背景下，国际保理业务得到迅速的发展。

进入 20 世纪 60 年代，国际保理业务的活动方式也有了一些新的变化，并出现了一些专业性的保理业务机构，保理业务向专业化、规范化发展，国际保理业务发展走向成熟。

进入 20 世纪 90 年代，国际保理业务迅速发展，在欧美国家的交易中，保理业务已取代了信用证。根据国际保理商联合会的统计，1990 年全世界有保理公司 507 家，全年营业额达 137 亿元。FCI（Factors Chain International）的统计数据显示，2015 年全球保理业务总量为 23 730 亿欧元。其中国内保理业务规模达到 18 428 亿欧元，占比 77%，国际保理业务 5 301 亿欧元，占比 23%。

20 世纪 70 年代以来，保理业务在亚洲和拉美地区得到了较快的发展。亚洲和拉美一些国家和地区都出现了专门的保理公司并开展了保理业务。

保理业务在我国起步较晚。中国银行北京分行于 1989 年正式开始办理保理业务，并与国外保理公司和保理商国际组织建立起密切联系。1993 年 2 月中国银行加入国际保理商联合会。1995 年我国保理业务的营业额只有 4 000 万人民币，据中国服务贸易协会商业保理专业委员会的统计数据，截至 2016 年 12 月 31 日，国内注册的商业保理企业数量已达 5 593 家（含法人企业数量及分公司数量）。从注册地的分布来看，广东省的商业保理企业数量最高，达 4 081家，占全国总量的 73%，其次天津注册数量 436 家，上海注册数量 428 家。国际保理商协会会员由中国银行和交通银行两家发展到包括中行、交行、农行、工商银行、招商银行、民生银行等 12 家银行，目前我国各大银行普遍都开展了国际保理业务。FCI 统计，我国 2015 年共完成保理业务 3 528 亿欧元，占全球保理业务的 14.87%。其中国内保理业务 2 266 亿欧元，国际保理业务 1 262 亿欧元。2009 年至 2015 年末，中国在全球的保理业务发展中发挥了重要作用，以年均 31.8% 的速度增长。2015 年，全球的保理业务量相比 2009 年扩大了 1.9 倍，同期中国的保理业务量扩大了 5.2 倍，净增长了 2,856 亿欧元，占全球保理业务增量的 26.2%。保理业务的发展对我国对外贸易起到重要的作用。

为了促进国际保理业务的发展，先后成立了一些国际性保理组织。目前，在世界范围内较有影响力的国际组织主要有国际保理商联合会（Factor Chain International，FCI）、国际保理商协会（International Factors Group）和哈拉尔海外公司（Heller Overseas Corporation）。后两个组织是封闭型的，即只允许每个国家有一家公司参加。而 FCI 则是开放型的，即允许一个国家可有多家公司参加。

国际保理商联合会成立于 1968 年 11 月，总部设在荷兰阿姆斯特丹，是目前最大的国际保理组织。它为各国会员公司制定国际保理服务的统一标准、程序和规章制度、负责协调和技术培训。

FCI 于 1998 年制定了《国际保理惯例规则》。该规则是有关国际保理业务的法律准则。

11.1.3 国际保理业务的当事人及服务项目

1. 国际保理业务的当事人

国际保理业务的当事人一般有以下 4 个:

(1)出口商(Exporter)或销售商(Seller)或称供货商(Supplier)。他提供货物或劳务,出具发票,并且将以发票表示的应收账款转让给保理商叙做保理业务。

(2)进口商(Importer)或称买方(Buyer)或称债务人(Debtor)。他是对提供货物或劳务所产生的应收账款负有付款责任的当事人。

(3)出口保理商(Exporter Factor)。是与出口商签订保理协议,对出口商的应收账款叙做保理业务的一方。出口保理商通常在出口商所在地。

(4)进口保理商(Import Factor)是同意代收由出口商出具发票表示的,并转让给出口保理商的应收账款,依据保理规则,对已承担信用风险的受让应收账款,有义务支付的当事人。

2. 国际保理服务项目

(1)信用销售控制(Credit Control)。在国际贸易中,掌握客户的资信状况可以避免和减少潜在的收汇风险,然而,对于绝大多数出口商很难做到这一点,保付代理商以其独到的优势,利用其广泛的代理网络,通过先进的手段收集研究有关国家的政治、经济和市场变化的信息资料以及有关客户的资信情况,对进口商进行评估,了解其资信现状和清偿能力,为出口商提供其客户的信用销售额度,使出口商对进口商以赊销方式出口时有所依据。

(2)坏账担保(Full Protection Against Bad Debts)。进口保理商根据出口保理商的委托,对出口商的客户资信进行调查,并对进口商的债务逐一核定,预先评估信用额度。在执行保理合同的过程中,保理商要根据每一进口商的资信变化情况、收款考核实绩和出口商的业务需要,定期或经常为每个进口商核准或调整信用额度。凡在信用额度内的销售债权,称为已核准应收账款,超过信用额度的销售债权,称为未核准应收账款。保理商对已核准应收账款提供买方信用担保,对因进口商无力支付而导致的坏账,保理商在已核准应收账款的范围内承担赔偿责任。但对因供应产品的质量、服务水平、交货期等引起的贸易纠纷而造成的坏账和呆账,保理商不负赔偿责任。

(3)销售分户账管理(Maintenance of The Sales Ledger)。一家保理商服务的客户通常有很多家,为了及时掌握所服务客户的财务状况,加快债款回收,保理商像银行为其客户开立账户一样,为其客户建立销售分户账。通过销售分户账可以确切地知道每一个客户欠款的回收情况、有争议款项的数额及原因,并及时着手解决,据此分析和判断客户的资信和公司流动资金的现状。

具体做法是:保理商收到其客户(出口商)交来的销售发票后,在计算机中设立分户账,输入必要的信息及参考数据,如债务人、金额、支付方式、付款期限等,然后由计算机进行自动处理,诸如记账、催收、清算、计息、收费、统计报表的打印等项工作,保理商可根据客户的要求,随时或定期提供各种数据和资料。

(4)债款回收(Collection from Debtors)。出口商利用保理服务的目的就是为了向进口商提供赊销时能及时地收回货款。而保理商则拥有专门的收债技术和知识,能够正确适时地对不同债务人收回债务。如果产生争议和纠纷，保理商又有专门的法律部门，提供有效的律师服务。

债款回收的具体做法是：客户先与保理商商议收债方式、程序和最后手续；然后，双方签订保付代理协议，各自按照协议规定履行权利与义务。

(5)贸易融资(Trade financing)。保理商可以向出口商提供无追索权的贸易融资，而且手续简便，简单易行。出口商在发货或提供技术服务后，将发票提交给保理商，即可获得不超过80% 发票金额且无追索权的预付款融资，然后待货款回收后保理商扣除必要的手续费和利息后，将剩余款项支付给出口商。

根据国际保理公约第 1 条第 2 分条 b 款规定，保理商的职责是要履行上述 5 项中的至少两项。

3. 几项保理行为

国际保理业务中，经常发生核准、让渡、融资、再让渡和出具贷记通知等行为。分述如下：

核准(Approval)，进口保理商根据其对进口商资信情况的评估，向出口保理商承诺对受让应收账款承担一定限额的行为。

让渡(Assignment)，由出口商向出口保理商转让应收账款的债权。

融资(Finance)，出口保理商根据出口商让渡给他的应收账款，并在出口商的请求下，出口保理给予出口商一定百分比的融资。

再让渡(Subsequent Assignment)，是应收账款的受让人将受让的应收账款让渡给另一人的行为。例如出口保理商将被出口商让渡的应收账款再让渡给进口保理商，或进口保理商做出进一步的让渡。

出具贷记通知(Issuing Credit Note)，由于某种原因，出口商为表示同意减少收款金额而向进口商出具贷记通知书的行为。

11.1.4　国际保理业务的类型

1. 国内保理和国际保理

供货商与其客户在同一国家或地区，称为国内保理。供货商与其客户分别在不同国家或地区，称为国际保理。

2. 无追索权保理和有追索权保理

无追索权保理是指供货商在保理商核准的信用额度内发货且得到保理商的融资，若债务人无力偿还，保理商对这部分应收账款的承购没有追索权，由此造成的损失由保理商承担。

有追索权保理是指供货商已发货且已获得保理商的融资，若债务人无力偿还，保理商有权向供货商追索。在有追索权的保理业务中，保理商并不为客户核定信用额度和提供坏账担保，而仅提供包括融资在内的其他服务。

3. 到期保理和融资保理

到期保理是指保理商接受出口商的委托承购应收账款，承担对应收账款的管理并负责债款回收但不提供融资便利。

融资保理是指保理商收到出口商的销售发票，就立即以预付款的方式提供不超过发票金额 80% 的融资，剩余货款于收妥后进行清算。

4. 公开保理与隐蔽保理

公开保理是出口商必须以书面形式将保理商的参与情况通知所有客户，并指示他们将货款直接付给保理商的保理。隐蔽保理是将保理商的参与对进口商保密，货款由进口商直接付给出口商，融资与清算的费用由出口商承担。

5. 单保理与双保理

单保理是指在国际贸易的进出口双方当事人中，只有进口商所在国保理商参与，没有出口商所在国保理商参与的保理业务。

双保理是在国际贸易的进出口双方当事人中，分别有出口保理商和进口保理商参与的保理业务。

11.1.5 国际保理服务对进出口双方的积极作用

国际保理服务给进出口贸易双方提供了便利。

从出口方面来说，出口商根据融资性保理协议按时发货，备齐进口商要求的单据并提交保理商审查后，即可取得一定比例的货款，减轻了收汇风险，加速了资金周转，提高了资金使用效益，同时，有利于获取进口商的信息，掌握贸易的主动权。

从进口方面来说，进口商可以以非信用证方式支付货款，免去开立信用证的手续，省去了开证保证金，从而减少资金积压，简化进口手续。缺点是出口商将办理该项业务有关的费用转移到出口货价中，增加进口商的成本负担。但是，由于保理服务的费率较低，一般为业务量的0.75%～2.5%，货价提高的金额一般仍低于因交付开证押金而蒙受的利息损失。

11.2 国际保理业务的运作程序

国际保理的模式有两种：单保理和双保理。分别说明如下：

11.2.1 国际单保理业务的运作程序

单保理模式下没有出口保理商参与，出口地银行只是作为“中间媒体”参与，只起到传递函电及划拨款项的功能。故单保理有3个当事人：出口商、进口保理商、进口商。

按照国际惯例，国际单保理业务要经过以下几个环节：

(1)出口商与进口商进行洽商达成初步贸易协议，并决定采用保付代理结算方式。

(2)出口商就准备达成的买卖合同与进口国保理商联系，经进口保理商同意叙做保理业务后，向保理商申请资信调查。

(3)出口商与进口保理商签订保付代理协议并提供需要确定信用额度的进口商名单。

(4)进口保理商对进口商进行资信调查，确定有关信用额度。

(5)出口商在信用额度内发货，将有关发票和货运单据寄交进口商。如有融资需求，进口保理商可给予不超过发票80%的无追索权短期贸易融资。

(6)进口保理商负责应收账款的管理和催收。

(7)进口商于应收账款到期日对进口保理商付款,进口保理商按保付代理协议规定的日期将全部货款扣除费用、利息及融资本金后转入出口商银行账户。

国际单保理业务流程如图 11.1 所示,各个环节的具体内容是:

①谈判确定采用保理方式结算。

②提出申请。

③签订保理协议。

④确定进口商名单。

⑤对进口商进行资信调查。

⑥确定信用额度。

⑦发货并寄交单据及发票。

⑧提交发票副本。

⑨催收。

⑩到期付款。

⑪扣除费用后付款。

⑫付款。

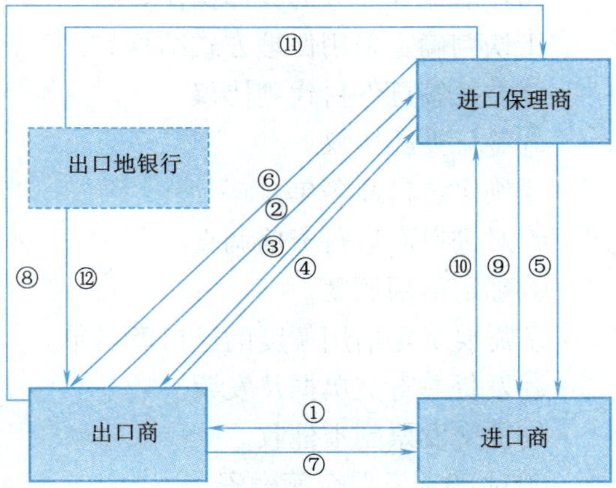

图 11.1　国际单保理业务流程

国际单保理模式由于出口商与进口商处于不同国家,出现问题时交涉比较困难。对进口商来说,缺乏出口国金融机构的帮助,难以掌握出口商的履约能力。因此,单保理业务模式在国际贸易中很少使用。

11.2.2　国际双保理业务的运作程序

双保理模式下,由出口商与出口商所在地的保理商签署协议,另外出口保理商与进口保理商双方签署协议,相互委托代理业务,并由出口保理商根据出口商的需要,提供融资。

双保理模式有四个当事人:出口商、出口保理商、进口保理商、进口商。

按照国际惯例,国际双保理业务要经过以下几个环节:

(1)出口商与进口商进行谈判达成贸易协议,并决定采用保付代理结算方式。

(2)出口商与本国的出口保理商联系,经出口保理商同意叙做保理业务后,签订保付代理协议。

(3)出口保理商再与进口保理商签订委托协议。出口商将需要核定信用额度的进口商名单交给出口保理商,由其立即传送给进口保理商。

(4)进口保理商对各进口商进行资信调查,逐一核定相应的信用额度,并通过出口保理商通知出口商按核定的信用额度发货。

(5)出口商在信用额度内发货,将发票和货运单据或其他有关单据直接寄交进口商,发票副本送出口保理商。如有融资需求,出口保理商即以预付款方式向出口商提供不超过发票金额 80% 的无追索权的短期贸易融资,并向进口保理商定期提供应收账款清单,由其催收货款。

(6)进口保理商负责应收账款的管理和催收。

(7)进口商于到期日将全部货款付给进口保理商,进口保理商则立即将等值价款付给出口保理商。

(8)出口保理商扣除有关费用贴息和 80% 融资后,将剩余款项支付给出口商。

如果进口保理商没有按照要求对出口保理商进行付款,进口保理商必须负责向出口保理商支付从付款日至实际付款日整个期间的利息,并按照应付日当天有关货币 90 天期的伦敦同业银行拆放利率的两倍计息和向出口保理商补偿由于迟付款而使其遭受的汇价损失。

国际双保理业务的具体操作如图 11.2 所示,各个环节的具体内容是:

①谈判确定采用保理方式结算。

②委托签订保付代理协议。

③签订委托协议。

④确定进口商名单。

⑤对进口商进行资信调查。

⑥确定信用额度。

⑦需要确定信用额度的进口商名单。

⑧发货并寄交单据及发票。

⑨提交发票副本催收。

⑩对 80% 发票金额融资。

⑪定期提供应收账款清单。

⑫到期付款。

⑬付清款项。

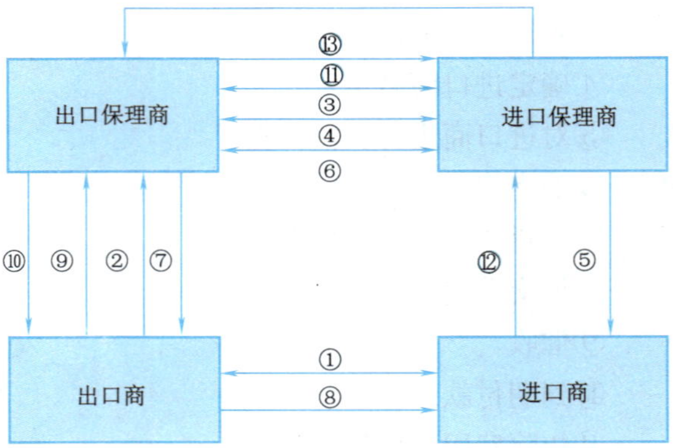

图 11.2　国际双保理业务流程

国际双保理与单保理相比具有明显的优点,故现在国际保理业务大多数采用双保理模式。

(1)出口商与出口保理商签订协议后,一切问题均可与出口保理商交涉,而不必与外国保理商联系,免除了在语言、法律、商业习惯等方面的麻烦。

(2)出口商可向出口保理商提出融通资金的要求,并能得到有关应收账款管理等保理商提供的系列服务。

(3)出口保理商与进口保理商之间签订代理合约,其业务往来遵循《国际保理惯例》,使双方的权利、义务、责任清楚,遇到争议便于解决。

(4)有了进出口两个保理商,使出口商的责权得到较好保障。

11.2.3　国际保理与传统结算方式比较

国际保理与传统结算方式的比较如表 11.1 所示。

表 11.1　国际保理与传统结算方式比较

种类 项目	国际保理	汇付	托收	信用证
债权风险保障	有	无	无	有
进口商费用	无	有	一般有	有
出口商费用	有	有	有	有
进口商银行抵押	无	无	无	有
提供进口商财务灵活性	较高	较高	一般	较低
出口商竞争力	较高	较高	一般	较低

与汇款和委托方式相比，国际保理的最大优点是有债权风险保障。

与信用证相比，进口商利用国际保理的优点：以承兑和赊销等延期付款方式，利用了卖方融资；免除了开证押金和其他开证费用，节约了费用；可凭自身良好的信誉获得保理商的信用担保额度，不必提供抵押；收到单据就可以提货，及时将适销商品投放市场。而信用证可以说是进口商最不愿意接受的支付条件。在当前激烈竞争的买方市场条件下，如果出口商一味坚持信用证方式，往往就会失去贸易机会，因此，对出口商来说，利用国际保理方式，通过对客户提供更有利的承兑交单和赊销等付款条件，可以大大提高竞争力，从而增加贸易机会，扩大出口。这是出口商运用国际保理方式的最大好处。出口商应用国际保理的其他好处还有：

（1）风险保障。只要出口商的商品品质和交货条件符合合同规定，在保理商承购了出口商的票据后，便对出口商无追索权，因而，出口商便把信用风险和汇率风险转嫁给了保理商，出口商的债权可以获得 100% 的保障，排除了坏账损失。

（2）节约成本。保理商利用其广泛的信用情报替出口商查询其未来顾客的信用地位，为出口商节省了买方资信调查成本。财务管理和追收都由保理商负责处理，减轻了出口商的业务负担和管理成本。

（3）手续简单。与信用证相比，出口商可以避免最烦琐的单证手续和信用证条款的约束，免除因哪怕是无关紧要的个别打字错误都会引起单证不符而遭拒付的风险，可以随时应进口商的要求和运输情况发运货物，免除因等待国外来证或修改信用证而错过装运、销售时机的损失。

（4）迅速获取融资。出口商只要按合同要求把货物装运完毕，保理商就会立即以预付款方式提供 80% ~90% 发票金额的融资，当进口商按期将货款全部付给保理商后，保理商再将剩余的 10% ~20% 货款付给出口商，并扣除手续费。所以融资保理能减少资金占用，加速资金周转。

（5）有利于企业的有价证券上市与进一步融资。出口商利用保理业务，货物装船出卖票据后即收到现金，资产负债表中的负债不会增加，反而表中资产会增加，从而改善资产负债比率。

（6）提供广泛、综合的服务。出口商可根据本公司的实际情况，要求保理商提供该项业务的全部服务项目或部分服务项目。对于中小型企业，可以委托保理商承担资信、托收、催收账款及代办会计手段，从而节省人力和成本。

本章小结

国际保理在我国又称为承购应收账款业务，它是指保理商（Factor）从其客户（出口商）手中，购进通常以发票表示的对债务人的应收账款，并负责信用销售控制、销售分户账户管理和债权回收业务。因此，它既是一种可供选择的国际结算方式，又是一种短期的贸易融资方式，其基本特点是：集结算、管理、担保和融资为一体的综合性售后服务业务。

国际保理有两种做法，即国际单保理和国际双保理，应该熟悉这两种业务流程。

保理服务对进出口双方具有积极的影响。保理服务对出口商而言，有利于其尽快收回资金、提高资金的使用效益、有利于其转移风险，获取有关信息等；对进口商来说，可以避免积压和占用资金、简化进口手续。

复习思考题

一、名词解释

国际保理　　出口保理商　　进口保理商　　买方信用担保

二、判断题

1. 国际保理是集结算、管理、担保和融资为一体的综合性售后服务业务。（　）

2. 国际单保理不涉及出口保理商。（　）

3. 采用国际保理并不能降低收汇风险。（　）

4. 国际保理业务能为出口商和进口商带来增加营业额、风险保障、节约成本、简化手续、扩大利润和提高资信等益处。（　）

5. 无追索权保理对出口商是不利的。（　）

6. 国际双保理与单保理相比具有明显的优点，故现在国际保理业务大多采用双保理模式。（　）

三、选择题

1. 国际保理业务最早起源于（　）。

A. 法国　　B. 瑞士　　C. 美国　　D. 英国

2. 在核定的信用额度内，保理商对出口商货款的最高保障金额是（　）。

A. 70%　　B. 80%　　C. 90%　　D. 100%

3. 保理商提供的金融管理服务主要包括（　）。

A. 对进口商的资信分析和信用评估　　B. 应收账款的代理服务

C. 对认可的应收账款进行融资　　D. 承接应收账款的会计工作

4. 出口商欲利用国际保理服务，须具备的条件有（　）。

A. 出口商必须是合法经营　　B. 出口商具有一定的经验和资历

C. 债务人必须是出口商的老客户　　D. 出口商的经营具备较大规模

E. 贸易商品为非资本性货物　　F. 出口商的客户分布相对较为分散

5. 下列关于国际保理业务的论述正确的是（　）。

A. 现代国际保理业务起源于英国　　B. 已经具备开展业务的国际惯例

C. 保理商承担后无追索权　　D. 对出口商而言，可以节约经营费用

6. 下列关于国际保理业务的论述，正确的是（　）。

A. 国际保理业务又称为购销应收账款

B. 保理商承担风险较大

C. 它既是一种国际结算方式，又是一种短期的贸易融资方式

D. 集结算、管理、担保、融资为一体

7. 国际双保理的当事人有（　）。

A. 出口商　　B. 进口商

C. 出口保理商　　D. 进口保理商

8. 在国际保理业务中,面临风险最大的当事人是(　　)。

A. 出口商　　B. 进口商

C. 出口保理商　　D. 进口保理商

四、思考题

1. 国际保理业务的含义与特点是什么?
2. 国际保理业务对进出口双方有什么影响?
3. 保理服务方式有哪些项目?
4. 在保理业务中,进口商到期不付款怎么办?
5. 国际保理商的保理服务与讨债公司的讨债业务有什么不同?
6. 国际保理与信用证方式比较有哪些缺点?

第12章 福费廷

本章提要

本章主要介绍福费廷的含义、起源与发展、特点及福费廷的基本做法。通过本章的学习要求学生理解福费廷的含义、产生与发展以及福费廷业务的运作程序等内容。

教学内容

(1)福费廷的含义、产生和发展。

(2)福费廷业务的当事人及对各当事人的益处。

(3)福费廷的操作程序。

(4)福费廷与其他融资方式的比较。

教学重点

福费廷的含义;福费廷的操作程序。

教学难点

福费廷的含义。

开篇案例

我国A公司2016年向巴基斯坦B公司出口一套机械设备,价值3 000万美元,双方洽谈买卖合约,买方提出延期付款一年的要求。A公司开始联系包买商。中国进出口银行同意提供包买票据融资服务,并报出融资条件。中国进出口银行的融资条款如下:

签订包买票据协议日期:2016年4月1日。

贴现率:5.35% P. A。

提单日期:2016年4月20日。

贴现日期:2016年5月10日(承诺期39天)。

承诺费:0.50% P. A。

贴现年期:装船日期360天(贴现的期限范围)。

宽限期:无。

有关的文件和单据:信用证及其修改副本(若有);有关单据的确认副本;汇票、本票或开证行到期日会付款给中国进出口银行的确认电及出口商印签的确认。

A公司接受银行的报价,并迅速与银行签订了包买票据协议。B公司向巴基斯坦国家银行申请开立远期信用证,巴基斯坦国家银行开出了以A公司为受益人的远期信用证。2016年4月1日设备起运。海运公司出具了海运提单。单证相符寄单,通知行寄单要求承兑。巴基斯坦国家银行承兑汇票,并确认款项已让渡给中国进出口银行。中国进出口银行收到有关文件后,以"无追索权"形式支付约定的贴现款。汇票到期后,巴基斯坦国家银行直接付款给中国进出口银行。

(资料来源:根据相关网络资料整理)

本案例是福费廷业务的范例,根据本案例,请思考:什么是福费廷?福费廷对出口商有什么好处?福费廷业务如何运作?

12.1 福费廷概述

12.1.1 福费廷的含义

福费廷是英文“forfaiting”一词的音译，在英语中含“放弃某种权利”的意思。福费廷业务是银行（或贴现商）以无追索权形式为出口商贴现远期票据的金融服务，也称为包买票据或票据买断。是指包买商（forfaiter）从出口商处无追索权地购买已经承兑的并经进口商所在地银行担保的远期汇票或本票。是银行对出口商的一种贸易融资，融资比例通常为100%，远期汇票经贴现后包买商放弃追索权。

12.1.2 福费廷业务的起源和发展

福费廷业务最早起源于消费性货物交易，现在主要用于大型资本货物，如飞机、轮船、成套设备的交易。第二次世界大战后，欧洲各国为重建家园，都需要进口大量的建设物资和日用品，美国成了最大的供应国。当时东欧各国需要从美国购入大量谷物，但又面临资金短缺的困难，需要银行给予资金融通，而银行的融资能力又有限，在这种情况下，瑞士苏黎世银行协会率先开创了福费廷业务。

随着福费廷业务的发展，因为融资期限长、金额较大等特点，人们发现该业务更适合用于资本货物与大型设备的国际交易。20世纪50年代后期，随着各国经济的恢复和发展，资本性货物的贸易越来越多，出口竞争日益激烈，国际上资本性货物逐步由卖方市场变为买方市场。进口商不再满足于传统的短期融资（不超过180天），要求延长付款期限。这种不断延长的付款期限，大大超出了出口商本身资金所承受的限度，出口商不得不向银行提出融资安排的要求，在大型资本货物的融资方面，传统上银行有卖方信贷和买方信贷两种方式。但卖方信贷和买方信贷的共同缺点是银行发放贷款后，信贷资产的流动性较差，不利于银行的风险控制。福费廷业务由于经包买商贴现的远期汇票可以转让流通，增强了贴现银行资产的流动性，正好能够解决银行控制风险和中长期融资的双重矛盾，于是包买票据融资方式就活跃起来。

20世纪80年代以来，由于第三世界受债务危机困扰，国际局势动荡不安，官方支持的出口信贷越来越少，正常的银行信贷受到抵制，而发展中国家不得不寻求可以替代的资金来源来支持本国货物的进口。因此，福费廷业务持续增长，包买票据二级市场逐渐形成，该业务交易方式日益灵活，交易金额日益增加，而且票据种类也不断扩大，形成了一个世界范围内的包买票据交易市场。

近年来，福费廷已在欧洲及亚太地区的国际贸易中得到了广泛的使用。许多国际性大银行都介入该业务，部分福费廷业务甚至出现包买辛迪加。瑞士在这方面长期保持着领先地位。包买票据的二级市场主要集中在伦敦、苏黎世、巴黎等城市。

12.1.3 福费廷业务的特点

福费廷业务有以下特点：

(1)福费廷业务是以正常国际贸易为背景的，不涉及军事产品。一般限于大型成套设备、船舶、基建物资等资本货物的交易及大型项目交易。

(2)出口商卖断票据同时放弃对所出售债权凭证的一切权益，包买商则必须放弃对出口商的追索权。所以，福费廷是一种无追索权的贸易融资便利。出口商必须对提供货物的数量、质量、装运、交货期担负全部责任。而且出口商出售债权必须是合法有效的。因此包买商（银行）在与出口商签订的福费廷业务协议中约定，如因法院止付令、冻结令等司法命令而使银行未能按期收到债务人或承兑银行或承付保付银行的付款，或有证据表明出口商出售的不是源于正当交易的票据或债权时，银行对出口商保留追索权。因此，“无追索权”必须满足3个条件，即正当交易、有效票据和有效担保。当然，由于包买商放弃追索权，在叙做福费廷业务之前也应对出口商的经营能力、资信以及以往的经营记录进行调查，做出评估。

(3)福费廷业务是一种中长期融资。出口商应同意向进口商提供期限为6个月至5年甚至更长期限的贸易融资，同意进口商以分期付款的方式支付货款，汇票或其他债权凭证按固定时间间隔依次出具，以满足福费廷业务需要。除非包买商同意，否则远期汇票必须由包买商接受的银行或其他机构无条件地、不可撤销地进行保付或提供独立的担保。

(4)固定利率的融资。叙做福费廷业务后，出口商不再承担远期收款可能产生的利率方面的风险，进口商也可以锁定利率风险，因为福费廷业务是一种固定利率的融资。包买商根据担保银行和其所在国家的情况确定贴现利率。包买商在为出口商贴现远期汇票时从票面金额中扣除贴现息和有关费用后将未到期应收账款无追索权地支付给出口商。

12.1.4 福费廷业务的主要当事人

福费廷业务的当事人主要有四个：

(1)进口商，即福费廷的债务人，是资本性货物交易中的进口方，承担到期无条件支付票据款项的主要责任。

(2)出口商，通常是福费廷汇票的出票人和卖主，是资本性货物交易中的供货方。出口商以延期付款方式与进口商达成交易，可向包买商申请福费廷融资。当出口商将表明交易金额的若干张票据全部转售包买商并向其支付贴现息后，即可取得贴现净额，提前收回货款。

(3)担保人，一般是进口商所在地的大银行，而且必须是经包买商同意的银行。担保人虽不是福费廷业务的直接当事人，但担保人及其担保对包买业务有着至关重要重要的影响。包买商为转移及规避风险，只购入经担保人担保的票据。若进口商不能按期偿还货款，担保人有责任代其偿还。担保人多为进口国银行，在履行付款责任后，担保人有权向进口商追索，但追索能否成功，将取决于进口商的资信状况，故担保人承担着追索不能成功的风险。

（4）包买商，即贴现机构，通常为出口地的大银行及有中长期信贷能力的大金融公司。包买商对出口商持有的由进口商承兑并经过担保人担保的远期汇票进行贴现，且放弃对出口商的追索权，包买商买断票据后，承担了向进口商分期收款以及利息、汇率变动的风险。当然，如果包买商出现资金周转困难，可以在二级市场上将票据转让。

12.2 福费廷业务的运作程序

12.2.1 福费廷业务的操作程序

1. 出口商向包买商询价并与包买商签订福费廷协议

进出口双方在贸易洽谈时，如果要使用福费廷方式进行融资，出口商应事先和包买商（出口商所在地银行或金融公司）联系询价，待包买商同意并做出报价后，与包买商正式签订福费廷协议，规定有关义务与权力。

2. 出口商与进口商签订贸易合同

出口商与进口商正式签订福费廷协议后，即加快与进口商贸易洽谈的进程，并签订贸易合同。

3. 出口商发货并取得经过担保的延期付款票据

出口商根据贸易合同发货后，将全套货运单据按贸易合同规定的途径寄送给进口方，以换取进口方承兑的且有进口国银行担保的延期付款票据。

延期付款票据可以从以下两种票据中选择一种：

（1）由出口商向进口商签发远期汇票，经担保行担保。

（2）由进口商开具本票，经担保行担保。

目前我国进出口银行叙做福费廷业务时，采用的是远期信用证方式，担保行一般就是信用证开证行。在远期信用证方式下，由出口商签发远期汇票，连同全套货运单据交议付行，议付行将远期汇票寄开证行/担保行承兑后退给出口商。

4. 出口商向包买商交单

出口商取得经承兑担保的延期付款票据后，背书并注明“无追索权”字样，然后连同其他票据向包买商交割。

其他单据通常是根据每笔交易的不同情况而不同，在福费廷协议中明确规定了的，一般有以下几种：

（1）提单副本。

（2）发票副本。

（3）合同副本。

（4）信用证或保函副本。

（5）出口商对其签字及文件真实性的证明。

(6)出口商债权转让函。

(7)官方授权书或特许证、进口许可证、支用外汇许可证、印花税支付证明等。

5. 包买商对远期票据贴现

包买商在收到出口商提交的单据后要认真审核,尤其对出口商签字的真伪要核实。审单无误后办理贴现手续。

如果包买商是投资性贴现(即自留票据,到期后向进口银行索偿),应事先得到进口方银行的付款承诺及进口国政府和法律的许可文件。然后,经审核单据无误后向出口商付款。

如果包买商是代理性贴现(即同时转贴给二级市场),则需事先与二级市场的有关银行达成默契。在收到出口商的全套单据后,再背书给下一手银行,并提供其他有关资料和证明,收到付款后再支付给出口商。

包买商在贴现付款时,须按出口商的指示,将贴现款项汇到其指定的银行账户。同时,向出口商提供一份贴现清单,列明贴现票据面值、贴现率、期限、承担费以及贴现后的净额。同时抄送给进口方银行一份作为存档文件,以便在到期日索偿时参考。

6. 到期索偿

包买商(贴现银行)对出口商付款后,要将远期票据妥善保存,在到期之前,将票据寄付款银行索偿。付款银行按照贴现行的指示将款项汇到包买商指定的账户,这样,一笔福费廷业务就完成了。

如果付款银行未能在到期日正常付款,包买商(贴现行)可委托律师对付款银行起诉,同时向出口商通报拒付事实,以便取得进口商的协助。如果真是由于进口国的政治风险和外汇短缺造成的无力支付,包买商(贴现行)也只能承担一切损失。包买票据的业务程序如图12.1所示,各环节的具体内容是:

①福费廷咨询。

②商务合同。

③开证申请。

④开出信用证。

⑤通知信用证。

⑥发货。

⑦福费廷协议。

⑧交单议付。

⑨请求承兑。

⑩承兑汇票。

⑪退回承兑汇票。

⑫提交福费廷所需单据。

⑬付款。

⑭到期索偿。

⑮付款。

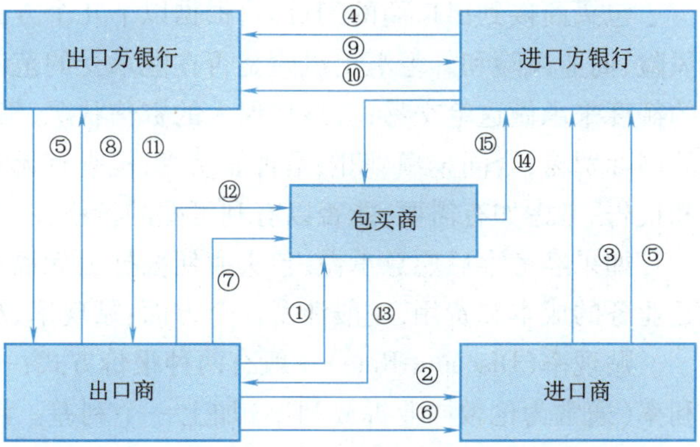

图12.1 福费廷业务程序

12.2.2 福费廷协议的签订程序

出口商与包买商签订福费廷协议这一过程要经过询价、报价、签约3个程序。

1. 询价

出口商在与进口商进行贸易洽谈时就应做好融资的准备。为了争取订单,出口商往往主动或被动同意向进口商提供远期信用融资,并将延付利率打入货价。为了确保能按时得到融资,并且不承担利率损失,出口商应及早和包买商联系,得到包买商的正式答复及报价后,核算福费廷融资成本。如果出口商在签订买卖合同之后才去找包买商做福费廷,就有可能发现承诺进口商延期付款的延付利率低于包买商报出的贴现率,这时出口商只好蒙受损失。

出口商在询价时,需提供下列有关情况:

①合同金额、期限、币种。

②出口商简介、注册资本、资信材料、签字印签及其他有关情况。

③进口商详细情况、注册地点、财务状况、支付能力等。

④货款支付方式、结算票据种类。

⑤担保行名称,所在国家及其资信情况。

⑥担保方式,是保付签字还是保函或备用信用证。

⑦出口商品名称、数量及发运情况。

⑧预计交货期和预计交单期。

⑨分期付款票据的面额和不同到期日。

⑩有关进口国的进口许可和支付许可。

⑪有关出口项目的批准和许可。

⑫票据的付款地点。

2. 报价

包买商接到出口商的询价后,根据以下几个方面决定是否承做:分析进口商所在国的政治风险、商业风险和外汇汇出风险是否在能承受的范围内;核定对该国的信用额度,是否有足够的额度来承做这笔交易;考核担保人的资信状况、偿付能力;审核商品交易本身是否属于正常的国际贸易,合同金额、期限是否能接受;检查有无对买卖双方资信状况产生不利影响的记载和报告;考虑如有需要,能否以有利可图的价格在二级市场转卖票据。

如果经考察后愿意承做,包买商便根据国际福费廷市场情况作出报价,报价内容就是福费廷业务的成本和费用,一般涉及3个方面:贴现率、承担费和宽限期。

贴现率(Discount Rate)一般有两种报价方式:一是提供一个明显的固定利率;二是用浮动利率(通常为伦敦同业拆放利率)加上一个利差。浮动利率按照福费廷协议签署日或交割日的伦敦同业拆放利率确定,它反映包买商的筹资成本,利差则反映包买商所承担的风险和想赚取的利润。一般出口商喜欢固定利率,因为这样可以锁定成本。

承担费(Commitment Fee)是包买商在承诺期内根据贴现的面值向出口商承诺的融资天数计算出来的费用。银行一旦承诺为出口商贴现票据,从签订福费廷协议起的任何一天,都有可能成为实际贴现付款日,由于贴现率是在贴现发生以前固定下来的,这一期间市场利率会发生变化，为了减少贴现率在这个承诺期间内发生变化而带来的风险，包买商要收取一笔承担费。承担费率根据风险的大小而定，一般为0.5% ~1.5%。承担费 = 票面值 × 承担费率 × 承诺天数/360。或者这笔承担费隐含在较高的贴现率中，因此为一笔带有承诺期的福费廷提供的贴现率报价常常高于立即交单取得福费廷融资的贴现率。包买商对带有承诺期的交易所计收的承诺费或较高的贴现率也是合理的，因为包买商从与出口商达成交易时起，便对这笔融资交易承担契约责任，不仅要安排再融资和抵补货币及利率风险，还需要保留部分信贷额度以备将来使用。

宽限期(Grace days)是指从票据到期日到包买商实际收到货款日的估计天数。由于任何延期都会使银行增加成本，所以，银行为补偿在到期日向进口方银行索偿时可能遇到的拖延和麻烦，一般在报价时都在实际贴现天数的基础上多加3 ~7 天的宽限期。

包买商通常以信函的形式报价，也就是一份承诺书，承诺书中要列出该笔交易的所有细节，包括用于贴现的票据形式以及全部条款和条件。

3. 签约

如果出口商接受了银行的报价，便与银行正式签订福费廷协议，协议的内容包括：项目概况及债权凭证；贴现金额、货币、期限；贴现率和承担费率；有关当事人的责任和义务；违约事件及其处理，等等。

12.2.3 影响福费廷业务的因素分析

影响福费廷业务的主要因素有：

1. 成本

成本包括贴现率、承担费和宽限期。有些包买商在给出口商是否接受承诺的选择权时，也要收取一笔费用，即所谓的选择费。

2. 担保

有些国家接受在汇票上注明保证付款，有些国家则不接受。一种做法就是银行保函或信用证。我国银行采取福费廷方式一般是在远期信用证下进行的，远期票据经开证行承兑即可。由于包买商是无追索权地购买出口商债权，并且承担了一切风险，因此一般均需由第三方对进口商的资信和清偿能力进行担保。担保人常常是对进口商资信情况和清偿能力比较了解的当地银行，也可以是包买商能接受的进口国政府机构。担保方式主要有两种：一是保付签字，即担保银行在已承兑的汇票或本票上加注“Per Aval”字样，并签上担保银行的名字，从而构成担保银行不可撤销的保付责任；另外一种是担保银行出具单独的保函。

3. 贴现率

包买商所报贴现率与贸易合同上的延付利率有很大区别的，有时相差很大。贴现率直接影响到福费廷业务的成本。而对出口商来说，有必要根据贴现率和延付利率详细计算合同金额，即将福费廷成本打入货价。

4. 债权凭证

由于汇票和本票的广泛使用，并且世界各国有较为统一的票据法规，因此在包买票据业务中汇票和本票是最常见的债权凭证。此外，发票和其他形式的应收账款也可以作为债权凭证由银行叙做福费廷业务。

在业务运作过程中常见的票据主要有:出口商出具的并已经被进口商银行承兑的汇票;由进口商往来银行开出的远期信用证下已承兑汇票;进口商出具的以出口商为收款人的本票;包买商可接受的第三者加注了保付签字(AVAL)的汇票和本票。

5. 承担费用

福费廷业务的费用比较高。因为福费廷一般采用固定利率融资,包买商承诺固定利率有风险,所以银行做福费廷业务时,承担费的利率较之银行贷款利率要高,并按季计收。

12.2.4 福费廷对进出口双方的利弊分析

1. 对出口商的利弊分析

福费廷融资对出口商的好处体现在以下几个方面:

(1)在商务谈判中通过采用福费廷方式为国外进口商提供延期付款的条件,可以增强出口商品的竞争力。

(2)变远期票据为即期收汇,变延期付款为现金交易,减少了资金占压,提高了资金使用率。

(3)以无追索权方式卖断远期票据,将与票据支付有关的政治、商业、利率和汇率风险转嫁给了包买商,却又可将转嫁风险所付的代价通过商品价格或延付利息转嫁给进口商。

(4)发货后不必投保、付保费、索赔及等待赔偿。

(5)货物的原产地或者其组成部分与包买商不相干,其关心的只是谁是买方、买方银行和买方国家,对产品中的"外国成分"无规定限制。这一点在出口货物来源较复杂的情况很重要。

(6)融资方式操作简单快捷,可用全部或部分票面金额来获得融资,无须受到预付定金比例的限制。

(7)出口商与包买商的账户关系不是必需的,即出口商可以为其每一个合同找一个最适合的银行来做此业务。这对于出口商也是一种方便。

(8)福费廷融资不占用出口商的信用额度,不受银行信贷规模和国家外债规模的影响。

(9)在出口商的资产负债表中,可以减少应收账款的金额,提高企业的资信,改善流动资金状况,有利于其有价证券的发行。

(10)福费廷业务的保密程度较好,没有商业贷款那种公开性,这样有利于保护出口商的利益。

虽然福费廷业务对出口商有许多好处,但也有缺陷。比如福费廷业务中的费用相对与信用证业务要高一些;它属于批发性融资工具,最适于100万美元以上的资本性货物的出口,对金额小的普通项目,其优越性不明显。

2. 对进口商的利弊分析

对进口商的好处主要体现在以下几个方面。

(1)可获得贸易项下延期付款的便利。

(2)不占用进口商的融资额度。

(3)所需文件及担保简便易行。

但是出口商往往将延付利息和所有费用负担均计算在货价之内,一般交易商品的价格较高。而且进口商要寻找一流的银行对出口商开出远期汇票或自己开出的本票进行担保,这时,进口商必须向担保行支付一定的保费和提供抵押品。这样,虽然简化了手续,但却增加了成本。

12.2.5 福费廷与其他融资方式的比较

福费廷是一种融资结算方式,将它与其他融资方式进行比较,可以使出口商清楚地了解以及在什么情况下应用这种方式融资。

1. 与商业信贷比较

商业银行对中长期融资一般提供浮动利率的商业贷款。因为国际资本市场上利率变化反复无常,加上国际贸易方式的多样化,相互之间的影响作用不断加大,往往一种货币的利率变化会引起国际金融市场上其他货币利率的连锁反应。因此,银行不会去冒这样的风险。如果银行同意对个别借款人提供固定利率贷款,那么利差往往会加得很高,以避免或减少利率上浮给银行造成的利率倒挂的损失。

在商业贷款中,银行贷款利差的高低主要是根据借款人资信情况的好坏、贷款金额大小、期限长短及担保或抵押品情况而定。而福费廷业务可以提供固定利率的中长期贸易融资,因此它能满足客户控制利率风险、确定融资成本的需要。

在商业贷款中,银行还会要求借款人提供担保、抵押品,或对借款人的资产施行固定或浮动抵押。而福费廷业务提供的是100%的坏账担保,并不需要出口商提供除进口商银行以外的任何担保和抵押品。

2. 与出口信贷比较

出口信贷是政府为鼓励本国资本性货物出口而提供的一种带有利息补贴性质的信贷融资,包括卖方信贷和买方信贷两种形式。这种融资方式对出口商来讲是最有吸引力的,但它要求的条件比较严格,出口商出口的所有项目并不是都符合出口信贷的条件。而且,在出口信贷项下,一般还要求出口商投保出口信用险、出口商提供财产抵押等,手续烦琐,不仅增加了费用开支,而且,即使出口商投保了出口信用险,保险公司通常只承保应收账款的90%左右,并在应收账款变为呆账6个月以后才予以赔付,如果通过法律程序索债,赔付期可能更长。而出口商欠银行的贷款到期必须归还,不能延续。所以,出口商还要承担一定的收汇风险。

在福费廷业务中,由于银行买断了出口商的远期票据,这就使出口商避免了所有的收汇风险、政治风险和商业风险。

3. 与保理业务比较

福费廷与保付代理都属于融资结算业务,即出口商都可以以无追索权方式将应收账款出售给包买商或保理公司,从而及时获得出口销售货款。但两者具有明显的区别,适合于不同的贸易业务。

(1)福费廷业务主要为大型资本货物交易提供融资,金额较大且都是一次性交易。而保理的服务对象多为普遍商品交易,主要适用于生活消费品、零部件的交易,每笔交易金额相对较小,一般是经常持续进行的。

(2)福费廷业务的融资期限至少在6个月以上,一般长达数年,属于中长期贸易融资。而保理业务的融资期限取决于赊销期限,一般为发货后1~6个月,个别可达9个月,属于短期贸易融资。

(3)福费廷业务因金额大,融资期限长,包买商承担风险大,必须要有第三者担保。而保理业务金额较小、期限短、保理商承担风险较小,因此以设定信用额度的办法来控制风险,不需另外提供担保。

(4)福费廷业务中,出口商可按票面金额获取融资,而且不承担任何风险。因为出口商是以无追索权的形式将远期票据出售给包买商的。而在保理业务中,一般出口商最多只能得到发票金额80% ~90%的融资,这部分金额可以免除利率和汇率风险,而剩余部分需在赊销到期日支付,所以出口商还要承担有关汇价和迟付方面的风险。如果是到期保理方式,则出口商要承担全部利率和汇率变动的风险。

4. 与一般贴现业务的比较

福费廷业务属于票据贴现业务,包买商作为贴现人贴现出口商提交的经过进口国银行担保的票据,从票据金额中扣除贴现息及手续费后,将净额支付给出口商。而包买商作为正当持票人也可以将票据转售他人。但包买票据作为资本性货物交易的融资手段与一般票据贴现有以下不同:

(1)福费廷业务的主要特征在于包买商以无追索权方式贴现票据,当付款人拒付票款时,包买商不能向出口商追索,只能向担保人索偿。一般贴现业务的贴现银行贴现后,仍享有向票据出让人追索票款的权利。

(2)福费廷业务的融资对象为大型资本货物交易,通常使用固定间隔期的多张等值票据。而一般贴现的票据主要用于普遍商品交易,一次交易只涉及一张票据。

(3)福费廷业务的票据须经担保人担保后,包买商才予以贴现;而一般贴现只需付款人对票据进行承兑,持票人对票据进行背书即可,无须担保。

(4)福费廷业务的费用除贴现息及手续费外,还包括选择费、承诺费及罚金;而一般贴现业务中,贴现公司只按当时市场利率扣除贴现息及手续费,故福费廷业务的费用高于一般贴现。

本章小结

福费廷业务是一种无追索权形式为出口商贴现远期票据的金融服务,也称包买票据。

福费廷业务产生于瑞士,主要是为资本货物的出口提供服务的,应该熟悉福费廷业务的当事人和业务流程。

开展福费廷业务对出口商的益处有:不影响出口企业的债务状况,不受银行信贷规模和国家外债规模的影响;是无追索权方式的贴现,卖断了一切风险;操作简便、融资迅速,可以节省时间,提高融资效率等。对进口商的益处有:获得贸易项下延期付款的便利;不占用进口商融资额度;所需文件及担保简便易行。

复习思考题

一、名词解释

福费廷　　包买商　　承担费

二、判断题

1. 福费廷业务主要服务于资本货物的出口。（　　）
2. 福费廷业务的融资期限通常为1~10年。（　　）
3. 福费廷业务中包买商承担的风险最大。（　　）
4. 福费廷业务中，包买商卖断后无追索权。（　　）
5. 福费廷业务与一般贴现业务基本相同。（　　）
6. 福费廷对出口商不利。（　　）

三、选择题

1. 福费廷业务最早起源于（　　）。

A. 美国　　B. 瑞士　　C. 法国　　D. 英国

2. 福费廷业务主要适用于（　　）的贸易。

A. 资本货物　　B. 普通货物　　C. 农产品　　D. 大宗货物

3. 下面关于福费廷的论述正确的是（　　）。

A. 福费廷又称包买票据

B. 福费廷最早产生于瑞士

C. 是一种无追索权形式为出口商贴现票据的金融服务

D. 一般以国际正常贸易为背景，不涉及军事产品

4. 福费廷业务的主要当事人有（　　）。

A. 包买商　　B. 出口商　　C. 进口商　　D. 担保人

四、思考题

1. 福费廷的含义与特点是什么？
2. 出口商如果想获得包买商的免除追索应满足什么条件？
3. 福费廷业务与一般贴现业务有什么区别？
4. 试比较包买票据业务与其他融资方式的异同。

参考文献

[1] 苏宗祥,徐捷．国际结算[M]．北京:中国金融出版社,2008.

[2] 庞红,尹继红,沈瑞年．国际结算[M]．北京:中国人民大学出版社,2016.

[3] 启智．国际结算[M]．北京:北京理工大学出版社,2006.

[4] 林孝成．国际结算实务[M]．北京:高等教育出版社,2004.

[5] 陈国武．解读跟单信用证统一惯例(2007 年修订本)第 600 号出版物[M]．天津:天津大学出版社,2007.

[6] 于强．UCP600 与信用证操作实务大全[M]．北京:经济日报出版社,2007.

[7] 庞红,刘震．国际结算[M]．北京:中国人民大学出版社,2008.

[8] 梁琦．国际结算[M]．北京:高等教育出版社,2005.

[9] 蒋琴儿．国际结算:理论、实务、案例[M]．北京:北京大学出版社,2007.